한국어교육 속의
간접인용 구문

한국어교육 속의
간접인용 구문

엽영임叶穎林 지음

學古房

한국어 학습자이자 선생님인 저는 한국어와 인연을 맺게 된 지 거의 15년이 되었다. 한국어를 공부하고 교수하는 동안 가장 어려웠던 문법 중의 하나는 '간접인용'이었다. 초·중급 단계에 배우는 '-다고' 뿐만 아니라, 이와 관련된 문법들이 그 후의 단계에서도 속속 나오기 때문이다. 이러한 다양한 문법 항목들 사이에 어떤 관계가 있는지, 서로 연결하여 교육과 학습 효과를 최대화할 수 있는 방안은 없는지 항상 고민해 왔다. 이를 위해 다양한 한국어 교육 자료와 참고문헌을 읽었으나, '간접인용'과 관련된 모든 문법 항목에 대한 연구 내용은 찾아보기 어려웠다. 따라서 '한국어 교육을 위한 간접인용 구문 교육 내용 연구'를 박사논문 주제로 선택하였다. 거친 점이 많겠지만, 코퍼스 자료 분석을 통해 간접인용과 관련된 다양한 문법들의 의미적·문법적 유형과 특징, 그리고 서로 간의 연관성을 밝히고 한국어 교육에 적용하기 위한 교육 내용을 선정하고 등급화해 보았다. 이 연구를 통해 도출된 결과를 한국어 교육 현장에 적용하고 후속 보완 작업을 거쳐 최종적으로 이 책을 완성했다. 그리고 중국 광동성 교육청 프로젝트 '한국어 간접인용 문법화 구조의 의미 기능 연구(2020WQNCX116)' 및 중국 광동외어외무대학교 남국상대학의 연구 프로젝트 '한국어 교육 문법 체계 구축(22-011B)'의 연구 성과로 출판하게 되었다.

수많은 힘들었던 순간에 곁에서 늘 지지해 준 가족과 친구들에게 감사의 말을 전하고 싶다. 한국어 교육학 공부를 시작한 첫걸음부터 현재까지 항상 좋은 조언과 응원을 해 주신 양명희 교수님께도 감사의 마음을 올린다.

제5장 간접인용 구문의 교육 내용 223

제6장 결론 279

제**1**장 서론

1.1. 연구 목적

인용은 구어에서나 문어에서나 빈번하게 사용되고 있다. 보통 인용은 직접인용과 간접인용으로 나눠지는데 본고에서는 '간접인용'에 주목하여 다루고자 한다. 한국인 모국어 화자는 발화 내용이나 맥락을 통해 담화에서 '간접인용'이 사용되었다는 사실을 쉽게 인지할 수 있지만 한국어에 대해 직관이 없는 외국인 학습자의 경우에는 한국어에 대한 체계적인 학습을 통해서 가능한 일이다. 따라서 한국어교육에서 '간접인용'의 교육 내용을 체계화시킬 필요성이 대두된다.

최근에는 한국어교육에서 '간접인용'에 대해서 '간접인용 표현 교육'이나 '간접인용 화행 교육'이라는 용어가 많이 사용되고 있다. 여기서 '표현'은 의미·기능 중심의 개념이고 '화행'은 화행동사가 수행하는 담화 기능을 강조하는 개념이다[1]. 개념을 통해 두 용어는 모두

---

1) 여기서 '의미'라는 개념은 언어의 구성 요소로 결정되는 의미를 말하며, 강현화(2008)에서는 '기본적 의미', 이미혜(2005)에서는 '문법적 의미'로 처리했

기능 중심의 한국어교육을 강조하는 것임을 알 수 있다. 그러나 한국어 '간접인용'이 사용되는 맥락은 아주 복잡하고 문법 형태도 다양할 뿐만 아니라 형태와 의미를 분리해서 분석하기 어렵기 때문에, 한국어교육에서 다루었던 '추측 표현', '이유 표현' 등처럼 유사한 의미·기능을 지닌 여러 문법 항목들을 한 묶음으로 묶어 처리하는 것과 달리, 형태 및 의미·기능 간 관계의 특수성을 고려하여 연구 대상을 '간접인용 구문'2)이라고 명하고자 한다. '구문'이라는 용어는 통사·형태적 중심의 개념이지만 '간접인용 구문'의 언어 구조를 가진 모든 쓰임을 포괄하여 관찰할 수 있어 '간접인용'에 관한 내용을 전면적으로 포괄할 수 있을 것이다. 학습자의 의사소통 능력3)을 기를 수

다. '기능'이라는 개념은 화용론적 관점으로 의사소통을 성취하기 위해 언어가 수행하게 되는 효력이라는 것이며 강현화(2008)에서는 '주변적 의미(전략적 의미)'와 '상황적 의미(문맥적 의미)', 이미혜(2005)에서는 '화용 기능'으로 불렀다.

2) 채숙희(2013:50)에서는 '인용구문'에 대해서 "인용동사가 사용된 구문 가운데 하나의 독립된 발화로 쓰일 수 있는 피인용문을 보어로 취하는 구문."이라고 정의했다. 이는 주로 문장 구조론적 관점으로 접근한 개념이라고 볼 수 있다. 본 연구에서 제기한 '간접인용 구문'은 한국어교육에서 '간접인용'에 관한 언어 구성을 지시하는 용어이며, 구조뿐만 아니라 구조, 형태의 변화로 일어난 의미, 기능 차이 등 언어 내적 특징 및 외적 특징을 모두 포함한다는 점에서 앞 연구에서 제기한 '인용 구문'의 개념과 다르다.

3) '의사소통 능력'의 개념은 Hymes(1972), Canale & Swain(1980), Stern(1983) 등을 참고할 수 있다. 본 논문이 참고하는 '의사소통 능력'은 Canale & Swain(1980)에서 제기한 문법적 능력(grammatical competence), 사회언어학적 능력(sociolinguistic competence), 담화 능력(discourse competence), 전략적 능력(strategic competence) 네 가지 능력이다. 문법적 능력은 문법 체계 지식을 이용하여 발화의 의미를 이해하고 발화의 내용을 정확하게 표현할 수 있는 능력을 가리키며, 사회적 능력이란 사회 공동체의 언어 습관, 그리고 대화 상대방의 신분, 나이 등 사회·문화적 맥락을 파악하여 대화를 이끌어 나갈

있도록 본고는 '간접인용 구문 교육'을 형태·통사적 중심의 개념을 넘어 담화 기능까지 다루고자 한다[4].

외국인 학습자는 일반적으로 구체적인 문법 항목을 통해 추상적인 문법 지식을 배운다. 한국어교육에서 간접인용 표지[5]로 쓰이는 '-다고, -자고, -냐고, -라고'[6]는 외국인 학습자에게 간접인용 구문을 인지하는 부호가 된다. 한국어 '간접인용 구문 교육'은 곧 간접인용 표지 '-다고, -자고, -냐고, -라고'와 관련된 언어 구성에 대한 교육이라고 할 수 있다. 따라서 학습자 입장에서 간접인용 구문 교육의 문법 항목을 인용표지와 관련된 언어 구성으로 선정하는 것이 바람직하다[7].

수 있는 능력을 말한다. 담화능력은 독립된 단어 사용보다 발화를 담화의 맥락에 넣어 결속성이 있는 대화를 할 수 있는 능력을 말한다. 전략적 능력은 효율적인 의사 전달을 위해 화제 바꾸기, 침묵 등 담화 전략을 사용할 줄 아는 능력이다.

4) 이미혜(2005:36)에서는 '간접 화행'은 문장 문법으로만 이해하기 어려워 담화 문법 차원에서도 다뤄야 할 내용이라고 지적했다. 서반석(2018:3)에서는 '인용'은 통사·형태적 대상이 아닌 의미·화용·텍스트적(기능적)인 대상이라고 지적했다.

5) 국어학 연구 분야에서 간접인용 표지를 '-고'로 보는 관점이 대부분이다(이상복:1974, 안주호:2003, 고경태:2010 등을 참고). 하지만 외국어로서의 한국어교육의 관점에서는 '-고'대신 '-다고, -자고, -냐고, -라고'를 간접인용 표지로 볼 수 있다. 대부분 한국어 문법서뿐만 아니라 방성원(2004), 김현숙(2011), 강정미(2016) 등 한국어 간접인용 교육에 관한 연구들은 거의 다 '-다고', '-냐고', '-자고', '-라고'를 대표 형태로 취하여 간접인용과 관련된 내용을 설명하였다. 『표준국어대사전』에서도 '-다고, -자고, -냐고, -라고'를 '인용'을 나타내는 어미로 풀이하고 있다.

6) '-다고', '-냐고', '-라고'는 선행어의 품사에 따라, 그리고 음운론적 제약에 따라 이형태도 갖고 있지만 논의의 편의를 위해 여기서는 '-다고', '-냐고', '-라고'를 대표 형태로 제시한다.

7) 이필영(1993)에서도 '인용처럼 들리는 언어 형식'을 인용의 판별 기준으로 삼

간접인용 표지 '-다고, -자고, -냐고, -라고'를 활용하여 간접인용 구문의 범주를 규정하는 이유는 다음과 같다.

첫째, '간접인용 표지'를 통해 규정하게 된 간접인용 구문들은 형태·구조적, 의미적 연관성을 갖고 있기 때문에 외국인 학습자의 연상적 인지를 자극할 수 있어 교수·학습의 용이성, 효율성을 높일 수 있을 것이다[8].

둘째, 간접인용 표지 '-다고, -자고, -냐고, -라고'를 교육 내용의 한정 기준으로 적용하면 '-다면서', '-라는', '-라기보다는' 등 형태적으로 간접인용 구문으로 볼 수 있지만 의미적으로는 '간접인용'과 거리가 멀어진 언어 구성들도 모두 다룰 수 있게 된다.

셋째, '인용'의 의미자질에서 출발하여 '인용'으로 볼 수 있는 발화 형식이 매우 다양하다. 예를 들면, '네가 그렇게 말할 줄 알았어.(상대방이 한 말을 인용함)', '엄마는 혼자 오시는 게 더 편하실 같아서 …

으면 명확하지 않기 때문에 인용격 조사의 실현 여부를 그 기준으로 적용해야 한다는 주장을 제기했다. 이를 참고하여 본고에서는 간접인용 표지의 실현 여부를 간접인용 구문의 판별 기준으로 하고, 간접인용 표지의 사용이 포함된 언어를 간접인용 구문으로 처리할 것이다.

8) 형태심리학적 인지주의에 따르면 언어 학습은 학습자가 스스로 언어 속의 범주적 관계나 연상 관계 등 관계성을 파악한 다음에 그에 따라 새로운 순서로 학습과 기억을 재구성하고 조직화하여 이루어진다는 것이다. 즉, 언어 습득은 새로운 언어 정보와 머릿속 기존의 정보 간의 상호작용을 통해 새로운 전체를 재구성하는 창조적 과정이라는 것이다(남성우 외2006:15-17 참고). 향후 발달하게 된 구성주 이론도 사회적 상호작용이 제2언어 습득에서의 중요성을 강조하면서 '인지'의 중요성도 긍정하였다. 간접인용 표지 '-다고, -자고, -냐고, -라고'를 실마리로 하여 선정된 문법 항목들은 형태·구조적, 의미적 두 방면에서 연관성을 찾을 수 있으므로, 외국인 학습자가 간접인용 구문의 새 문법을 배울 때 그 연관성 때문에 기존 문법 정보와의 상호작용이 보다 쉽게 일어날 수 있을 것이다.

(엄마가 혼자 가고 싶다고 미리 알려준 상황)' 등과 같은 발화들을 모두 '간접인용'으로 볼 수 있을 것이다. 간접인용 표지를 활용하면 연구 범위를 명확하게 한정할 수 있다.

본고에서는 항목 중심 교육을 중요시하면서 간접인용 표지 '-다고, -자고, -냐고, -라고'에 관련된 언어 구성을 중심으로 한국어 간접인용 구문의 문법 항목을 선정하는 것을 목적으로 한다. 언어 구성이 실제 발화에서의 형태·구조적 특징, 의미·기능 특징에 주목하여 분석하고자 한다. 본 연구의 세부 목표는 다음과 같이 정리할 수 있다.

첫째, 간접인용 표지를 활용하여 간접인용 구문 교육 내용의 범위를 한정한다. 둘째, 한국어교육에서 다루는 간접인용 구문의 체계를 세우고 분류한다. 셋째, 간접인용 구문이 현실 발화에서의 의미·기능과 실현 양상을 말뭉치를 통해 밝힌다. 넷째, 현재 한국어교육에서 간접인용 구문 교육의 문제점을 한국어 교재 분석을 통해 밝힌다. 다섯째, 앞의 분석 결과를 토대로 하여 한국어 교수-학습 내용으로 적용할 수 있는 간접인용 구문의 문법 항목을 선정하고 등급화한다.

1.2. 선행 연구

간접인용 구문에 대한 교육 내용을 다룬 대부분의 연구들은 '간접인용'이라는 의미에 집중하여 기능 중심으로 연구되어 왔다. 간접인용 구문의 교육 내용을 어디까지 한정해야 할지, 어떻게 선정해야 할지에 대한 연구는 몇 편이 있는데 제안만 하는 정도에 그치고 있다. 그리고 대부분 선행 연구들은 간접인용 구문 중 몇 개의 항목만 추출하여 분석하고 있다. 한국어교육에서의 간접인용 구문에 대해 전면적이고 체계적으로 분석한 연구는 거의 없다고 볼 수 있다.

간접인용 구문 교육에 관한 연구는 방성원(2004), 장미라(2008), 김지혜(2011), 서희정(2013ㄱ,ㄴ), 박영숙(2012), 임학혜(2016), 고경태(2014) 등이 있다. 이 연구들은 대체로 두 유형으로 나눠 볼 수 있는데 하나는 '-다고 하다'와 같은 전통적인 간접인용 구조의 구조·형태적 특징에 초점을 둔 연구들이며, 다른 하나는 최근에 들어 주목을 점점 많이 받고 있는 '-다고', '-다면서', '-다니까', '-다니'와 같은 '-다X'류 종결어미의 담화 기능을 분석한 연구들이다.

방성원(2004)은 한국어교육에서 '-다고' 관련 문법 항목의 선정 및 배열을 제안했다. 이 연구는 이론 분석 부분에서 '-다고' 관련 문법을 분류했을 때 의미·기능을 기준으로 적용하였으나 실제 교재 분석할 때는 형태적 기준을 위주로 적용하였다. '-다고' 자체는 하나의 형태로서 여러 가지 의미·기능을 할 수 있기 때문에 형태적 기준에 따라 분류해서 도출한 분석 결과는 간접인용 구문의 교육 현황을 체계적으로 보여주는 것으로 보기 힘들다. 그러나 이 연구에서 제시한 '실용성', '원형성', '대표성', '균형성' 네 가지 문법 항목 선정 기준은 후행 간접인용 교육 문법 선정 연구에 큰 시사점을 주었다.

장미라(2008)는 문장 구조적 관점으로 한국어 인용문의 구조 유형을 밝힌 뒤 한국어 교재에 실린 인용문 관련 문법을 '내적 인용', '외적 인용'에 따라 분류하여 문법 항목의 제시 형태 및 배열에 대해 분석했다. 교육 내용 선정의 제안에 있어서 역시 문장 구조를 중요시하여 외국인 학습자가 스스로 인용문의 구조를 습득할 수 있도록 하는 문장 형태의 문법 항목을 대표형으로 제시하는 것을 주장했으며, 교육 내용 배열에 있어서 외적 인용보다 내적 인용을 먼저 다뤄야 한다는 관점을 제기했다. 이 연구는 여전히 인용문이지만 인용의 기능을 수행하지 못하는 언어 현상에 대해서는 다루지 못하고 있어 구조·형태 중심의 연구로 볼 수 있을 것이다.

김정은(2008)에서는 기존의 한국어교육에서 인용 표현을 형태 중심으로 다루었다는 문제점을 지적하고 학습자 인용 표현 사용 결과물을 분석함으로써 학습자 중심, 의사소통 기능 중심의 교육 내용을 마련하여 교육 방안을 제시하였다. 이 연구에서는 '-다고/냐고/자고/라고 하다'의 다양한 형태와 기능에 초점을 두어 교육 내용을 제시했다. 인용 표현 교육을 학습자 중심으로 다뤘다는 점에서 실제성이 있는 교육 내용이라고 볼 수 있지만 한국어 간접인용 구문의 전체적인 쓰임을 다루지 못했다는 한계점이 있다.

이금희(2009)는 실제 의사소통 상황에서 발화한 간접인용문은 반드시 원발화의 내용을 그대로 인용하는 것이 아니라는 현상에 주목하여, 한국어 간접인용문 교육은 학습자에게 원발화의 화용적 의미 기능을 이해시켜 문장을 생산하도록 해야 한다는 주장을 제기했다. 그리고 연속된 발화를 간접인용문으로 전환하는 방법도 제시하였다. 간접인용 구문 교육을 문법·형태 중심이 아닌 담화 차원에서 다뤄야 한다는 주장을 제기한다는 점에서 창의적이라 할 수 있다. 그러나 언어 현상만을 제시하고 관련된 교육 개선 방안을 구축하지 못했다는 점은 아쉽다.

김지혜(2011)는 간접인용 표현의 담화 기능에 초점을 두어 교육 방안을 제시하였다. 이 연구는 드라마를 활용하여 기존의 한국어 교재에서 '인용 표현'으로 제시한 문법 항목들의 담화 기능을 '전달', '확인', '불평' 세 가지로 규정했으며 특히, '불평' 기능에 주목하여 교육 방안을 제시하였다. 이 연구는 실제적인 자료를 통해 간접인용 표현의 담화 기능을 분석하였기 때문에 이전의 연구에 비해 실제성이 있는 연구 결과를 도출했다는 점에서 의의가 있다. 그러나 간접인용 표현의 범위를 과학적으로 규정하지 못했기 때문에 한국어 간접인용 표현의 전체적 쓰임을 보여주었다고 할 수는 없다.

서희정(2013ㄱ)은 '-다고'와 관련된 문법 항목의 교육 내용을 '-다고', '-다고 하X', '-다고 (해서)' 세 유형으로 분리하여 제시했는데, 문법 항목의 의미를 '인용+연결어미의 의미'로 간주할 수 있는 '-다고 하X' 유형의 문법 항목에 대해서만 분석했다. '-다고'가 '근거 제시' 의미를 지닌다는 사실도 밝혔다. 전통적으로 '-다고'를 '간접인용'의 의미로만 처리했던 연구들과 달리, 이 연구에서는 '간접인용'의 의미·기능으로만 국한시키지 않고 '근거 제시'의 '-다고'도 간접인용 구문의 교육 내용에 포함시켜야 한다는 점을 제안했다는 점에서 의의가 있다. 그러나 문법 항목의 분류 및 의미 분석은 역시 국어학적인 관점에서 벗어나지 못한다는 점은 아쉽다.

서희정(2013ㄴ), 박영숙(2012)은 '-다고', '-다면서', '-다니까', '-다니', '-다지', '-다나'를 중심으로 실제 발화 상황에서 드러나게 되는 화자의 태도에 착안하여, 간접인용 정보를 지닌 문법 항목들의 양태 정보에 대해 분석하였다. 임학혜(2016)는 '-다고', '-다면서', '-다니까', '-다니'가 지닌 다양한 담화 기능에 주목하여, 중국인 학습자를 대상으로 한 오류 분석을 토대로 관련된 교육 방안을 모색하였다. 그 후 이금희(2014), 명정희(2017)는 순수 국어학적 관점으로 의문문에 쓰인 '-다고', '-다면서', '-다니까', '-다니' 등의 종결형 어미가 나타내는 양태 의미 및 이들의 사용 조건에 대해 분석했다. 이 연구들은 화용론적 관점으로 간접인용 관련 언어 구성들에 대해 분석하는 선구적인 연구라고 할 수 있다.

고경태(2014)는 한국어 교재에서 제시한 '간접인용'의 기능을 하는 문법 항목들의 형태에 중점을 두어 분석하였다. 이 연구는 주로 간접 인용 표지 '-다고/냐고/자고/라고'가 문법 항목으로서 한국어 교재에서 어떤 형태로 제시되는지, 간접인용 구문의 생산 방식에 대한 교육이 어떻게 진행되는지에 대해 분석함으로써 한국어교육에서 적용할 만한 간접인용 구문의 생산적 관점을 제안하였다. 이 논문은 학습자가 한국어 간접인용 구문을 보다 쉽게 습득할 수 있도록 하는 입장에서 간접인용 구문의 생성 모형을 새롭게 도출했다는 점이 매우 창의적이지만 역시 기존의 연구처럼 간접인용 구문에 대한 형태 중심 분석의 틀에서 크게 벗어나지는 못했다.

남신혜(2015)는 종결 기능의 인용결합형 문법 항목의 선정 및 배열에 대해 논의했다. 문법 항목을 선정할 때 말뭉치와 한국어교육 자료에서의 중복도를 기준으로 먼저 후보 항목을 선정하고, 2차적으로 의미·기능 분석을 통해 최종 문법 항목을 선정했다. 그러나 중복도를 산정할 때 평균 중복도를 약 '1.5'로 도출했기 때문에 결국 한국어 교육 자료에서 출현한 모든 문법 항목들을 교육 내용의 후보 항목으로 선정했다. 아쉽게도 문법 항목의 중복도를 산정할 때 형태뿐만 아니라 의미 요소도 고려하지 못했다. 이 연구는 계량을 활용하는 객관적인 방법으로 간접인용 구문 관련 문법 항목을 선정하는 선구적인 연구라고 볼 수 있으나 간접인용 구문 전체를 고려하지 못하고 종결의미 기능의 문법 항목에만 한정하여 분석했다.

이정란(2017)에서는 '한국어 자연 발화 코퍼스(The Korean Corpus of Spontaneous Speech)'를 활용하여 간접인용 구문이 실제 발화 상황에서 일어나는 '-고' 탈락 현상 및 인용동사의 사용 양상에 주목하여 분석하고, 분석 결과를 한국어 교재에서 제시한 문법 항목의 형태와 비교해 보았다. 이 연구는 역시 간접인용 구문의 구조에 중점을 두고 있다.

이상의 선행 연구에 대한 분석을 통해 한국어교육에서 다루는 간접인용 구문의 교육 내용 규정 및 문법 항목 분류에 대해서 학자마다 다른 관점을 갖고 있음을 알 수 있다. 분석 대상이 집중적이고 한정적이며 간접인용 구문에 대한 전면적이고 체계적인 연구는 아직 이루어지지 않았다는 사실을 알 수 있다. 그리고 실제성이 있는 문법 항목 선정 및 교육 내용 구축에 관한 연구는 매우 부족하다는 현황도 파악하게 되었다. 본고는 선행 연구에 존재하는 이러한 문제점에 주목하여 한국어교육에서 다루어져야 하는 간접인용 구문에 대해 범주를 규정하고 유형화할 것이다. 그리고 이를 토대로 하여 실제적 언어 자료에 대해 분석함으로써 실제성이 있는 문법 항목을 선정하고 교육 내용을 제안하고자 한다.

1.3. 연구 방법

이 연구는 한국어 간접인용 구문을 체계적으로 교육하기 위해 교육 내용이 될 구체적인 문법 항목을 선정하고 교육 순서를 제시하는 것을 목적으로 한다. 본고에서 다루고자 하는 대상은 간접인용 표지 '-다고, -자고, -냐고, -라고'와 관련된 언어 구성으로만 한정한다.

문법 항목 선정에 있어서 본고는 절충적인 방법론을 적용하고자 한다.9) 우선, 한국어교육 자료에서 제시한 문법 항목의 중복도를 조

---

9) 국립국어원(2011)에 의하면 교육 내용 선정은 주관적 방법, 객관적 방법, 절충적 방법이 있다고 제시했다. 주관적 방법론은 연구자의 판단에 의해 교육 내용을 선정하는 것이다. 객관적 방법론은 말뭉치 빈도, 교재 중복도, 설문조사

사함으로써 분석 대상을 선정할 것이다. 선정된 분석 대상이 실제적 언어 사용에서의 사용 양상 및 의미·기능에 대한 분석을 통해, 그리고 교육 현황을 고려하여 최종 문법 항목을 선정할 것이다. 선정된 문법 항목에 대한 순서 배열은 난이도, 빈도 등 요인을 고려하여 실시할 것이다.

분석 대상이 현실 발화에서의 사용 양상 및 의미·기능을 분석하기 위해 실제적 언어 자료는 『21세기 세종 말뭉치』를 활용하고자 한다. 말뭉치를 기반으로 간접인용 구문을 분석할 필요성은 다음과 같다.

첫째, 한국어교육에서 강조하는 의사소통 능력 중심 교육이란 외국인 학습자가 언어를 의사소통 상황에 맞게 사용할 줄 아는 능력을 키우는 교육이라고 할 수 있다. 즉, 목표어의 기능에 관한 관심을 점점 많이 가지게 된 만큼 '의사소통 상황'이라는 언어 사용의 적절성 전제도 중요시해야 하기 때문이다.

둘째, 어휘와 문법의 사용은 절대적인 정확함과 틀림을 논할 수 없고 의사소통 상황에 적절한지만 논할 수 있다. 즉, 구어에서 통사적 규칙에 어긋난 쓰임도 일종의 담화 전략으로 볼 수 있듯이 한국인 모어 화자의 사고와 언어 습관을 보여주는 맥락 속의 언어 사용을 교육 내용으로 다룰 필요가 있다.

셋째, 언어가 특정한 의사소통 상황에 나타나게 되는 형태적 특징, 의미·기능적 특징에 대해서 설명할 때 언어 내적 요인만으로 해석하기 어려운 부분이 있을 수 있으므로 언어 외적 요인에 관한 설명이 필요할 것이다. 이때 실제적 담화 내용은 언어 현상의 언어 외적 요

를 통해 도출한 객관적인 결과에 의해 교육 내용을 선정하는 것이다. 절충적 방법론이란 앞의 두 방법론의 결합적인 사용이다.

인 분석에 기여할 것이다.

넷째, 서반석(2018:5)에 의하면 기존의 간접인용 구문에 대한 연구에서는 연구자들이 직관에 의해 예문을 생산하거나 아주 한정된 의사소통 상황에서만 예를 취하여 분석하는 경우를 흔히 볼 수 있다고 지적했다. 이렇듯, 실제적 언어 자료를 통해 간접인용 구문을 분석하는 연구가 부족한 것이 현실이다.

기존의 연구들은 '말'을 구어로, '글'을 문어로 분류하여 다루어 왔다. 그러나 배진영 외(2013:72-76)는 구어와 문어를 구별하는 기준을 수립하기가 어렵고 문법이 다양한 의사소통 상황에서 드러나는 특성을 구어성이나 문어성으로 설명하는 것보다 언어 사용의 매체적 차이로 보는 것이 옳다고 기술했다. 즉, 인터넷 블로그나 게시판에 올린 댓글을 예로 들면, 이들은 문어인데 '구조적 간결성', '생략과 축소', '상호성' 등 구어의 특징을 지니므로 '구어성 문어'로 볼 수도 있다. 그리고 TV 방송에서 나오는 뉴스도 마찬가지로 '격식성'을 지니기 때문에 '문어성 구어'로 간주할 수 있다.

본고에서는 『21세기 세종 말뭉치』에서 구어 자료 약 80만 어절과 문어 자료 중 학술 산문에 해당하는 텍스트 표본들을 인문, 사회, 자연 등 영역별로 골고루 80만 어절을 추출하여 분석 자료로 활용할 것이다.[10] 이렇게 말뭉치 자료를 선정하는 이유는 다음과 같다.

---

10) 영역별 표본을 선정하는 기준은 배진영 외(2013:52-55)를 참고하였다. Biber 외(1999), 배진영 외(2013)에 따르면 코퍼스를 분석할 때 화자의 수, 연령대를 고려하지 못하더라도 적어도 100만 어절 정도가 되어야 계량 결과의 신뢰도를 보장할 수 있다고 했다. 새로 말뭉치를 구축하는 것보다 기존 말뭉치 자료를 이용하는 것은 더 효율적이고 분석 결과의 신뢰도를 확보할 수 있으므로, 본고는 구어 말뭉치의 규모에 맞춰 문어 말뭉치도 80만 어절을 대상으로 분석할 것이다. 배진영 외(2013:189~225)에서 16만 어절의 구어 말뭉치를 재구

첫째, 『21세기 세종 말뭉치』는 구어와 문어 자료의 불균형성 문제가 존재한다. 21세기 세종 계획에서 구어 자료는 약 80만 어절인데 문어 자료는 약 1,140만 어절의 규모로 압도적으로 더 많다. 구어 자료의 사용역[11]을 보면 대화, 강연, 강의, 회의, 독백 간의 비율 차이가 상당히 커서 세부 분류해서 분석하기가 힘든 상황이다.[12] 본고에서는 세종 구어 말뭉치 자료 80여만 어절을 따로 세분하지 않고 전부 활용하고자 한다.

둘째, 21세기 세종 계획에서 문어 자료는 TV뉴스, 잡지, 소설, 학술 산문[13]으로 구성되어 있는데 본고에서는 학술 산문에 한정하여 80만

성하여 한국어 억양단위의 문법적 특징을 분석했다는 점을 감안하면 구어, 문어 각 80만 어절, 총 160만 어절의 크기도 어느 정도 간접인용 구문의 특징을 파악하는 데 무리가 없을 것이라고 본다. 본 논문에서 도출한 분석 결과는 양적 보다 질적 연구 결과로 보는 것이 적절할 것이며, 간접인용 구문에 대한 더 면밀한 분석은 나중에 더 큰 규모의 말뭉치를 구축한 후 보완할 것이다. 본고에서 활용한 구어, 문어 말뭉치의 자료 목록은 부록을 참고한다.

11) 사용역(register)이란 언어가 사용되는 환경 또는 상황을 포괄하는 개념인데 장르나 텍스트 타입보다 더 큰 개념일 수도 있고 분석의 필요에 따라 재구성할 수도 있다.

12) 구어 말뭉치 자료는 주로 비격식적인 발화 내용을 포함한다는 특징을 갖고 있다.

13) Biber 외(1999)에서는 담화 상황을 고려하여 코퍼스에서의 주요 사용역을 대화(conversation), 소설(fication), 신문(nesw), 학술 산문(academic prose) 4개로 설정했다. 배진영 외(2013)는 이 분류를 참고하여 21세기 계획의 문어 말뭉치 자료를 신문, 잡지, 소설, 학술 산문 4 영역으로 분류하였다. 학술 산문은 학술적인 책에 쓰인 글을 가리키며 문어 말뭉치에서 인문, 사회, 자연, 예술 등 영역별로 추축되어 있다. 학술 산문은 '격식성', '학술성' 자질을 갖고 있다. 그리고 세종 문어 말뭉치에서 신문에 해당하는 자료는 상당히 일부는 화면이 있는 방송 녹화, 인터뷰 녹화 내용이기 때문에 본 논문은 'TV뉴스'라는 명칭을 취하고자 한다. 'TV뉴스'라는 명칭은 서반석(2018)에서 원용한 것이다.

어절의 문어 분석 자료를 추출하고자 한다. TV뉴스는 방송 내용이 들어 있기 때문에 이 부분 내용을 '문어성 구어'로 간주할 수 있을 것이며, 소설, 잡지에도 일부 발화 내용이 포함되고 비격식적인 글이 기도 해서 이 세 분야는 분석 대상에서 제외하기로 한다. 학술 산문은 인문, 사회, 자연, 생활 등 많은 영역에 관한 내용을 포함하고 있으며 격식적인 글쓰기이기 때문에 간접인용 구문이 격식적인 글쓰기에서의 특징을 잘 반영한 자료로 판단될 수 있을 것이다. 그러므로 본고는 학술 산문을 활용하여 문어 말뭉치를 다음 [표 1]과 같이 재구축해 보고자 한다.

[표 1] 문어 말뭉치 재구성 방안

영역	분류14)	어절 수	텍스트 표본 수	비율
학술 산문	인문	203,403	6	24.7%
	사회	164,554	6	20.0%
	자연	152,916	5	18.6%
	생활	150,880	5	18.3%
	예술	150,909	4	18.4%
	총계	822,662	26	100%

이로써 비격식적인 구어 자료와 격식적인 문어 자료를 통해 간접 인용 구문이 실제 발화에서의 형태, 의미, 기능을 분석할 것이다.
본고의 전체적 구성은 다음과 같이 정리할 수 있다. 1장에서는 한

---

14) 학술 산문 영역에 '교육'이라는 하위분류도 있는데 주로 초등학생의 작문과 동화를 기록하는 자료이다. 분석 자료의 격식성을 보장하기 위해 이 부분을 제외하였다.

국어교육에서 간접인용 구문의 범주를 새로 규정해야 한다는 필요성을 제기하고 한국어교육 원리를 적용한 문법 항목의 선정 및 배열 방법을 마련한다. 그리고 관련된 선행 연구에 대해서도 검토하여 간접인용 구문 교육의 문제점 및 시사점을 찾아낸다. 2장에서는 한국어 교수-학습의 입장에서 간접인용 구문에 대해서 분류하고, 재검토할 필요가 있는 후보 문법 항목을 선정할 것이다. 3장에서는 간접인용 구문이 실제 의사소통 상황에서의 사용 양상 및 담화 기능을 파악하기 위해 말뭉치 자료에서 관련된 발화를 추출하여 분석할 것이다. 4장에서는 한국어 언어교육 기관에서 개발한 한국어 교재를 대상으로 간접인용 구문이 한국어교육에서 다루어지고 있는 현황에 대해 검토할 것이다. 마지막으로 5장에서는 앞의 분석 결과에 한국어 문법 교육 원리를 적용하여 학습자의 의사소통 능력 신장에 도움이 되는 실제적 교육용 문법 항목을 선정하고 등급화를 할 것이다. 그리고 항목별 교육 내용을 정리하여 제시할 것이다. 끝으로 지금까지의 논의를 정리하면서 본고의 한계점을 제시하고자 한다.

제2장 한국어교육에서의 간접인용 구문

2.1. '간접인용'의 개념

『표준국어대사전』에서는 '간접인용'의 개념에 대해서 '원문의 뜻을 살리면서 화자의 문장으로 표현하는 인용'이라고 풀이하고 있다. '간접인용'의 개념은 언어 사용의 형식 및 목적 두 가지 측면에 착안하여 이해할 수 있다. '인용'은 기능 층위의 개념으로 '기존의 정보 내용을 가져와서 사용하는 것'이라고 이해할 수 있다. 가져온다는 것은 어떤 정보가 먼저 선행되어야 한다는 뜻이며, 기존의 정보와 간접인용으로 표현하는 정보 간에 시간적 간격을 두고 있어야 한다는 것을 의미한다.[1] '간접'은 언어 사용의 형식에 관한 개념으로 '기존의 정보 내용을 그대로 가져온다는 것이 아니라 가공해서 사용한다는

---

[1] 이상복(1983:131)에서는 '인용 구문'에 대해서 '다른 어떤 사람의 말이나, 또는 자신의 말을 시간적, 공간적 간격을 두고 인용해서 다른 사람에게 전달하는 문장'이라고 정의한 바가 있다. 본고는 인용에 시간적 간격을 갖는다는 관점에 주목하여 '간접인용'의 원형적 개념을 이해하고자 한다.

것'이라고 이해할 수 있다.[2] 기존의 정보로 될 수 있는 것은 말, 글, 생각의 내용이다.[3] 그러나 정보를 얻는 경로를 고려하면 말이나 글은 화자가 듣거나 보는 방식을 통해 정보를 획득할 수 있으나 생각의 내용을 획득하는 경로를 추적하기는 그리 쉽지 않다. 화자 자신의 생각이라면 회상을 통해 얻을 수 있으나 남의 생각인 경우 발화를 통해 얻는 것이 일반적이다. 즉, 남의 생각은 누군가 알려주어야 알 수 있듯이 알려주기의 방법은 곧 말이나 글을 통해 실현된다는 것이다. 따라서 '간접인용'의 원형적 의미는 기존의 발화 내용을 가져와서 가공을 통해 사용한다는 것이라고 할 수 있다. 언어 사용의 궁극적인 목적은 언어 표현이기 때문에 '간접인용'의 원형적 의미는 또한 '기존의 발화 내용을 옮겨 표현하기'라고 밝힐 수 있다. 이를 도식화하면 아래 [그림 1]과 같이 제시할 수 있다.

---

2) 간접인용의 형식에 대해서 Quirk et.(1985), 채숙희(2011), 구종남(2016)에서는 화자가 항상 원발화를 자신의 관점에 맞게 조정해서 인용한다고 했다. 채영희(1991:106)에서는 화자가 발화의 간결성을 추구하기 위해 자신의 시점에서 불필요한 것을 생략해서 발화한다고 설명한 바가 있다.

3) 남기심(1973), 이상복(1974/1983), 이창덕(1999) 등에서는 발화 인용만 인용으로 봤으며 생각 인용을 나타내는 문장은 인용문의 형식을 갖고 있지만 유사 인용문 또는 준인용문으로 처리하였다. 그 후 안경화(1995)에서는 인용의 구조를 갖는 문장을 모두 인용구문으로 볼 수 있다고 제안했으며, 채숙희(2013)에서는 피인용문을 취하는 인용동사를 중심으로 인용 구문의 범위를 한정하면서 발화 행위와 인지 행위가 모두 인용 구문에 의해 전달될 수 있다고 제시했다. Palmer(1986:135-63)에서는 발화 동사 구성과 인식 동사 구성 간의 형식적 유사성, 말은 곧 실제로 발화되지 않아도 발화될 수 있다는 가능성, 간접인용이 기존의 발화 내용을 완벽하게 재현하기 어렵다는 점 3가지를 통해 생각 인용이 간접인용에 포함될 수 있다는 주장을 합리화시켰다.

```
┌─────────────────────────────────────────────┐
│   기존의 발화 내용 A  →  발화 내용 A'          │
│                 (가공)                         │
└─────────────────────────────────────────────┘
```

[그림 1] '간접인용'의 원형 의미

　인간의 언어 사용은 두뇌 활동을 통해 실현된 것이기 때문에 모든 발화의 내용은 곧 생각의 내용으로 간주할 수 있다. 따라서 '간접인용'의 개념은 발화를 인용하는 외적 인용 및 생각을 인용하는 내적 인용으로 구분할 수 있다.4) 단, 생각을 인용하는 경우에는 '간접인용'의 원형적 의미에 더 가까운 쓰임도 있고 주변적인 쓰임도 있다.5) 생각의 내용을 인용할 때는 무엇보다도 시간적 간격을 뚜렷하게 가지고 있는 자신이 옛날에 했던 생각이나 남이 이미 제기했던 관점을 인용하는 것은 '간접인용'의 원형적 의미에 가까운 쓰임이라 할 수 있다. 발화를 수행하면서 자신의 생각을 밝히는 경우, 발화가 사고의 산물이기 때문에 발화와 사고 간에 시간적 간격이 존재한다는 점을 고려하면 역시 '간접인용'으로 보는 것이 가능하다. 다만, 현재 시로 남의 생각을 표현하는 경우, 이미 남의 생각을 알고 있는 상황이 아

---

4) 안경화(1995)에서는 청자 지향적 인용을 외적 인용, 화자 지향적 인용을 내적 인용으로 분류했다. 방성원(2014)에서는 발화가 수반되는 '발화 인용'과 발화가 수반되지 않는 '생각 인용'으로 나눠 제시하고 있다. 본 논문은 이러한 관점을 참고하여 발화(글이나 말)를 인용하는 간접인용 구문을 외적 인용 구문, 생각을 인용하는 간접인용 구문을 내적 인용 구문으로 보고자 한다.

5) Jespersen(1924:290)에서는 다른 사람이 말하고 있거나 말했던 것, 생각하고 있거나 생각했던 것, 그리고 자신이 이전에 했던 말이나 생각을 전달하는 것을 '인용'이라고 봤다. 본고는 '말하고 있는 것과 생각하고 있는 것'을 인용의 형식으로 표현하는 것도 '간접인용'으로 볼 수 있다는 관점에 의문을 제기했는데, 뇌의 사고 시점 및 발화 시점 간의 간격에 주의를 기울여 이 관점을 합리화해 보고자 한다.

닌 이상 '추측'이 될 수밖에 없다. 남의 생각의 내용을 얻는 경로는
앞에서 제시한 발화를 통해 얻는 방식도 있으나 눈치를 통해 해독하
는 방식 등도 있는데, 이럴 때는 역시 '추측'이 첨가될 수밖에 없다.
그러나 남의 생각이라는 정보를 화자의 사고 속에서 이해, 가공하여
발화하게 되면 '간접인용'을 생산하는 과정과 비슷하므로 역시 '간접
인용'으로 볼 수도 있다. 단, 이러한 쓰임은 '간접인용'의 원형적인
쓰임에서 가장 멀어진 쓰임이라고 할 수 있다. 이상으로 '간접인용'에
포함될 수 있는 언어 쓰임은 다음 [표 2]와 같이 정리할 수 있다.
정리의 순서는 원형적 쓰임에서 주변적 쓰임으로 배열된 것이다.

[표 2] '간접인용'에 포함될 수 있는 언어 쓰임

> ㄱ. 남이나 자신이 한 발화의 내용을 옮겨 표현하기
> ㄴ. 남이나 자신이 했던 생각의 내용을 발화로 표현하기
> ㄷ. 자신이 지금 하고 있는 생각을 발화로 표현하기
> ㄹ. 남이 지금 하고 있는 생각을 발화로 표현하기

2.2. 간접인용 구문의 분류

2.2.1. 문법화된 간접인용 구문의 구별

한국어 간접인용 구문을 외국인 학습자에게 습득하기 어려운 이유
는 실현 양상이 다양하고, 문법 항목의 구성 및 의미 기능도 복잡하
기 때문일 것이다. 제일 큰 문제는 간접인용 구문의 구조를 가지고
있지만 '간접인용'의 의미 기능을 수행하지 않는 쓰임도 있다는 점일
것이다. 따라서 '간접인용 표지'로 불린 '-다고, -자고, -냐고, -라고'가

실제 발화 상황에서 도대체 어떤 구실을 하는지를 파악하는 것은 한국어 간접인용 구문 학습을 성취하는 결정적인 요인으로 삼을 수 있을 것이다. 한국어교육에서 간접인용 구문의 분류는 순수 언어학 관점에서의 분류와 차별화되어야 한다. 앞서 언급했듯이 간접인용 구문에서 간접인용 표지가 쓰인 언어 구성들의 형태와 의미의 관계는 그물 모양으로 얽혀 있으므로, '-다고, -자고, -냐고, -라고'와 관련된 언어 구성들이 '간접인용'의 의미 기능을 제대로 수행하는지, 의미 기능과 형태적 특징 간의 관계에 착안하여 분류의 실마리를 찾아볼 수 있다. 다음의 발화를 보자.

(1) ㄱ. 동생이 고맙<u>다고 하니까</u> 내가 해 준 건 보람이 있는 것 같다.
    ㄴ. 동생이 고맙<u>다니까</u> 내가 해 준 건 보람이 있는 것 같다.
    ㄷ. 나는 약속을 못 지킨 사람이 제일 <u>싫어. 그러니까</u> 네가 약속을 지켜.
    ㄹ. 나는 약속을 못 지킨 사람이 제일 <u>싫다니까</u> (네가 약속을 지켜).
    ㅁ. 나는 약속을 못 지킨 사람이 제일 <u>싫다니까</u>.

(1ㄴ), (1ㅁ)에서의 '-다니까'는 동일한 형태를 공유하고 있지만 의미 기능이 다르다. (1ㄴ)에서의 '-다니까'는 (1ㄱ)에서 '-다고 하니까'의 축약 형태로 볼 수 있는 반면, (1ㅁ)에서의 '-다니까'는 '-다고 하니까'로 환원할 수 없고 '인용'보다 '강조'의 의미를 나타내고 있다. (1ㅁ)에서 '강조'의 의미를 나타내는 '-다니까'는 (1ㄷ) → (1ㄹ) → (1ㅁ)의 순서처럼 간접인용에 이유 표현 '-니까'를 붙인 후 '-다니까'로 줄이게 된 다음에 후행절 내용을 생략해서 형성된 구성이라고 볼 수 있을 듯하다.6) 이때 '-다니까'가 이끄는 선행절의 내용은 역시 새 발화가 아닌 기존의 발화를 인용하는 내용으로 볼 수 있는 것이다.

이런 점에서 '강조' 의미의 '-다니까'는 역시 '간접인용'의 원형 의미를 띤다고 할 수 있다.

(1ㄴ)처럼, 인용 구조 '-고 하-'에 연결어미가 결합되어 '-다X-' 형태로 줄여서 발화될 때, 형태와 상관없이 간접인용 표지는 '간접인용'의 의미 기능을 수행하고 있으며 '-다X-' 구성의 의미 기능은 구성요소 의미 기능의 '총합'으로 볼 수 있다. 이필영(1993)에서는 (1ㄴ)처럼 인용 구조로 되돌릴 수 있는 이러한 복합 구성을 '환원적 융합'이라고 보고, 환원적 융합형은 융합 이전형의 기능을 그대로 보유한다고 했다. 한편, (1ㅁ)처럼 간접인용 구조로 환원할 수 없는 이러한 쓰임을 '비환원적 융합'으로 처리하였다.

간접인용 구문이 실제 발화에서의 다른 쓰임을 보자.

(2) ㄱ. 철수는 자기가 장학금을 받았<u>다고</u> 했습니다.
    ㄴ. 뭐, 공부를 안 한 놈이 장학금을 받았<u>다고</u>?
    ㄱ. 응, 우리 반은 철수까지 장학금을 받았<u>다고</u> 난리 났어.

위의 (2)에서 똑같은 형태의 '-다고'가 각 발화에서 다른 의미를 나타내고 있다. (2ㄱ)에 쓰이는 '-다고'는 인용의 기능을 하고 있지만

---

6) 이금희(2005:161)에서는 '강조'를 나타내는 '-다니까'가 인용 구조에 이유 표현을 붙인 줄인 형태가 문법화를 겪어 형성된 것이라고 제시한 바가 있다.

예) ㄱ: 그는 집에 없을 거예요.
   (1) ㄱ. 그래도 한번 가야지.
       ㄱ. 집에 <u>없다니까</u> (왜 내 말을 안 믿어요)?

'-다니까'가 쓰이는 원래 발화는 상위절이 있었는데 발화시 상위절이 생략되면서 갖고 있던 청자에게 따지는 의미가 '-다니까'로 전이하게 된 것이라고 설명하였다.

(2ㄴ), (2ㄷ)에서 쓰이는 '-다고'는 각각 '확인', '이유 제시'의 의미를 나타내고 있다. 그래도 뒤의 두 발화에 쓰이는 '-다고'는 '철수가 장학금을 받았다'라는 기존의 발화 내용을 이끌어 내는 기능도 하므로 역시 '간접인용'의 원형 의미를 띤다고 판단할 수 있다. (2)는 간접인용 구문에서 인용표지의 형태와 기능이 반드시 1대1의 방식으로 나타나는 것이 아님을 보여주고 있다. 이필영(1993), 김희경(2007), 이금희(2005), 명정희(2017) 등은 (2ㄴ), (2ㄷ)에서 쓰이는 '-다고'와 같은 쓰임을 간접인용 표지의 문법화 현상으로 보고 간접인용 표지가 후행 동사와의 융합이 일어났다고 설명했다.

　위의 두 예시처럼 형태가 동일하지만 의미 기능이 서로 상이한 요소를 하나의 교육 항목으로 처리하면 학습자들에게 의미 기능에 대한 혼동을 줄 수밖에 없기 때문에, 문법화 과정을 겪은 것과 문법화가 일어나지 않은 것을 구분하여 교육할 필요가 있다. 위 예시에서 문법화된 '-다니까'와 '-다고'에서 공통점을 찾을 수 있는데, 두 언어 구성은 새 의미 기능을 갖게 되었지만 '간접인용'이라는 기본 의미를 조금이라도 보유한다는 것이다. 따라서 '간접인용'의 개념적 기능 및 '비환원적 융합'이 일어났는지를 기준으로 하여, 간접인용의 개념적 기능을 하는 구문을 '전형적인 간접인용 구문'으로 설정할 수 있으며, 형태적으로 전형적인 간접인용 구문과 관련을 지을 수 있고 '간접인용'이라는 의미 기능을 띠면서 새로운 의미 기능도 갖게 된 구문을 '문법화된 간접인용 구문'으로 규정할 수 있을 것이다. 전형적인 간접인용 구문에서는 '환원적 융합'이 일어날 수 있으며, 문법화된 간접인용 구문에서의 간접인용 관련 언어 구성은 주로 '비환원적 융합형'으로 봐야 한다. 한국어교육에서 다루는 간접인용 구문의 유형은 다음 [표 3]과 같이 제시할 수 있다.

[표 3] 한국어교육에서의 간접인용 구문 분류

분류	개념
전형적인 간접인용 구문	간접인용 관련 구조를 갖고 있으며 타인 혹은 자신의 발화나 생각을 옮겨 표현하는 구문
문법화된 간접인용 구문	간접인용 관련 구조를 갖고 있으며 '간접인용'의 의미 기능을 띠면서 새로운 의미 기능을 획득한 구문

다음으로는 각 유형의 간접인용 구문이 포함하는 언어 구성에 대해서 살펴볼 것이다.

2.2.2. 전형적인 간접인용 구문의 언어 구성

전형적인 간접인용 구문은 일반적으로 '피인용문+인용표지+인용술어'[7]의 구조를 갖는다.

(3) ㄱ. 나는 엄마에게 이번 경기에서 최우수상을 받았다고 했습니다.

---

7) 일반적으로 간접인용의 구조를 '피인용문+인용표지+인용동사'로 보는 관점이 많다(강정미 2016:9, 윤정원2011:12 등). '피인용문'은 인용의 내용을 나타내는 부분이다. '피인용문'과 '인용표지'가 결합되는 부분은 분석의 관점에 따라 '안긴 문장(이지수2017)', '내포문(구종남2016)', '인용절(고경태2014, 이지수2017)' 등으로 부를 수 있다. 인용표지 뒤에 인용절을 이끄는 술어 동사는 '상위 동사' 혹은 '인용동사'라고 부를 수 있다. 채숙희(2013:61)에서는 인용표지 뒤에 쓰이는 언어 구성을 '인용술어'로 부르며 인용 구문에서 인용술어를 인용동사, 인용 복합술어, 인용을 나타내는 관용표현 세 가지로 규정하였다. 그러나 인용술어로 쓰이는 관용표현에 대해서 '발화인용'에서 사용하는 표현만 밝혔다. 관용표현은 언어 구성 의미의 합으로 이해할 수 없어 한국어교육에서 다루기 어려운 내용이므로 이를 분석 대상에서 제외할 것이다. 본고에서는 채숙희(2013)의 관점을 참고하여 인용동사와 인용 복합술어 두 가지만을 분석할 것이며 '인용술어'라는 명칭으로 취급할 것이다.

ㄴ. 친구는 나에게 그 사람이 어린 시절 친구라고 소개했습니다.
ㄷ. 나는 엄마에게 언제 밥을 먹느냐고 물었습니다.
ㄹ. 철수가 영희에게 같이 영화를 보자고 했습니다.
ㅁ. 철수가 영희에게 그대로 서 있으라고 요구했습니다.

(3)에서 제시한 '피인용문+인용표지+인용술어' 구조를 갖는 발화들은 간접인용 구문의 기본형 발화로 볼 수 있으며, 각 교재에서 간접인용에 관한 교육 내용으로 가장 많이 제시하는 유형이기도 하다. 이때 간접인용 표지는 서법에 따라 서술문에 '-다고', 의문문에 '-냐고', 청유문에 '-자고', 명령문에 '-라고'로 쓰인다. '-다고', '-냐고'는 선행어의 품사에 따라 이형태를 가지며, '-라고'도 선행어의 마지막 음절에 받침의 유무에 따라 이형태를 갖는다. 간접인용 표지들이 적용되는 부정 형태도 피인용문 서법의 영향을 받아 '-다고', '-냐고'는 '-지 않-' 부정과 어울리는 반면, '-자고', '-라고'는 '-지 말-' 부정을 취한다. 간접인용 표지의 통사·형태적 정보를 정리하면 [표 4]와 같다.

[표 4] 간접인용 표지의 통사·형태적 정보

항목	피인용문 서법	선행어	형태	부정문
-다고	평서문	동사,	-ㄴ다고/-는다고	-지 않-
		형용사, 시제 선어말어미	-다고	
		명사+-이다/아니다	-(이)라고	
-냐고[8]	의문문	동사, 시제 선어말어미	-느냐고/-냐고	-지 않-
		형용사	-(으)냐고/냐고	
		명사+-이다/아니다	-(이)냐고	
-라고	명령문	동사	-(으)라고	-지 말-
-자고	청유문	동사	-자고	-지 말-

한편, 한국어교육의 차원에서 청유문 형식9)의 일부 발화를 간접인용으로 전환할 때 쓰이는 동사 '달다'를 교육할 필요가 있다. 간접인용 구문에서 '달다'는 선행어가 명사일 때 '-을/를 달라고 하다'의 형식으로 쓰이며 선행어가 동사일 때는 '-아/어 달라고 하다'의 형식으로 쓰인다. 여기서 인용술어 위치에는 '하다'를 제외하고 '부탁하다', '요구하다' 등 요청, 부탁 등의 의미를 나타내는 동사 등이 올 수 있다. (4)처럼 동사 '주다'와 보조동사 '-아/어 주다'가 쓰인 명령문 및 청유문에 대한 인용은 한국어교육에서 제일 많이 제시하는 간접인용 형식이다.

---

8) 이동석(2014)에서는 구어 말뭉치에 대한 분석을 통해 현대 한국어 구어에서 '-느냐고', '-으냐고'는 단순화가 일어났다는 사실을 밝혔다. 즉, 구어 발화에서 원래 '-느냐고', '-으냐고'를 사용해야 할 자리에 동일하게 '-냐고'로 쓰이게 되는 경향이 있다는 것이다. 『표준국어대사전』에서도 이 형태적 정보를 새로 올렸다. 본 연구는 '-냐고'의 이러한 형태적 정보를 교육 내용에 포함시켜야 한다고 주장한다.

9) 청유문이란 화자가 청자에게 어떤 일을 함께 하는 것을 요청하거나 상대방에게 자신이 어떤 일을 할 수 있도록 허락 혹은 찬성을 구할 때 쓰는 발화로 이해할 수 있다(이주행2011:236). 통사적 관점으로는 청유를 표현하는 문법적 장치 '-자', '-세요', '-(으)ㅂ시다' 등이 사용되어야 발화를 청유문으로 판정하는데, 화용적 관점으로는 '청유'라는 화행이 다양한 담화 전략으로 실현할 수 있기 때문에 다음의 발화들을 모두 청유문으로 판정할 수 있다.

예) ㄱ. 철수야, 나랑 같이 병원에 가자.
ㄴ. 철수, 나를 좀 도와주면 안 돼?
ㄷ. 철수, 나랑 같이 갔으면 좋겠어.
ㄹ. 철수, 나랑 같이 가 줄래?
ㅁ. 하느님, 제 얼굴을 예쁘게 변하게 해 주시길 바랍니다.

한국어교육에서는 외국인 학습자가 화자의 발화 의도를 파악하여 전략적으로 간접인용 구문을 구사하도록 할 필요가 있다.

(4) ㄱ. 철수: 엄마, <u>용돈 좀 주세요.</u>
　　　→ 철수가 엄마한테 <u>용돈을 달라고 했다.</u>
　　ㄴ. 철수: 저를 좀 <u>도와주세요.</u>
　　　→ 철수가 <u>도와</u> 달라고 했다.

한국어교육에서 (5)처럼 한 발화를 제시해 주고 발화의 내용을 그대로 간접인용의 구조에 넣어 주는 것은 제일 많이 다루는 제시 방법이다.

(5) 엄마, 나 <u>이번 경기에서 최우수상을 받았어.</u>
　　→ 나는 엄마에게 <u>이번 경기에서 최우수상을 받았다고 했습니다.</u>

(5)와 같이 원발화를 완벽하게 인용하는 발화에 대해 남기심(1973), 안명철(1992) 등은 '완형성'을 가진 간접인용 구문이라고 봤다. 의사소통 중심 교육의 중요성이 강조되면서도 간접인용 구문에 대한 교육은 여전히 완벽한 간접인용 구문의 생성에 연연하고 있다. 아래에서 제시한 (6)을 통해 간접인용 구문의 생산은 담화 층위에서 교육해야 할 필요성을 알 수 있다.

(6) 환절기에는 감기 <u>조심해야 한다.</u>[10]
　　ㄱ. 영이가 순이에게 환절기에는 감기 <u>조심해야 한다고 말했다.</u>
　　ㄴ. 영이가 순이에게 환절기에는 감기 <u>조심하라고 말했다.</u>

한편, 간접인용 구문을 '내적 인용', '외적 인용'으로 구분하는 데에

---

10) 채영희(1991:112)에서 가져옴.

있어서 국어학적 관점에서는 인용술어에 근거하여 세분화하려는 시도가 많았다.[11] 남기심(1993)에서는 인용동사의 [±대외적], [±자발적], [±언어적] 의미자질에 따라 인용동사를 6가지 유형으로 나눴고, 신선경(1986)에서는 인용동사를 '말하다 류', '듣다 류', '생각하다 류', '걱정하다 류', '하다 류'로 분류했으며 이필영(1993)은 인용동사를 대체로 '발화동사', '해독동사', '인지동사'로 나눠 제시했다. 채숙희(2013)에서는 인용동사를 발화동사와 인지동사로 나눠 발화동사를 '일방동사', '전달동사', '대상동사', '수용동사', '기록동사'로 유형화하고[12] 인지동사를 외향동사와 내재동사로 분류하였다. 하지만 한국어교육의 대상이 외국인 학습자이므로 인용술어를 상세하게 다루면 오히려 학습자에게 학습적 부담을 줄 수 있고 비효율적일 수도 있다.[13] 그리고 '비판하다, 언급하다' 등 고급 수준의 어휘는 간접인용

---

11) 신선경(1986), 이필영(1993), 채숙희(2013) 등의 선행 연구에서는 인용술어의 의미 자질에 주목하여 간접인용 구문에 대해 분류하였다. 일반적으로 발화 동사와 관련된 인용술어가 쓰이면 외적 인용으로 판단되고, 인지 동사와 관련된 인용술어가 쓰이면 내적 인용으로 판단된다. 그러나 본고는 외적 인용 및 내적 인용에 대한 판단은 역시 발화 맥락을 고려할 필요가 있다고 주장한다. 이에 대해서는 후술할 것이다.

12) 채숙희(2013)에서는 인용구문에서 원청자가 통사적으로 실현되는 방식을 5가지로 규정했는데, 통사적으로 실현되지 않는 경우, 'N에게'로 실현되는 경우, 'N을' 및 'N에게'로 실현되는 경우, 'N이'로 실현되는 경우, 'N에'로 실현되는 경우가 그것이다. 각 실현 양상에 적용되는 동사를 '일방동사', '전달동사', '대상동사', '수용동사', '기록동사'로 분류했다. '일방동사'는 '떠들다, 외치다, 지적하다' 등을 가리키며, '전달동사', '대상동사'는 각각 '말하다', '얘기하다' 및 '격려하다', '혼내다' 등을 지시한다. '수용동사'에는 '듣다', '배우다' 등이 있으며, '기록동사'에는 '쓰다', '적다', '나다' 등이 있다.

13) 화용적 측면으로 언어 사용의 맥락을 고려하면 다음의 발화가 내적 인용인지 외적 인용인지 인용술어로 판단하기가 어렵다.

구문에 대한 학습이 끝난 상태에서 배우는 내용일 가능성이 크므로 이때 간접인용 구문에 쓰는 인용술어를 학습한다기보다 이런 동사들의 논항을 배우는 것으로 봐야 한다. 그러므로 본고는 전형적인 간접 인용 구문의 분류를 '내적 인용'과 '외적 인용' 두 가지만 취할 것이며 교육 내용을 제시할 때 인용술어의 상세한 유형 및 세부 항목을 일일이 밝히지 않을 것이다. 기존 연구들을 참고하여 인용술어를 다

예) (1) ㄱ. 교수님 만났어?
　　　ㄴ. 응.
　　　ㄱ. 뭐래? <u>논문 잘 썼대?</u>
　　(2) 그 분이 모든 재산을 나라의 교육 사업에 기부하셨다. <u>독지가라고 할 수 있다.</u>

위 예문(1)에서 '뭐래'라는 발화는 '뭐라고 하셨어?'라는 발화의 줄인 형태로 볼 수 있으며 인용표지가 이끄는 내용은 누구의 발화 또는 생각으로 볼 수 없고 그저 단순히 간접인용 형식이 쓰인 의문문일 뿐이다. 그리고 '논문 잘 썼대?'라는 발화에서 외적 인용과 내적 인용에 모두 쓸 수 있는 포괄동사 '하다'(신선경1986:20)가 쓰이기 때문에 인용술어에 의해 피인용문의 의미 자질을 판단하기 어렵다. 인용 표지가 이끄는 내용을 교수님의 발화에 대한 인용으로 치면 '외적 인용'으로 볼 수 있으며, 진짜 일어난 발화가 아니라 화자의 추측 내용이라면 '내적 인용'으로 간주해도 무방하다. 발화 맥락을 통해 예문(2)에서 '독지가'라는 내용이 화자의 주관적인 판단임을 알 수 있듯이, 예문(2)는 '내적 인용'으로 판단하는 것이 적절하다.

한송화(2014)에서도 발화동사와 사유동사가 필요에 따라 각각 생각 표현 및 발화 인용에 쓸 수 있으며 둘 간에 엄격한 한계가 없다고 말했다. 강정미(2016)에서는 이 현상에 대해 인용동사의 사용은 피인용문의 성격에 영향을 받지만 궁극적으로 화자의 담화 전략에 달려 있다고 설명했다. '내적 인용'과 '외적 인용'의 구분 기준은 본고의 주요 논의 대상이 아니기 때문에 논외로 한다. 한국어교육의 입장에서 '내적 인용'과 '외적 인용'의 구분은 효율적인 교수·학습을 위한 작업일 뿐, 한국어교육 현장에서는 완벽한 구분을 제시할 필요가 없을 것이다.

음 [표 5]와 같이 나눌 수 있다.

[표 5] 인용술어의 유형

내적 인용	인용동사	생각하다, 보다, 느끼다, 믿다, 예상하다, 판단하다, 알다, 이해하다 …
	복합술어14)	생각이 들다, 마음을 먹다, 결정을 내리다, 결심을 굳히다, 이해가 가다 …
외적 인용	인용동사	말하다, 얘기하다, 지적하다, 묻다, 질문하다, 명명하다, 권하다, 제안하다 …
	복합술어	노래를 부르다, 말씀을 드리다, 한 마디를 하다, 지적을 받다 …

앞에서는 피인용문, 인용표지, 인용술어에 대해 살펴봤는데, 현실 발화 상황에서는 원화자와 원청자15)를 밝히지 않아도 담화 맥락에 의해 간접인용 구문의 의미를 파악할 수 있으므로, 전형적인 간접인용 구문의 문장 구조적 핵심은 '피인용문+인용표지+인용술어' 구조로 볼 수 있으며16), 그 중의 핵심 부분은 인용 구조 '-고 하-'17)라고

---

14) 채숙희(2013:127-129)에서는 홍재성(1993, 1997, 1999), 이선희(1998), 정선희 (2001) 등 기존 연구를 참고하고, 말뭉치의 현대 문어 자료에 대해서도 분석함으로써 인용구문에 쓰이는 인지적 복합술어를 제시한 바가 있는데 해당되는 대상의 수가 많지 않다는 결과를 밝혔다.

15) '화자'와 '청자'라는 개념은 현실 세계에서 '발화하는 이'과 '발화 내용을 받아들이는 이'를 지칭하는 개념이다. 여기서 '원화자'와 '원청자'는 인용 구조를 안긴 상위문에 나타난 피인용문의 내용을 발화하는 주체와 그 발화를 전달하고자 하는 대상을 말한다.

16) 한국어교육에는 간접인용의 구조를 이끌어 내기 위해 원청자를 밝혀 'N1이 N2에게 S다고 V'의 문형으로 목표 항목을 제시하는 경우가 가장 많았다. 그러나 다음의 (ㄱ, ㄱ') 및 (ㄴ)처럼, 원청자의 실현은 목적어, 부사어, 보어 간의 전환이 가능한 상황도 있고, 원청자 및 원화자를 아예 밝히지 않고 발화하

할 수 있다. 그러나 아래 (7)과 같이 현실 발화에서 '-고'는 수의적으로 탈락될 수 있다. 이러한 형태적 변화는 의미적 변화를 가져오지 않으며 일반적인 언어단순화 현상으로 볼 수 있다.[18]

(7) ㄱ. 언니가 내일 시간이 없<u>다 하네요</u>.
ㄴ. 이름이 수지<u>라 하더라</u>.
ㄷ. 그저 할 수 있<u>느냐 물어봤는데</u> …
ㄹ. 그 사람이 만나<u>자 했어</u>.
ㅁ. 빨리 학교가<u>라 그랬는데</u>.

한편, 전형적인 간접인용 구문은 인용술어를 탈락하여 발화할 수 있는데 이에 대해서는 3장에서 상술할 것이다. 또한, 전통적인 간접인용

는 상황도 있으므로, 원청화자와 원화자는 간접인용 구문의 필수 부분으로 보기 힘들다. 따라서 원청자 및 원화자의 실현으로 인한 간접인용 구문의 문장 구조적 변화에 대해 본고는 깊이 다루지 않기로 한다.

예) ㄱ. 아버지가 <u>철수를/에게</u> 공부를 잘한다고 칭찬하셨다.
ㄱ'. 아버지가 <u>철수가</u> 공부를 잘한다고 칭찬하셨다.
ㄴ. 나는 철수가 작년에 이미 결혼했다고 들었어.

17) 여기서의 '-고 하-' 구성은 '인용표지+인용술어'가 이루어진 구성을 가리킨다. 분석의 편의를 위해 여기서는 인용표지를 '-다고', 인용술어를 '하다'로 대표형으로 사용한 것이다. 국어학에서 인용 구조를 '-고 하-'로 취하는 논의가 제일 많은데, 본고에서는 간접인용 표지를 '-다고, -냐고, -자고, -라고'로 인증하기 때문에 논의의 편의상 인용표지들이 쓰인 인용 구조의 공통부분 '-고 하-'를 취하여 표시할 것이다. 이금희(2005), 명정희(2017)에서도 '-고 하-'를 인용형식으로 인증하였다.

18) 남기심(1973:119)에서는 '-고'가 생략된 형태를 '보문자 축약'으로 봤으며, 방운규(1995:141), 허웅(1983:276)에서는 '-고'를 인용을 나타내는 특수 조사로 보고, 간접인용에서 '-고'의 생략 현상에 대해서 한국어에서 조사가 항상 주어와 함께 생략될 수 있다는 점과 관련된다고 설명하였다.

구문에는 인용술어에 다른 어미가 붙으면 '-고 하-'가 탈락되어 '-다X-' 형 축약 형태로 발화될 수 있는 언어 단순화 현상이 있는데, '-다X-' 구성은 수의적으로 '-다고 하X-'로 환원할 수 있다는 특징을 갖는다.

2.2.3. 문법화된 간접인용 구문의 언어 구성

보통 인용표지가 이끄는 내용은 이미 이루어진 발화로 간주할 수 있으나 문법화된 간접인용 구문에서는 그러지 못한다. 문법화된 간접인용 구문에 쓰이는 언어 구성에 대해 많은 연구들이 이루어졌는데 안명철(1991), 이필영(1993), 유현경(2002), 방성원(2004), 이금희(2005), 배은나(2011) 등을 참고할 수 있다.[19] 문법화된 간접인용 구문의 언어 구성은 구조·형태적 특징에 따라 두 유형으로 나눌 수 있다.

2.2.3.1. 단일 형태소

현대 한국어에는 간접인용 표지가 연결어미처럼 쓰이는 경우와 종결어미처럼 쓰이는 경우가 있다. 먼저 간접인용 표지가 연결어미로

---

19) 방성원(2004:98-99)에서는 문법화 형태의 특징을 다음과 같이 제시하면서 '-다고'와 관련된 언어 구성이 문법화되었다는 사실을 입증했다. 문법화에 대한 판단에 있어서 본고는 다음의 내용을 참고할 것이다.
    첫째, 구성 요소의 원래 의미를 유지한다.
    둘째, 문법화의 과정이 점진적이고 연속적으로 진행되는 것이다. 문법화 과정에 처한 의미와 용법이 동시대에 공존하여 층위화가 드러난다.
    셋째, 더 문법화된 것과 덜 문법화된 것 사이에 정도성 또는 단계성이 있다.
    넷째, 문법화가 진행될수록 어휘적 의미에 대해 문법적 의미가 강해지게 되며 담화 상황에 의존하는 화용론적 의미가 강화된다.

쓰이는 예를 보자.

> (8) ㄱ. 철수가 이미 아침을 먹었<u>다고 (해서)</u> 준비를 안 하셔도 됩니다.
> ㄴ. 철수는 배가 아프<u>다고 (하면서)</u> 화장실을 찾는다.
> ㄷ. 철수 씨가 언제 한 번 같이 고기를 먹<u>자고 (하길래)</u> 초대한 거예요.

실제적 의사소통 상황에는 (8)처럼 인용술어를 생략하여 발화하는 상황이 많다. (8)의 세 문장에서 '-다고'가 이끄는 문장은 철수가 했던 발화이기 때문에 '-다고'가 '간접인용'의 구실을 하고 있다. 그러나 전형적인 간접인용 구문과 다른 점은 '-다고' 뒤에 인용술어가 없다는 것이다. 이때 간접인용 표지 '-다고'는 '인용'의 의미 기능을 하면서 (8ㄱ)과 (8ㄷ)에서와 같이 '이유', '근거'를 제시하는 기능도 하고, (8ㄴ)에서와 같이 '상황, 배경'을 제시하는 기능도 한다.

> (9)[20] ㄱ. 얼굴이 예쁘<u>다고</u> 마음씨도 고운 것은 아니다.
> ㄴ. 가족 넷이 먹으면 얼마나 먹<u>겠다고</u> 그 많은 쌀을 담가요?
> ㄷ. 언제 비가 왔<u>냐고</u> 날씨가 화창하다.
> ㄹ. 민호는 자기가 승진하<u>자고</u> 그런 일을 하지 않을 거야.
> ㅁ. 빨리 크<u>라고</u> 강아지에게 밥을 많이 먹였다.

위 예문에서 간접인용 표지 '-다고, -자고, -냐고, -라고'가 이끄는 선행절은 누구의 발화나 생각에 대한 인용으로 간주하기 어려우며 간접인용 표지가 '간접인용'이라는 의미보다는 '이유', '근거'를 나타내는 것으로 보는 것이 적절하다. 주의할만한 점은 (9ㄱ), (9ㄹ)을

---

20) (30ㄴ)은 이금희(2015:124), (30ㄷ-ㅁ)은 구종남(2016:92~94)에서 가져옴.

'-다고 해서' 구성으로 환원할 수 있지만 나머지 문장은 모두 '-고 하-' 구성으로 환원할 수 없다는 것이다.[21)]

간접인용 표지의 종결어미로 쓰이는 경우에 대한 연구는 최근에 활발하게 이루어졌는데, 이금희(2005), 강현화 외(2016, 2017), 명정희(2017) 등이 있다. 이 연구들은 주로 인용표지의 불평 표현 기능에 주목하여 다루었다. 종결어미로 쓰이는 인용표지도 연결어미로 쓰이는 경우와 비슷하게 '-고 하-' 구성으로 환원할 수도 있고 안 되는 쓰임이 있는데, 구체적인 분석은 3장을 참고한다.[22)]

2.2.3.2. 복합 구성

간접인용 표지가 다른 어미와 복합 구성을 형성하는 경우가 있다.

(10) ㄱ. 돈이 <u>없다면서</u>? 그래도 비싼 가방을 샀네.
　　 ㄴ. 안 가! 내가 안 <u>간다니까</u>! 왜 자꾸 물어봐.
　　 ㄷ. 날씨가 <u>좋다지요</u>.

(10)에서 밑줄을 친 부분은 각각 '반문', '강조', '확인'의 의미를 나타내며, 모두 '-고 하-' 구성으로 환원할 수 없고 '형태적 분리 불가

---

21) 남기심(1986)에서는 (9ㄱ), (9ㄹ)과 같이 후행 요소가 환원될 수 있는 것을 '유사 축약', (9ㄴ), (9ㄷ), (9ㅁ)과 같이 '-고 하-' 구성으로 환원될 수 없는 것을 '참된 축약'으로 판단하였다.

22) 간접인용 표지의 연결형 쓰임에 대해서『표준국어대사전』에서는 '-다고'와 '-라고'만 제시하고 있다. 반면, 간접인용 표지의 종결형 쓰임에 대해서는 '환원적 융합'형에 중점을 두어 설명하였다. 이는 문법화된 간접인용 구문 교육의 필요성을 보여준다.

능성'의 특징을 갖고 있다. 이러한 복합 구성에 대해 사전에서도 단독 하나의 표제어로 제시하고 있다.

복합 구성 중에 구 형태로 쓰인 경우도 있다.

(11) ㄱ. 해외여행을 여러 번 다녔<u>다는 점에서</u> 그 사람은 돈이 많은 것 같다.
　　 ㄴ. <u>싫어한다기보다</u> 아직 적응이 안 되는 거예요.
　　 ㄷ. 고양이를 <u>그린다는 것이</u> 호랑이를 그렸어.
　　 ㄹ. 누가 <u>오신단 말이에요?</u>

(11)에서 밑줄을 친 부분은 실제 발화에서 이미 습관적으로 굳어진 덩어리 형태로 사용되는데 '간접인용'의 의미 기능이 약화되면서 새로운 의미 기능이 나타나게 되었다. (11)에서의 복합 구성들은 '-고 하-' 구성으로 환원할 수 없다.

(12) ㄱ. 돈이 많<u>다고 해서</u> 낭비해도 돼?
　　 ㄴ. 돈이 없<u>다고 해도</u> 남의 돈을 훔치면 안 돼.

위의 (12)에서 '-다고 해서'와 '-다고 해도'는 인용 구조를 유지하지만 선행절의 내용을 누가 한 발화나 생각으로 간주할 수 없기 때문에 역시 '간접인용'의 의미 기능이 약화된 문법화된 간접인용 구문으로 판단된다. 물론 '-다고 해서', '-다고 해도' 앞에 오는 내용이 누가 발화한 것일 수도 있지만, 인용의 내용이 아니라면 두 언어 구성을 독립된 의미를 가진 하나의 덩어리로 봐야 한다.

2.3. 분석 대상

간접인용 구문을 효율적으로 교육하기 위해 먼저 한국어교육에서
다루는 간접인용 구문의 범위를 규정해 보고자 한다. 전형적인 간접
인용 구문의 문법 항목들은 의미 기능이 투명하므로 판단하기가 쉽
지만 문법화된 간접인용 구문의 문법 항목들은 규정할 필요가 있다.
선행 연구에 따르면 '비환원적 융합' 구성에 해당하는 항목은 다음
[표 6]과 같이 정리할 수 있다.

[표 6] 간접인용 구문 중 비환원적 융합 구성 항목

선행 연구	항목
한길 (1991)	-는다나, -는다고, -는다니까, -는다오, -는다네, -는단다, -는답니다, -자나, -자고, -자니까, -으라나, -으라고, -으라니까, -느냐고, -느냐 니까 (평서문) -다나, -는다고, -는다면서, -냐니, -느냐고, -자니, -자고, -으라니, -으라고 (의문문)
이필영 (1995)	-다나, -다니까, -다면서, -다니, -다지, -단다, -다구 (종결어미) -다느니, -다거나, -다거니, -다든지, -다고/랴고/자고/라고, -단/냔/ 잔/란, -다고(=-느라고), -(으)라고(=-게 하려고), -자고(=려고), -이 라도/이래도, -이라서/이래서, -이라야/이래야, -더라니, -더라도, - 았더라면, -었더랬/었댔- (연결어미)
이금희 (2005)	-단다, -다오, -다네, -답니다, -다고/냐고/자고/라고, -다나/자나/라 나, -다니/라니/자니, -다면서/자면서/라면서, -다며/라며/냐며, -다 니까/냐니까/라니까, -답시고/랍시고, -댔자, -자꾸나, -(으)ㄹ라고, -(으)ㄹ라면, -(으)ㄹ라니까, -느라고, -느라면, -느라니(까), -노라고, 노라면, 노라니(까), -다면/자면, -다거나, 다든지, -단/란/냔/잔 말이 다, -답디까, -답니까, -다오, -다지, -라지, -대, -이라도, -이라야, -이라면, -이라든지, 이라든가, -이라거나, -이라곤, -이라고, -이란, -이라서, -더라도, -(었)더라, -더라니, -더라고(구), -(었)더랬, -었댔-

46

국어학 영역과 한국어교육학 영역에서 다루는 문법이 다르기 때문에 한국어교육의 내용으로 될 만한 문법 항목들을 따로 선정할 필요가 있다.

우선, '간접인용 구문 교육'이라고 해서 '간접인용'이라는 기능적 개념에서 벗어난다면 교육이 무의미하게 되므로, 문법화된 언어 구성이더라도 '간접인용'이라는 원형적 의미를 보유하는 것을 선정해야 한다. 예를 들면, [표 6] 이필영(1995), 이금희(2005)의 항목 중 '-았더라면'은 '가정·양보', '-이라도', '-댔자'는 '양보', '-느라고'는 '의도·목적', '-다면/자면'은 '가정·조건', '-이라서'는 '원인·이유'의 의미를 나타내므로 간접인용의 의미 기능과 관련을 짓기 어렵기 때문에, 이러한 문법 항목들을 간접인용 구문 교육의 분석 대상에서 제외하기로 한다.23)

둘째, 실용성을 고려하여 현대적인 것을 선정해야 한다. 예를 들어, '-노라니', '-노라면', '-다오' 등은 현대적인 것으로 간주하기 어렵기 때문에 분석 대상에서 제외한다.

이상의 원칙을 적용하여 본고는 한국어교육에서 다루는 간접인용 구문 문법 항목을 선정하기 위해 다음 7종의 자료를 활용하기로 한다.24)

---

23) 위의 표에는 없지만 한국어교육에는 '가정·양보'를 나타내는 '-다손 치더라도'라는 문법 항목이 있다. 이 문법은 내적 인용 '-다고 치다'가 문법화되어 발전된 것이라고 볼 수 있다. '간접인용'이라는 원형 의미가 사라진 문법화 정도가 높은 문법이므로 간접인용 구문의 교육 내용에서 제외하기로 한다. 한편, '가정'을 나타내는 '-다고 치다'는 '간접인용'의 원형 의미를 잘 띠지 않지만 이는 인용술어 '치다' 자체의 의미와 관련된다. '-다고 치다'는 문법화가 일어나지 않았기 때문에 전형적인 간접인용 구문의 문법 항목으로 볼 수 있다.
24) 한국어교육 기관의 설립 시간, 연구 실적 및 외국인 학습자의 수를 고려하여

[표 7] 간접인용 구문 문법 항목 선정을 위한 참고 교육 자료

기관/적자/연도	자료명
중앙대	알기 쉽고 재미있는 중앙 한국어 (2018)
서울대	서울대 한국어 (2015)
이화여대	이화 한국어 (2012)
경희대	바로 한국어 (2019)
연세대	연세 한국어 (2013)
이희자(2010)	『조사·어미 사전』
강현화 외(2016)	『한국어교육 문법 자료편』

우선, 아래 [표 8]을 통해 현재 한국어교육에서 간접인용 구문의 문법 항목에 대해 재검토할 필요가 있다는 사실을 알 수 있다.

[표 8] 교재별 간접인용 구문 관련 문법 항목의 수[25]

	서울대	중앙대	연세대	경희대	이화여대
전형적인 간접인용 구문	18	15	15	39	11
문법화된 간접인용 구문	22	22	24	6	14
총계	40	37	39	45	25

서울대, 연세대, 이화여대, 경희대, 중앙대 5개의 대학교에 있는 한국어교육 기관에서 개발하는 한국어 교재를 분석 대상으로 선정하고자 한다. 이희자(2010), 강현화 외(2016)는 최근에 나오는 한국어 문법 사전이며, 교육 문법을 비교적 전면적으로 수록하는 교육 자료이므로 함께 분석 자료로 선정하기로 한다.

25) 서울대, 중앙대, 이화여대 교재는 선행어의 품사에 따라 이형태를 단독적으로 문법 항목으로 제시했는데 연세대 교재는 통사적, 음운론적 이형태를 모아 하나의 문법 항목으로 제시했다. 계량 기준의 불일치로 연세대 교재에서 제시한 문법 항목의 수는 서울대, 경희대 교재와 비슷하게 나왔지만, 통사 기준에 의해 분류된 이형태를 따로 제시한다면 그 수는 현재보다 훨씬 늘어날 것이다. 경희대 교재에서 제시한 문법 항목의 수도 마찬가지이다.

각 교재의 전형적인 간접인용 구문 및 문법화된 간접인용 구문 중 교육 문법으로 선정된 문법 항목의 수, 형태, 기능, 배열이 상당히 다르다. 아무리 교수요목에 의해 문법 항목을 선정한다고 하더라도, 동일한 기능의 문법 항목이 다른 형태로 제시되었을 뿐만 아니라 동일한 형태의 다른 기능도 교재에 따라 다르게 선정되었다는 것, 그리고 기능 및 형태가 완전히 동일한 문법 항목이 다른 교재에서 상이한 순서로 배열되었다는 것은 간접인용 구문 문법 항목 선정에 아직 표준화된 기준이 없다는 것을 보여준다. 한편, '-다고 하니까'의 축약형 '-다니까'와 같은 문법 항목들은 교육 문법으로 선정할 가치가 있는지 의심스럽다. '-다니까'의 의미는 언어 구성 의미의 합으로 볼 수 있어 형태 정보만 알면 학습자들이 기존의 언어 지식을 활용하여 그 의미를 짐작할 수 있기 때문이다. 이미혜(2005:52)에서는 한국어교육에서 문법 항목들이 이미 구성되어 있어, 오랫동안 다루었기 때문에 표준 문법 항목의 선정은 새로운 문법 항목을 구축하기보다 이미 구성된 문법 항목에 대해 재검토하여 그 중에서 적절한 문법 항목을 선정하여 수정하는 작업으로 진행하는 것이 바람직하다고 제시했다. 이 관점을 참고하여 본고는 기존의 간접인용 구문과 관련된 문법 항목 중에서 기본 요소[26]를 추출하여 재검토의 과정을 거쳐 표준 문법

---

26) 기본 요소란 문법 항목의 핵심 부분을 가리킨다. 예를 들면, 다음과 같다.
   기존의 문법 항목: -ㄴ/는다고 하다
   기본 요소: -다고
   기존 문법 항목 '-ㄴ/는다고 하다'는 전형적인 간접인용의 의미 기능을 나타낼 때 인용술어를 꼭 '하다'를 사용하지 않아도 되기 때문에 문법 항목 중의 '하다'가 상대적 임의적인 요소가 된다. '-ㄴ/는'이라는 부분은 통사·형태적 정보를 제공하기 위한 요소일 뿐, 의미 기능의 제시에 기여하지 않는다. 따라서 '간접인용'의 의미 기능을 드러내는 간접인용 표지 '-다고'는 해당 문법 항

을 재조정할 것이다.

　교육 내용 선정은 원칙적으로 실제 자료를 토대로 한 빈도 조사를 진행해야 한다. 남신혜(2015)는 종결 기능의 인용결합형 문법 항목을 선정할 때 말뭉치에서 출현 빈도가 높은 것이 한국어교재에서 출현 빈도가 높은 것과 차이가 있다는 결과를 도출했는데, 교육 가치를 고려하여 말뭉치에서 출현 빈도가 상대적으로 낮은 문법 항목도 후보 문법 항목의 범위에 포함시켰다. 이는 빈도수만 가지고 교육 항목으로 적절한지를 판단하기 어렵다는 것을 방증한다. 그리고 분석 자료가 된 문법서는 말뭉치를 기반으로 빈도 조사를 거쳐 작성된 교육 자료이므로 실용성 면에서 문법 항목의 교육 가치를 이미 충분히 고려했다고 볼 수 있다. 그러므로 분석의 효율성을 위해서 본고에서의 고찰 대상을 기존의 한국어 교육 자료에 대해 중복도 조사를 실시함으로써 선정하기로 한다. 중복도 조사 결과는 다음의 [표 9]와 같다.

[표 9] 교육 자료의 간접인용 구문 기본 요소 빈도[27]

기본 요소	빈도	기본 요소	빈도
-다고/-(이)라고$_1$	16	-다는구나$_2$	1
-(이)라고$_1$	4	-(이)라고는$_2$/-다고는$_2$	2
-냐고$_1$	7	-다든가$_2$/(이)라든가$_2$	3
-자고$_1$	7	-답니다$_2$/-(이)랍니다$_2$	3

목의 기본 요소로 볼 수 있다.

[27] 평서형 피인용문에 쓰이는 '-라고'와 명령형 피인용문에 쓰이는 '-라고'를 구별하기 위해 각각 '-(이)라고', '-(으)라고'로 표시했다. 그리고 전형적인 간접인용 구문 및 문법화된 간접인용 구문의 문법 항목을 구별하기 위해 각각 어깨번호 1, 2로 표시했다.

기본 요소	빈도	기본 요소	빈도
-(으)라고$_1$	7	-단 말이다$_2$/-(이)란 말이다$_2$	3
달라고$_1$	1	-다더라$_2$	1
-대(요), 답니다$_1$	6	-(으)리라 생각하던$_2$	1
-내(요)$_1$	4	-단다$_2$	2
-재(요)$_1$	4	-냐니까$_2$	2
-(으)래(요)$_1$	4	-냐면서$_2$	1
-다니$_2$/-(이)라니$_2$	8	-(으)라니$_2$	1
-다면서$_2$/(이)라면서$_2$	7	-(으)라니까$_2$	2
-다고 해도$_2$/-(이)라고 해도$_2$	5	-(으)라면서$_2$	1
-(이)란$_2$	3	-자니$_2$	2
-다는/(이)라는$_2$	16	-자니까$_2$	1
-다지(요)$_2$	3	-자면서$_2$	1
-다니까/(이)라니까$_2$	3	-냐니$_2$	2
-다고$_2$	5	-다나$_2$	1
-(이)라고$_2$	6	-다네$_2$	1
-냐고$_2$	2	-다든지$_2$	1
-자고$_2$	2	-다거나$_2$	1
-(으)라고$_2$	4	-(으)라는$_2$/(으)란$_2$	1
-다기보다/(이)라기보다$_2$	5	-잔(자는)$_2$	1
-다고 해서$_2$/(이)라고 해서$_2$	4		

총 빈도: 169, 표본 수: 47, 평균치: 3.60

위의 [표 9]와 같이 7종 참고 자료에서 간접인용 구문 문법 항목의
전체적 평균 중복도는 3.60으로 계산되었다[28]. 따라서 출현 빈도가

28) 문법 항목의 제시 양상이 복잡하기 때문에 이형태의 중복 계산을 배제하기
위해 평균 중복도를 계량할 때 문법 항목 기본 요소의 출현 빈도를 계산했다.
예를 들면, 서울대 교재에서 '-다는 지적이 있다', '-다는 점을 지적하다'는 한
단원에서 함께 나타났는데 이에 대해 기본 요소 '-다는'의 출현 빈도를 2로

4번 이상의 기본 요소를 교육 가치가 높은 대상으로 선정하여 분석할 것이다.

간접인용 구문의 문법 항목은 형태, 기능의 복잡성 및 연관성이라는 언어 내적 요인 때문에 중복도에 의해 분석 대상을 결정하는 것은 수월한 일이 아니다. 따라서 문법 항목 자체의 특징을 고려하여 아래와 같은 분석 대상 선정의 보충 사항도 마련하였다.

첫째, 간접인용 구문 문법 항목들은 항상 계열로 묶을 수 있다. 예를 들면, '-다면서/-(이)라면서', '-냐면서', '-자면서', '-(으)라면서'는

계산하였다. 문법 항목 제시에 있어서 화용 요소 '-(요)'가 있는 것과 없는 것을 따로 처리하는 자료가 있는데, 본고는 이러한 문법 항목들을 빈도 1, 항목 수 1로 계산했다. 그리고 본고가 간접인용 구문의 핵심 요소인 인용표지를 중요한 대상으로 연구하고자 하는 취지에 따라, 또한 교육 자료에서 '-(이)라고'가 '-다고'와 다른 의미의 쓰임이 단독적인 문법 항목으로 제시되기 때문에 해당 의미의 '-(이)라고'에 대해 단독 출현 빈도를 계산했다. 단, 다른 문법 항목에 대해서는 서로 이형태가 되는 '-(이)라고', '-다고' 관련 문법을 하나로 계산하였다. 그리고 앞에서 논의한 바와 같이 전형적인 간접인용 구문에서의 축약형 문법 항목은 형태 정보 교육을 위주로 다루는 것이 바람직하므로 문법 항목으로서 교육 가치가 있는 것으로 판단되지 않았다. 따라서 이 유형의 문법 항목들을 계량 범위에서 제외했다. 왜냐하면 경희대 교재는 한 과에서 여러 개의 축약형 문법 항목을 제시했으며 이는 전체 평균 중복도의 산출에 큰 영향을 미칠 것이기 때문이다. 단, 실용성을 고려하여 실제 발화 빈도가 높은 '-대(요)/-(이)래(요)', '-내(요)', '-재(요)', '-(으)래(요)'를 계량 대상으로 삼았다. 남신혜(2015)에서는 종결 기능의 인용연결형 문법 항목이 7종 한국어교육 자료에서의 평균 중복도를 측정한 결과가 1.5로 나타났다. 평균수가 매우 낮게 나타나서 중복에 의한 교육 가치 유무의 판단에 있어서 유의미한 수치로 보기 어렵다. 이러한 결과를 도출한 것은 문법 항목의 계량 방법과 관련된다고 본다. 즉, 문법 항목의 이형태, 중복된 의미의 다른 형태의 문법 항목을 교육 자료에서 나타나는 대로 일일이 계산한다면 기수(문법 항목 집합의 원소 수)가 늘어나게 되어 평균수가 낮을 수밖에 없다는 것이다.

한 계열의 문법 항목으로 볼 수 있다. 그러나 한국어 교재에서 문법 항목으로 제시할 때는 이들을 한꺼번에 모두 제시하는 것이 아니다. 이러한 계열을 가진 문법 항목들의 표준 문법 항목을 선정하기 위해 4번 이상 출현 빈도가 되는 문법 항목이 속하는 계열의 모든 항목들을 분석할 것이다.

간접인용 표지는 실제 발화에서 연결어미, 종결어미로서의 쓰임이 존재하는데 문법 항목의 정체성을 파악하기 위해 계열별로 분석 대상을 선정하는 동시에 문법화된 연결어미, 종결어미로서의 쓰임도 모두 분석 대상에 포함시키는 것이 바람직하다.

둘째, '-다고 해도', '-다고 하더라도'는 동일한 문법으로 간주하고 분석 대상으로 삼고자 한다. 현실 발화 상황에서 '-아/어도'와 '-더라도'는 별 차이 없이 서로 교체하여 쓸 수 있기 때문이다.[29]

셋째, '-다고 해서'라는 문법 항목은 전형적인 간접인용 구문 및 문법화된 간접인용 구문에서 쓰이는 다른 의미 기능의 동일 형태로 각 교재에 의해 다르게 선정되었다. 문법화된 '-다고 해서'는 교재에서의 출현 빈도가 높지 않지만, 교재에서 출현 빈도가 높은 문법화된 '-다고 해도'와 언어 구성이 비슷하기 때문에 이를 추가 분석 대상으로 삼고자 한다. 문법화된 '-다고 해서'의 교육 가치에 대해서는 후술할 것이다.

넷째, 실제 발화 상황에서 전형적인 간접인용 구문은 흔히 '해요체' 종결어미 '-아/어(요)', '하십시오체' 종결어미와의 축약형으로 발화된다. 이러한 축약형들은 주로 공손 정도를 나타내는 데에 차이가

---

29) 강현화 외(2016:185)에서는 '-더라도'는 '-아/어도'에 비해 강조의 의미를 가지며 보통 별 차이 없이 서로 교체하여 쓸 수 있다고 제시했다.

있다. 실용성을 고려하여 구어에서 널리 사용되는 '-아/어(요)'와의 축약형에 대해서만 분석할 것이다.

다섯째, 현실 발화에서 '달다'는 요구를 나타내는 독립적인 동사로 사용되지만 전형적인 간접인용 구문에서는 '-달라고'의 형태로 다른 인용표지와 같이 인용술어와 함께 발화될 수밖에 없다는 통사적 특징을 갖는다. 간접인용 표지와의 의미적, 통사적 유사점을 고려하여 '-달라고'를 분석 대상으로 선정할 것이다.

여섯째, 서울대, 이화여대 교재에서는 '이름 소개' 기능의 '-(이)라고'를 '간접인용' 기능의 '-(이)라고'와 별도의 문법 항목으로 제시하고 있다. 본고는 이러한 설정이 합리적인지를 검토하기 위해 인용표지 '-(이)라고'를 '-다고'의 이형태가 아닌 단독의 분석 대상으로 설정하여 분석할 것이다.

일곱째, 문법화된 간접인용 구문에서 쓰이는 '-다니/-(이)라니'와 같은 계열에 속하는 '-냐니', '-자니', '-(으)라니'는 한국어 교재나 문법서에서 나타나지 않았다. 문법 항목의 실용성 및 분석의 효율성을 고려하여 이 계열에 대해서 '-다니/-(이)라니'에 한해 분석 대상으로 선정할 것이다.[30]

앞의 기준을 적용하여 한국어교육에서 간접인용 구문 문법 항목의

---

30) '-다면서/-(이)라면서', '-냐면서', '-자면서', '-(으)라면서' 계열의 문법 항목들은 한국어 교재 및 문법서에서 모두 제시되는 경우도 있고, 그 중에서 특정한 문법만 제시되는 경우도 있다. 그러나 '-다니/-(이)라니' 계열의 문법 항목들은 분석한 교육 자료에서 '-다니/-(이)라니'만 제시되고 있다. 3장에서 상술하겠지만 이는 '-다니/-(이)라니'의 의미·기능이 상대적으로 단순하고, 유추를 통해 '-냐니', '-자니', '-(으)라니'의 의미·기능을 이해하는 것도 상대적으로 쉬운 점에 까닭이 있다고 추정된다. 따라서 본고도 '-다니/-(이)라니'에 대해서만 분석하기로 한다.

선정을 위한 분석 대상은 다음의 [표 10]과 같이 정리한다.

[표 10] 간접인용 구문 표준 문법 항목의 선정을 위한 분석 대상

유형	분석 대상
전형적인 간접인용 구문	-다고/냐고/자고/-(으)라고, -(이)라고, -달라고 -대(요), -(이)래(요), -내(요), -재(요), -(으)래(요), -달래(요)
문법화된 간접인용 구문	-다고/(이)라고/-냐고/-자고/-(으)라고(연결형, 종결형) -다는/-(이)라는, -다니까/-냐니까/-자니까/-(으)라니까, -다면서/-냐면서/-자면서/-(으)라면서, -다고/-(이)라고 해서, -다고/-(이)라고 해도/하더라도, -다니/-(이)라니, -다기보다/-(이)라기보다

다음의 3장에서는 위의 [표 10]에서 제시한 간접인용 구문 문법 항목 선정을 위해 추출한 기본 요소들이 실제 언어 사용에서의 의미 기능 및 사용 양상에 대해 분석할 것이다.

제3장 간접인용 구문의 사용 양상 및 기능

2장에서의 분석 내용을 통해 알 수 있듯이 한국어 간접인용 구문의 문법 항목들에 대한 분석은 형태를 의미·기능과 분리해서 진행하기가 어려우므로 교육할 때도 문법의 형태, 의미, 기능을 교육의 주요한 내용으로 다루어야 한다. 한국어교육에서 다루는 문법 항목 분석은 문법 항목의 선정, 배열, 기술, 활용을 위한 작업으로서 국어학적 관점으로 하는 분석과 차별되어야 한다.[1] 이때 교육용 문법 항목에 대한 분석은 Larsen-Freeman(1991:253)에서 제시한 삼차원 문법 틀을 참고할 수 있다.

---

[1] 간접인용 관련 문법 항목의 의미·기능에 대한 기술은 사전에서 이미 제시한 바가 있으나 현실 발화에서 간접인용 구문이 나타나게 되는 담화 의미는 맥락에 따라 매우 다양할 수 있다. 따라서 본고는 말뭉치를 이용하여 수많은 맥락에서 쓰이는 간접인용 구문의 의미·기능 및 사용 양상을 분석하여 제시할 것이다. 말뭉치를 통해 도출한 분석 결과이기에 실제성이 있다고 볼 수 있다.

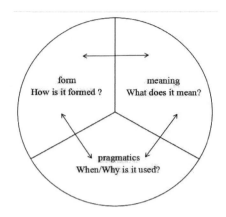

[그림 2] Larsen-Freeman(1991)의 삼차원 문법 틀

위의 삼차원 문법 틀은 문법 항목의 형태, 의미, 기능 세 영역이
서로 작용되는 관계를 보여 주고 있다. 따라서 이 장에서는 간접인용
구문 문법들의 교육 정보를 찾아내기 위해 형태, 의미, 담화 기능 세
방면에 착안하여 『21세기 세종 말뭉치』를 활용하여 분석할 것이다[2].
본고에서 도출한 의미·기능의 분석 결과는 문법 항목이 지니는 일종
의 경향성이라고 봐야 하며, 구체적인 계량 결과는 제시하지 않을
것이다. 그 이유는 의미 분석에 있어서 연구자의 주관을 철저히 배제
할 수 없기 때문에 연구자에 따라 오차가 날 수밖에 없기 때문이다.

21세기 세종 계획 구어 자료에는 발화 수정으로 일어난 발화 반복
현상이 있는데 이 경우에 출현된 목표어를 하나의 대상으로 처리할
것이다. 발화의 원 모습을 최대한 유지하는 동시에 보다 정확한 예문

---

2) 여기서 제시한 형태, 의미, 기능 세 분야에 대한 분석은 문법 항목의 통사적
특징을 간과하는 것이 아니다. 이미혜(2005:99)에서는 형태 영역에 대한 분석
은 문법 항목의 구조, 형태적 변화, 문장 내의 통사적 제약 등을 포함한 개념
이라고 설명했다.

을 제시하기 위해 말뭉치 자료에서 뽑은 발화를 다듬어서 제시하기로 한다. 분석 자료 중 발화가 도중에 끊어진 상황도 있는데, 화자의 의사를 파악할 수 없는 발화에 나타난 목표어는 무의미한 분석 대상으로 삼아 제외할 것이다. 그리고 말뭉치 자료에 전사 부호가 많이 포함되어 있는데 예문을 깔끔하게 제시하기 위해 전사 부호를 제거해서 제시하기로 한다. 한편, 간접인용 구문이 실제 발화에서의 사용 양상을 보여주기 위해 가급적 21세기 세종 계획에서 나오는 발화를 예문으로 그대로 제시할 것이나, 통사적 특징에 대해 분석할 때는 설명의 편의를 위해 일부 예문을 수정해서 제시할 수도 있다.

3.1. 전형적인 간접인용 구문의 사용 양상 및 기능[3)]

전형적인 간접인용 구문에 '-고' 탈락 형태 및 '-다X'형 축약 형태가 있는데, 이러한 형태들은 예측 불가능하고 수도 헤아릴 수 없이 많으므로 분석의 효율성을 위해 분석 대상에서 제외하기로 한다. 그리고 구어에서 인용표지 중의 '-고'가 '-구'로 발음되는 현상도 있는데, '-구'로 발음되는 인용표지도 분석 대상에 포함시킬 것이다.

---

3) 이에 관련하여 강정미(2016)에서는 '-다고'형 간접인용 표현(전형적인 간접인용 구문)이 문어 및 구어에서의 장르적 특징에 대해 분석하였다. 이 연구는 문어 담화 및 구어 담화를 각각 4가지 장르로 나누고, 인용술어에 착안하여 간접인용 표현이 각 장르에서 수행하는 기능에 대해 분석하였다. 즉, 특정한 장르에서 어떤 인용술어가 많이 사용되는지, 이러한 인용술어들이 어떤 기능을 하는지에 대해 분석했다는 것이다. 본고는 이와 달리, 간접인용 '-고 하-' 구조의 형태 및 이 구조가 문장에서의 출현 위치, 인용술어의 의미·기능과 인용술어에 연결되는 언어 구성이 의미 전달에 미치는 영향을 함께 고려하여 분석할 것이다.

'-다고', '-(이)라고', '-냐고', '-자고', '-(으)라고', '-달라고'가 실제 발화에서의 사용 양상을 완전하게 파악하기 위해 1차 검색어를 '-다고', '-라고'4), '-냐고', '-달라고', 2차 검색어를 '-다구', '-자구', '-라구', '-냐구', 3차 검색어를 축약형 '-대', '-래', '-내', '-재', '-달래'로 설정하였다.

3.1.1. 간접인용 표지의 기본 의미 기능

간접인용 표지의 기본적인 기능은 발화와 생각의 내용을 이끌어 내거나 지시하기로 규정할 수 있다.5) 이 개념에서 첫 번째 중요한 것은 '내용'이라는 것이다. 간접인용 구문에서 사용 빈도가 높은 인용 술어 '하다'와 '생각하다'를 예로 설명해 볼 것이다.

(13) ㄱ. 철수가 <u>얘기를 했어요.</u>
     ㄴ. 철수는 <u>그 영화가 재미있다고 얘기를 했어요.</u>

(14) ㄱ. 철수가 <u>생각을 했어요.</u>
     ㄴ. 철수는 <u>그 영화가 재미있다고 생각을 했어요.</u>

---

4) 서술형 간접인용 표지 '-(이)라고'와 명령형 간접인용 표지 '-(으)라고'는 최소 형태가 일치하기 때문에 동일하게 검색어를 '-라고'로 설정한다. 단, 실제 분석 시 의미에 따라 두 인용 표지를 구별해서 분석하였다.
5) 직접인용 구문도 발화나 생각의 내용을 지시하는 기능을 하는데 인용의 내용을 그대로 인용한다는 데에 있어서 간접인용과 구분된다. 간접인용 구문에는 완벽 인용이라는 인용 형식이 있지만 실제 발화 상황에서 수정해서 인용하는 상황이 대부분이다. 본고는 직접인용 구문의 기능에 대해 깊이 다루지 않을 것이다.

(13ㄱ), (14ㄱ)에서 목적격 조사 '-을/를'이 이끄는 내용은 서술어의 '대상'이 되는 반면, (13ㄴ), (14ㄴ)에서 간접인용 표지 '-다고'가 이끄는 내용은 '얘기'와 '생각'의 구체적인 내용이다. 즉, 목적격 조사는 '대상'을 지시한다면 간접인용 표지는 '내용'을 지시한다고 할 수 있다. 간접인용 표지가 이끄는 내용은 '무엇', '어떻게'의 의미로 후행 인용술어를 수식한다.

한편, 간접인용 표지는 '지시하기'와 '이끌어 내기'의 기능을 하는데 이는 간접인용 구문이 아직 일어나지 않은 발화나 생각의 내용을 언급하는 상황에서도 쓰인다는 점을 감안하여 제기한 개념이다. 이에 대해서는 후에 상술할 것이다.

이어서는 인용표지의 기본 의미 기능을 토대로 하여 전형적인 간접인용 구문의 세부 사용 양상에 대해 정리하여 분석할 것이다. 먼저 간접인용 표지들이 지니는 공통적 사용 양상과 의미 기능을 먼저 소개하고 특정한 간접인용 표지가 지니는 개별적인 사용 양상과 의미 기능을 따로 제시할 것이다.

3.1.2. 구어에서의 사용 양상 및 기능

비격식적인 구어 발화에서 평서형 간접인용 구문에 쓰이는 인용 구조 '-고 하-'는 문장 종결 위치에 올 때 주로 '-대(요)', '-(이)래(요)'의 형태로 발화된다. 명령형, 청유형 간접인용 구문의 경우는 축약 형태 '-(으)래(요)', '-재요'보다 인용표지를 그대로 유지하는 형태가 더 보편적이라는 결과를 관찰하게 되었다. 의문형 간접인용 구문의 축약 형태 '-내(요)'의 용례는 앞의 셋에 비해 현저히 낮은 빈도로 관찰되었다.

전형적인 간접인용 구문은 구어 발화에서 인용하고자 하는 내용을 완벽하게 인용하는 것이 아니라 화자가 발화의 간결성을 위해 정리해서 전달하거나 상대방에게 자신의 의사를 잘 파악하도록 자신의 이해 또는 설명을 첨가하여 발화하는 경우가 일반적이다. 아래 (15)에서 밑줄을 친 부분은 발화의 내용을 개괄해서 표현하는 것이다.

(15) ㄱ. P1: 나도 그 맘 이해를 해 이해하구, 아마 신혼여행 신혼부부가
            열 쌍이면 아마 여섯 쌍은 그럴 거야. 진짜루 진짜루야.
        P2: 그렇다구 그러더라.
     ㄴ. 근데 작년에 그런 일이 한 번 있은 후로 어떤 낙서가 나온지
        아냐? 김형주 교감 최영자 교장 선생님하고 나쁜 말로 뺙 했다
        고.

특히 인용표지 '-(이)라고'는 아래 (16)에서 보는 바와 같이 늘 의문사 '뭐'와 함께 쓰인다. (16ㄱ)은 글의 내용이 많거나 내용 전체에 대해 파악하지 못했기 때문에 개괄해서 표현하는 것이며, (16ㄴ)은 화자가 청자의 관심을 이끌기 위해 쓰는 발화 전략으로 상대방에게 발화 내용을 물어보도록 유도하고 있다.

(16) ㄱ. 유인물에 뭐라고 써 있어요.
     ㄴ. 아, 진짜 나는 그래서 뭐라고 설명했는지 알어?

'-뭐라고' 구문을 제외하고, 현실 발화 상황에서 간접인용 구문은 완벽 인용인지 확인하기 어렵기 때문에 이에 대해 깊이 다루지 않기로 한다.

한편, 선행 연구에서는 전형적인 간접인용 구문의 구조를 '피인용

문+인용표지+인용술어'6)로 제시했지만, 실제 발화 상황에서는 간접
인용 표지와 인용술어 중간에 설명의 내용을 첨가하여 발화하거나
인용 내용 중간에 다른 내용을 삽입하여 발화할 수 있다.

다음으로 의미·기능 유형별로 간접인용 구문의 사용 양상을 살펴
보자.

3.1.2.1. 실제 발화 내용 전달하기7)

구어 말뭉치에서 화자가 들었던 말이나 봤던 글의 내용을 청자에
게 전달하는 목적으로 발화하는 간접인용 구문의 빈도가 가장 높았
다. 이 기능을 하는 간접인용 구문은 각 유형의 간접인용 표지가 가
장 집중적으로 나타나는 쓰임이다.

---

6) 말뭉치 자료에서 '-(이)라고'의 선행절이 완전한 발화인 경우가 있다.

  예) ㄱ. 자신의 내면 세계 그리고 사고력을 표출할 수 있는 가장 좋은 수단이
      바로 언어이<u>다라고</u> 얘기하죠.
    ㄴ. 그런 문화를 인터넷에서도 충분히 할 수 있는데도 불구하고 사람들이
      그것이 한정되어 있<u>다라고</u> 생각을 하는 거지.

  방성원(1994), 안경화(1995)는 위의 발화를 간접인용 구문의 범주로 간주했으
  며, 채숙희(2013:142-143)에서는 '-(이)라고'의 이러한 쓰임이 기록된 내용을
  직접인용에 쓰이는 '-(이)라고'의 확장적 쓰임이라고 봤다. 피인용문이 완전한
  문장인 경우는 주로 직접인용 구문에 나타나기 때문에, 외국인 학습자에게
  간접인용과 직접인용에 대한 혼동을 주지 않도록 '-(이)라고'의 이러한 발화
  유형을 간접인용 구문의 범주에서 제외하기로 한다. 단, 한국어 교사의 판단
  에 따라 교육의 보충 내용으로 다루는 것도 바람직한 것이다.
7) 기존의 발화 내용을 전달하기 기능을 하는 발화는 '간접인용'의 원형 의미를
  제일 잘 나타내는 쓰임이기 때문에 별도로 하나의 유형으로 규정하여 분석하
  기로 한다. 이 유형의 간접인용 구문은 외적 인용에 해당한다.

(17) ㄱ. 먹구 살 안 찐 사람들은 먹고 자면 잘 체해요? 살 찔려구 먹고
잤는데 체해서 며칠을 못 먹어서 도로 <u>빠진다구</u>, 다 그 <u>얘길</u>
<u>하더라구.</u>

ㄴ. P1: 참 이상하다.
P2: 그런 체질이 돼 알레르기 체질이.
P3: 그래서 내가 <u>왜 그러냐구 물어 봤다.</u>

ㄷ. 그래서 내가 웬만하면은 <u>했던 께임 계속하자고 그러는데</u> 걔가
<u>싫대 그러면서,</u> 진짜 막 스트레스가 또 되면서 말을 해도 안
들어 이거는 … (후략)

ㄹ. 어 그 개인 발표는 진짜루 선생님이 처음에는 하고 싶은 사람
<u>하라고 그러잖아.</u>

ㅁ. 그게 맛있어 가지구 <u>담가 달라구 그런 건데.</u>

　　기존의 한국어 교재 및 관련 연구에서 제시한 예문과 달리, 전달
기능을 하는 간접인용 구문은 인용술어가 발화에서의 위치가 비교적
수의적이고 반드시 인용표지와 붙어서 사용되는 것은 아니다.

(18) ㄱ. <u>대신 엄마한테 그랬었거든.</u> 근까 군대 갔다와서는 내가 다 한
<u>다구.</u> 아르바이트하든 뭘 하든 알아서 할 테니까 신경 쓰지 말
라구 그랬는데.

ㄴ. 팝업창이 차단됐을 때 액션이 실제로 보면 알림 표시줄이라
해가 이거 새로 좀 기능이 추가가 됐는데요. 무조건 뭐~ 차단
시키고 끝나는 게 아니고요. 어떤 <u>팝업창이 차단됐다고</u> 실제로
<u>사용자들한테 알려줍니다.</u>

　　(18ㄱ)은 인용술어의 전치로 이해할 수도 있으며, (18ㄴ)은 인용술
어와 인용표지 사이에 수식 기능의 부사절이 삽입될 수 있는 양상을
보여주고 있다.

주목할 만한 것은 외적 인용 구문은 비격식적인 발화 상황, 그리고 화자 간의 사이가 비교적 친밀한 관계인 경우에 인용술어 없이 이루어진 발화의 수가 인용술어를 첨가하여 발화한 수에 비해 빈도가 월등히 높다는 결과가 나타났다.[8] 특히 연속된 발화를 인용할 때 각각의 피인용문에 인용술어를 일일이 제시하지 않고 전부 인용술어를 탈락시켜 발화하는 상황이 대부분이다. 이러한 인용술어의 탈락은 발화 내용이 화자에게 구정보일 때만 일어난다. 즉, 화자가 실제로 일어난 발화 내용을 상대방에게 전달할 때, 상대방의 발화를 잘못 들었거나 믿기 어려울 경우에 발화 내용을 확인할 때 주로 인용술어를 탈락시켜 발화한다는 것이다[9].

---

8) 이렇게 인용술어를 생략하는 발화는 21세기 세종 계획 구어 자료의 일상대화 파일에서 상당히 높은 빈도로 나타났다. 강의 파일에서도 이러한 쓰임을 소량 발견했으나 이는 선생님이 학생에게 한 발화로 상대 높임의 요구가 강하지 않은 상황에서 가능한 것으로 볼 수 있다. 인용술어가 탈락되는 쓰임은 발화 상황에 달려 있다기보다 발화 상황에서 상대 높임이 요구되는지와 더 관련된 다고 본다. 그리고 인용술어를 탈락하여 발화하는 간접인용 구문은 주로 외적 인용에서 발견하였으며 외적 인용에 해당하는 인용술어를 복원하는 것이 가능하다. 그러나 포괄동사 '하다'를 포함하는 내적 인용에 해당하는 인용술어가 생략되는 현상은 거의 발견하지 못했다. 이는 내적 인용이 외적 인용보다 더 추상적인 것과 관련되기도 하고, 2장에서 언급했듯이 전형적인 간접인용 구문 구조의 사용은 수많은 인용술어의 논항 요구와 관련된 것에서 기인하기도 한다.

9) 밑의 두 발화는 이 두 가지 상황에 해당하는 발화이다. 21세기 세종 구어 말뭉치를 통해 이 두 가지 상황에서 한국인 모어 화자가 인용술어를 탈락하여 발화하는 습관을 갖고 있다는 것을 관찰하게 되었다. 물론 위의 두 예문에서 밑줄을 친 부분을 '-고 하-' 구성으로 환원하여 발화하기 가능하지만 한국인 모어 화자의 언어 습관을 고려하면 '반복'과 '확인'의 상황에서 인용술어를 탈락시킨 채 발화하는 것이 더 자연스러운 것 같다. 즉, 간접인용 표지가 거의 문법화된 것처럼 독자적으로 인용구조의 기능을 하게 된 것이다. 이에 대해서

(19) 깎아 주세요 이렇게 얘기를 했더니, 아 우리 가게는 절대로 그런
거 없대. 막 그런다. <u>그러면서, 한번 깎아 주게 되면은, 뭐~ 다 깎아
줘야 된다고, 그렇게 되면은 그 가격이 가격표 붙은 게 소용이 없
다구. 다 그거보다 많이 붙여서 깎는 거를 당연시하게 되는 그런
분위기가 되기 때문에 안 된다구,</u> 너무 정색을 하고 <u>일장 연설을
하는 거야</u> 그 주인 아저씨가 <u>그랬어.</u>

위(19)는 연속된 발화를 인용하는 간접인용 구문인데 거의 다 인용
술어를 생략해서 발화했다. 만약 위 발화의 모든 간접인용 표지에
인용술어를 첨가한다면 발화가 길어질 뿐만 아니라 깔끔하지 못하다
는 느낌이 들 수도 있다. 이렇듯 한국인 모어 화자가 구어 발화를
간결하게 하려는 의도에서 인용술어를 탈락시켜 발화하는 것은 '언
어 단순화 현상'으로 이해해도 무방할 듯하다.[10)]

<hr />

는 문법화된 간접인용 구문에 대한 분석에서도 밝힐 것이다.

예) (1) P1: 너 머리 좋다 어떻게 되게.
　　　　P2: 뭐라구?
　　　　P1: <u>머리가 좋다구.</u>
　　(2) P1: 안에 있는 시설하구 다 옮겼잖아.
　　　　P2: <u>옮겼다구?</u>

10) 이금희(2009:95-96)에서는 연속된 발화를 인용하는 예시를 다음과 같이 제시
한 바가 있다.
엄마: 밥 먹었어? 그럼 오늘 숙제를 해야지.
가.* 엄마가 밥을 먹었<u>느냐고 했어요.</u> 그럼 오늘 숙제를 해야 한다고 했어요.
나.* 엄마가 밥을 먹었<u>느냐고 하고</u> 오늘 숙제를 해야 한다고 했어요.
다. 엄마가 밥을 먹었<u>느냐고 하면서</u> 오늘 숙제를 해야 한다고 했어요.

이금희(2009)에서는 한국인 화자가 연속된 발화를 인용할 때 각 발화 간의
의미 관계와 상관없이 모두 '-고 하면서'라는 표현을 활용하여 간접인용 구문
을 생성한다고 제시하였다. 연속된 발화를 인용할 때 '-고 하면서'를 사용한다

간접인용이 사용되는 맥락에서 다음의 (20ㄱ)과 같은 발화 양상도 발견하게 되었다. (20)에서는 '피인용문+인용표지'가 형성되는 인용절을 명사절로 보면 (20ㄱ)은 (20ㄷ)으로 발화할 수도 있고, 인용술어가 포함된 (20ㄹ)로 발화할 수도 있다. (20ㄱ)에서 간접인용 표지가 반드시 출현해야 하는 이유는 역시 간접인용 표지의 지시 기능과 관련된다. 만약 (20ㄴ)과 같이 인용표지를 생략하여 발화한다면 비문이 되듯이 이는 간접인용 표지의 지시 기능을 방증하는 것이라고 볼 수 있다. 이 발화는 사적인 발화 상황에서 기존의 발화 내용을 전달하는 의도로 한 발화이므로 (20ㄹ)은 인용술어를 탈락하여 발화해도 된다.

(20) ㄱ. <u>그 사람들 하는 말이</u> 이 사람들 돈도 바가지로 받아먹은 거<u>라고</u>, 한 번 스트레이트한 상태에서 이렇게 돈 많이 안 나온<u>다고</u>

    ㄴ. *<u>그 사람들 하는 말이</u> 이 사람들 돈도 바가지로 받아먹은 거, 한 번 스트레이트한 상태에서 이렇게 돈 많이 안 <u>나온다.</u>

    ㄷ. <u>그 사람들 하는 말이</u> 이 사람들 돈도 바가지로 받아먹은 거<u>라고였고</u>, 한 번 스트레이트한 상태에서 이렇게 돈 많이 안 나온<u>다고였어.</u>

    ㄹ. <u>그 사람들은</u> 돈도 바가지로 받아먹은 거고, 한 번 스트레이트한 상태에서 이렇게 돈 많이 안 나온<u>다고 말을 했어.</u>

는 사실은 말뭉치에 대한 분석을 통해서도 확인되었지만 이러한 쓰임은 주로 격식적인 발화 상황에서 사용된다. 그리고 인용 발화의 연결 장치는 반드시 '하면서'만을 사용하는 것이 아니라 구어 발화에는 인용술어 '그러다'에 '나열'을 나타내는 '-면서'를 붙인 언어 구성 '그러면서'도 있다. 또한, 공식적인 발화 상황에서 인용하고자 하는 발화의 수가 많을 때도 역시 일일이 인용술어를 밝히지 않고 마지막의 인용술어만을 밝히는 현상이 일반적이다.

간접인용의 구문은 기존의 발화 내용에 대해 물어볼 때 쓸 수 있다. 인용표지 '-다고/-(이)라고'는 주로 화자가 발화 내용에 대해 모르는 상태에서 한 의문에 쓰는데 이때 인용술어를 밝히는 것이 일반적이다. 이 경우에 화자가 물어보고자 하는 발화 내용은 화자에게 신정보이다.

(21) ㄱ. 야 그거 언제 <u>개봉한대?</u>
　　 ㄱ'. 야 그거 언제 <u>개봉한다고?</u>
　　 ㄴ. P1: 진짜야? 똑같겠지. 포인트 카드 그냥 사용할 수 있겠지. 아닐 수도 있겠다 근데.
　　　　 P2: 그래? <u>뭐라고 써 있어?</u>
　　　　 P1: 한번 봐 보게.
　　　　 P2: 줘봐.
　　　　 P1: 그냥 영풍이라고 써 있으니까 될 거 같지 않냐? <u>본 지점이래?</u>

(21ㄱ)은 화자가 청자가 아닌 제3자의 발화 내용에 대해 물어보는 것이다. 만약 (21ㄱ')처럼 인용술어를 생략하여 발화한다면 인용 구문은 확인 의문문이 되며, 청자가 먼저 화자에게 개봉 시간을 알려주고 화자가 그것을 다시 청자에게 확인하려는 발화로 이해할 수 있다. (21ㄴ)에서의 '뭐라고 써 있어'라는 발화도 (21ㄱ)과 마찬가지의 쓰임이다. 물론, '-다고/-(이)라고'는 확인의문문에서도 사용할 수 있는데 위 (21ㄴ)에서의 마지막 발화를 그 예로 들 수 있다. 이 발화는 화자가 발화 내용을 추측해서 확인하는 의도로 한 의문문이라고 볼 수 있다.

한편, 간접인용 표지 '-냐고', '-자고', '-(으)라고', '-달라고'는 주로 확인의문문에서 사용된다. 이때 인용표지가 이끄는 내용은 화자에게 이미 알고 있는 구정보일 수도 있고, 화자가 확인하고자 하는 추측의 내용일 수도 있다. 일상대화에서는 주로 아래(22ㄴ), (22ㄷ)처럼 인용 술어를 탈락하여 발화한다.[11]

(22) ㄱ. P1: <u>코코스로 오라고 했지?</u>
　　　　P2: 오분 뒤면 도착할 꺼야.
　　 ㄴ. P1: 언니야. 너거 아부지 젊었을 때 바람 피웠다 〈unclear〉[12]
　　　　　 하시드나?
　　　　P2: 우리 아빠?
　　　　P1: 음.
　　　　P2: <u>젊었을 때 바람 피우셨냐구?</u>
　　 ㄷ. P1: 야 우리 한 바퀴 돌자.
　　　　P2: <u>한 바퀴 돌자고?</u>

3.1.2.2. 발화 내용 이끌어내기

앞에서 제시한 전달 기능과 달리, 발화의 내용을 언급할 때 간접인용 구조가 필요하므로 인용표지가 사용되는 경우가 있다. 이때 인용 표지의 기능은 '이끌어내기'라고 규정할 수 있다. 이때 인용 구조가 주로 문장 중간이나 문말 위치에 나타나며, 인용술어는 잘 탈락되지 않는다. '이끌어내기' 기능의 간접인용 구문은 격식적, 비격식적 상황에서 모두 쓰인다.

---

11) 인용술어를 탈락하여 한 확인의문문은 문법화된 간접인용 구문으로 간주할 수 있다. 이에 대해 3.2절에서는 상세히 논의할 것이다.
12) 예문에서 '〈unclear〉'라는 부호는 구어 말뭉치 전사 시 내용을 잘 안 들릴 때 표시하는 전사 부호이다. 발화의 전체적인 양상을 보여주기 위해 그대로 남겨 둔다.

(23) ㄱ. 제가 앞에서 말씀을 드렸던 국순당에서 어떤 어떤 교육을 받았
　　　다고 말씀드렸던 게 바로 그 교육에 해당하는 내용입니다.
　　ㄴ. 그래서 나는 그렇게 얘기를 하지. 아 선생님이라고 부르지 마
　　　시라고.

　위의 (23)에서 간접인용 표지가 이끄는 내용은 실제로 일어난 발화
이지만, 인용 표지는 전달 목적으로 한 발화를 이끌어내기 위해 사용
되기보다 인용술어 논항의 요구를 충족시키기 위해 쓰이게 된 것으
로 볼 수 있다.[13] 이 상황에 쓰이는 간접인용 구문은 발화 내용을
지시하는 기능을 하고 있을 뿐, 담화적 기능을 따로 논할 수 없다.
이 관점을 입증해 주는 예로 다음 (24)와 같이 '인용'의 발화로 볼
수 없는 가상의 발화 내용을 이끄는 간접인용 구문이 있다.

(24) ㄱ. 해원이가 출발하자고 하면은, 정시에 출발하는 얘가 아니거든.
　　ㄴ. P1: 기분이 어땠냐고 물어봐 줘.
　　　　P2: 기분이 어땠는데?

　(24ㄱ)에서 인용표지가 이끄는 선행절은 화자가 가정한 발화 내용
이며, (24ㄴ)에서는 화자가 청자에게 요구하는 발화 내용이다. '인용'
의 관점으로 이해하면 위의 발화들을 '인용 구문'이라고 보기에 적절

---

13) 현실 발화에서 인용술어의 논항은 간접인용 표지에 의해서만 실현되는 것이
　　아니다. 문장구조론적 관점으로 보면 인용술어는 문장에서 수행하는 성분 기
　　능에 따라 다른 논항을 가질 수 있다. 예를 들면, '선생님은 시간의 소중함을
　　우리에게 알려주셨다.'라는 발화처럼 인용술어 '알려주다'는 문장에서 서술어
　　기능을 할 때 목적어의 논항도 가질 수 있다. 간접인용 표지의 기능은 궁극적
　　으로 '발화나 생각의 내용'을 이끌어내는 것일 뿐이다.

하지 않다. 그러나 간접인용 표지가 이끄는 내용은 역시 '발화'로 볼 수 있고, 발화는 간접인용 구조를 가진다는 점에서 (24)의 두 발화는 '간접인용 구문'으로 부를 자격이 충분하다.

인용표지가 이끄는 내용이 실제로 일어난 발화가 아니라면 또 해결해야 할 문제는 이 상황에서 발화하게 된 간접인용 구문은 외적 인용으로 봐야 하느냐 내적 인용으로 봐야 하느냐 하는 것이다. 인간의 모든 발화가 뇌의 사고를 통해 형성된 결과물이라면 모든 간접인용 구문은 내적 인용으로 볼 수 있을 것이다. 위의 (24)처럼 간접인용 구문들이 지향하는 맥락이 내적 인용보다 외적 인용 상황에 더 가깝기 때문에 이 간접인용 구문들을 외적 인용의 범주로 처리고자 한다.

3.1.2.3. 생각, 주장 표현하기

구어에서 간접인용 구문은 생각, 주장의 내용을 표현할 수 있다. 이때 외적 인용과 달리, 보통 인용술어를 통해 피인용문의 의미 자질을 드러내기 때문에 인용술어를 동반하여 발화하는 것이 일반적이다.

우선, 간접인용 구문은 화자 또는 타인의 생각을 나타낼 수 있는데, 주로 인용표지 '-다고/-(이)라고'가 사용된다. 구어 말뭉치에서 내적 인용에 쓰이는 인용술어 '생각하다'는 출현 빈도 1위로 뽑혔지만 실제로 생각을 나타내는 인용술어가 상당히 다양하다.

(25) ㄱ. <u>돈을 다 못 받고 있다고</u> 알고 있는데.
　　 ㄴ. 그 당시부터 지금까지 직원들이 <u>사장님을 오해한다고 생각을 했대.</u>

위 발화(25ㄱ), (25ㄴ)은 각각 화자 자신의 생각 및 '직원'들의 생각을 나타내고 있다. 두 발화가 내적 인용에 해당하는 사실을 인용술어 '알다', '생각하다'를 통해서도 알 수 있다. 한편, 2장에서도 언급했듯이 내적 인용은 외적 인용보다 추상적이므로 인용술어에 의해서만 구문의 의미 자질을 판단하기 어렵고 맥락을 통해 판단할 필요가 있다. 특히 인용술어가 포괄동사 '하다'일 경우는 더욱 그러하다.

둘째, '-다고/-(이)라고' 간접인용 구문은 화자의 주장을 표현할 수 있다.

(26) ㄱ. 세계 주요 단체라든가 이렇게 좀 올릴 수 있는 그런 거를 계획해서 해 줘야 되지 않을까. 저는 그런 게 <u>굉장히 필요하다고</u> <u>생각을 합니다.</u>
ㄴ. 물론 어느 한 상황의 일면만 보고서 저것이 <u>전부라고 말할 수</u> <u>는 없죠.</u>

간접인용 구문의 주장 표현 기능은 주로 격식적인 발화 상황에서 사용되며 위의 (26)은 해당 용례들이다. 주장 제기 기능은 상대방의 의견을 반박할 때 사용하기도 한다.

셋째, 내적 인용에 쓰이는 간접인용 구문도 '인용'으로 보기 어렵고, 그저 생각의 내용을 언급하기 위해 간접인용 구조를 취하는 쓰임이 있다.

(27) ㄱ. 우리는 그게 <u>당연하다고 생각하는</u> 여러 어휘들이 사실은 대학생들만이 쓰고 있는 경우도 있어요.
ㄴ. 너무 어우 되게 불편한 거예요. 사람이 <u>자기랑 같은 류라고 안</u> <u>느끼는</u> 사람이랑 놀다 보면은 좀 편하지가 않잖아요 마음이.

위 (27)의 두 발화에서 간접인용 구문은 누군가의 생각을 전달하기 위해 쓰이는 것이 아니라 생각을 지시하는 내용을 이끌어냄으로써 후행어를 수식하는 기능을 하고 있다.

넷째, '-냐고', '-자고', '-(으)라고', '-달라고'는 일반적으로 기존의 발화나 발화의 의도를 간접인용의 형식으로 표현할 때 사용되는데 화자의 즉시적인 생각을 표현하기 어렵다. '-냐고', '-자고', '-(으)라고', '-달라고'는 '생각하다', '고민하다' 등 생각의 내용을 직접적으로 표현하는 동사와 결합하기 힘들다.

(28) ㄱ. P1: 아, 어우 야. 파랑색으로 그리니까 헷갈려.
    P2: 야 그렇게 하지 말래니까. 그~ 두꺼운 걸로 그리라구 줬더니만 기껏.
    (중략)
    P2: 나는 이거 이거 <u>따라가라고</u> 그런 줄 알았어.
  ㄴ. 어제 변호사님이 나한테 전화했어. 같은 사무실에서 일하는 게 어떻게 생각하냐고 물어봤어. 실은 <u>내가 자기한테 관심이 없냐고</u> 물어보는 게 아니야?
  ㄷ. 진짜 시간이 있냐고 물어보는 게 아니라 <u>같이 가자고</u> 그런 뜻이야.
  ㄹ. 골뱅이 안주 볼 때마다 그때 진짜 마음 <u>하나 더 시켜 달라구 그러고 싶은데</u> 차마 처음 왔는데 차마 그 말을 못한 거예요.

(28ㄱ), (28ㄴ), (28ㄷ)에서 인용표지가 이끄는 내용은 실제로 일어난 발화가 아니라 남의 발화 의도에 대한 화자의 추측으로 봐야 한다. (28ㄹ)에서 밑줄 친 부분은 화자 자신의 발화 의도였다. '-냐고', '-자고', '-(으)라고', '-달라고'가 생각을 표현할 때 제한을 받는다는 것은

이 네 가지의 간접인용 표지가 연결되는 피인용문이 상호적 의사소
통이 강한 구어적 표현인 것과 관련된다. 즉, '-냐고', '-자고', '-(으)라
고', '-달라고'는 이미 하나의 화행 기능을 지닌 상태에서 다른 화행
기능을 동시에 갖기가 힘들다는 것이다.

3.1.2.4. '-다고/-(이)라고'의 지식 공유 기능

화자가 알고 있는 지식을 남과 공유할 때 '-다고/-(이)라고' 간접인
용 구문이 많이 사용된다. 여기서 '공유하다'라는 표현은 화자가 알고
있는 지식을 남에게 알게 하거나 이해하게 하는 것을 뜻한다. 따라서
지식을 공유할 때 '전달', '설명', 그리고 '설명'의 하위 전략 '가정',
'유추' 등 전략은 사용하게 된다. 간접인용 구문은 바로 이러한 발화
전략으로 쓰이게 된다. 지식 공유에 쓰이는 간접인용 구문이 발화
전달에 사용되는 간접인용과 차별되는 점은 전자는 화자가 누구에게
서 들은 말이나 어디서 봤던 글의 내용을 누구에게 알려주려는 의도
로 발화한 것이 아니라, 발화의 출처가 중요하지 않고 화자가 배운
지식이나 자신이 창출한 관점을 남에게 알려주고 이해시키려는 목적
으로 한 발화라는 것이다. 이럴 때 간접인용 구문은 보통 '피인용문+
인용표지+인용술어' 형태의 완벽한 간접인용 구조를 지닌다.

우선, 발화 상황과 관계없이 간접인용 구문은 속담, 관용어, 사자성
어, 대중들이 알고 있는 명백한 도리 등을 나타내는 발화에 쓸 수
있다[14].

---

14) 서희정(2013:291)에서는 '꼬리가 길면 잡힌다는 것은 누구나 다 아는 사실이
   다.'라는 예문을 통해 연결어미 '-다고'가 일반적인 통념과 대중적 신념을 나
   타내는 내용을 이끌어낼 수 있는 의미 기능을 지닌다는 사실을 밝혔다. 실제

(29) ㄱ. 고집 세고 쫌 둔한 사람을 당나귀 같<u>다고</u> 하잖아요.
    ㄴ. 아무리 많은 자동차라도 교통 표지 잘 지키면 빵빵하고 사고가
       나지 <u>않는대요</u>.

위의 두 발화에서 간접인용 표지는 각각 속담, 보편적인 도리를
이끌어내고 있는데, 기존의 정보에 대해 인용한다는 점에서 간접인
용 구문으로 표현하는 것이 적절하다.
  둘째, 강의, 강연, 발표 등 공적인 발화 상황에서 화자가 간접인용
구문을 통해 기존의 지식을 자신의 말로 옮겨 표현하여 공유할 수
있다.

(30) ㄱ. 보통 인제일반적인 견해예요. 일반적인 견해. <u>영 세 태어나자</u>
       <u>마자부터 한 사오 세에 이르는 제일 언어를 학습 완성한다고</u>
       <u>해요.</u>
    ㄴ. 사운드는 보통 우리가 이십 헤르츠에서 이만 헤르츠, <u>우리 귀</u>
       <u>가 듣는 사운드가 그 정도 된다고 하잖아요.</u>

위 (30)의 두 발화는 강의 자료에서 추출된 발화이다. 두 발화는
간접인용 구조를 사용하지 않아도 성립되지만 간접인용 형식으로 발
화하면 '객관적'이라는 느낌을 살릴 수 있어 발화 내용의 신뢰도를
높이는 효과를 얻을 수 있다.[15] 한편, (30ㄴ)에서의 종결표현 '-잖아

발화 상황에서는 속담뿐만 아니라 보편적으로 알고 있는 말이나 도리라면 인
용구문에 적용하기가 무난할 것이다.
15) 강계림(2015:2)에서는 증거성(Evidentiality)이라는 개념을 '명제에 대한 정보
의 근원을 언급하는 문법 범주'라고 제시했다. 이 연구는 한국어 증거성 체계
가 직접증거(Direct), 추론(Inferred), 보고(Reported) 세 항으로 이루어진다고

요' 때문에 해당 발화는 화자의 주장을 우회적으로 표현하는 것으로 볼 수도 있지만, 강의 현장이라는 발화 맥락을 고려하면 교수님이 학생들의 주의를 끌기 위해 활용하는 정보를 적극적으로 전달하는 전략으로 볼 수도 있을 것이다.[16] 지식 공유 기능의 간접인용 구문이 지니는 이러한 뉘앙스 차이는 외국인 학습자가 인지하기 어려운 부분이 될 수 있다.

셋째, 공적이나 사적인 상황에서 발화의 내용을 설명할 때 간접인용 구문을 쓸 수 있다.

(31) ㄱ. P1: 그 젓갈 맛이 너무 많이 나 가지구.
　　　　P2: 어 맞어.
　　　　P1: <u>맛이 좀 강하다구 그럴까?</u>
　　　　P2: 음음.
　　　ㄷ. 아니면 감상문을 쓰라든지 하는 과제를 내 주는 것들도, <u>바로 그런 생각을 좀 더 논리적으로 체계적으로 만들어 가게 하기 위한 하나의 방편이라고 생각을 하시면 될 거 같애요.</u>

밝혔으며, 추론 및 보고는 간접증거로 보았다. 한국어 간접인용은 '간접증거-보고'류 증거성 표지에 해당한다. '간접증거-보고'류 증거성 표지는 세 유형에서 비단언성 정도가 제일 낮다고 했으며, 이때 화자는 자신을 마치 제삼자로 객관화시켜 명제에 대한 주관적 개입을 덜 한다고 제시했다. 강정미(2016:54)에서는 이 관점을 참고하여, 간접인용 표현을 증거성 표지로 보고, 다른 사람에게서 획득한 정보를 간접인용 표현으로 제시하면 정보의 출처를 나타내면서 객관성을 유지할 수 있다고 설명했다.

16) 강현화(2009)에서는 '-잖다'의 화행적 특성에 대해 연구한 바가 있는데, '-잖다'의 화행적 특성은 '확인의문', '확인을 통한 강조', '동조구함', '못마땅함 및 비난'으로 규정할 수 있다고 제시했다. (30ㄴ)에서 '확인' 기능을 하는 '-잖아요'의 사용은 교수님이 강의할 때 수시로 학생들의 이해를 파악해야 한다는 점과 관련된 것으로 볼 수 있다.

위 (31)에서 인용표지가 이끄는 내용은 누구의 발화로 간주할 수
없고 화자의 생각으로 봐야 한다. (31)의 두 간접인용 구문은 생각을
우회적으로 표현하는 방식으로 볼 수도 있으며, 다른 방식으로 표현
하면 청자가 더 잘 이해할까라는 의도에 쓰이는 설명 전략으로 볼
수도 있다. 간접인용 구문 형식의 발화는 '-거든요', '-입니다' 등 의사
를 직접적으로 알려주는 발화 방식보다 청자에게 더 부드럽게 들리
는 발화가 될 수 있을 것이다.

3.1.2.5. '-(이)라고'의 특정 대상 지시 기능

간접인용 표지 '-(이)라고'는 명칭을 지시하거나 특정한 대상을 지
시하는 기능을 할 수 있다. 특정한 대상 지시 기능의 '-(이)라고'를
'-다고'의 이형태 '-(이)라고'와 구별할 필요가 있는 그 이유는 다음과
같다.

우선, 외적 인용 및 내적 인용에서 '-(이)라고'가 이끄는 구문은 정
언문[17]이라는 특징이 있다.

---

17) 임동훈(2005)에서는 '이다' 구문을 제시문 및 정언문으로 분류했다. 정언문은
   'X은 Y이다'라는 명제에 대해 판단을 내리는 구문이며, 제시문은 'X이다'와
   같이 그저 '이다'의 선행절에서 나타내는 명제를 밝히고자 하는 구문이라고
   규정하였다. 정언문 및 제시문의 예는 다음과 같다.

   정언문: 철수는 학생이다.
           나는 탄핵에 반대이다.
   제시문: 갈수록 태산이군.
           이번 장마로 논이며 밭이며 모두가 물에 잠겼다.

   본고는 외적 인용 구문 및 내적 인용 구문에서 '-다고' 이형태로서의 '-(이)라
   고'가 연결되는 피인용문이 정언문이라고 주장한다. 후술 내용에서 밝힐 것인

(32) ㄱ. 강인순(2000)은 「여성운동의 인적 연결망: 마산·창원지역사
례」라는 논문에서 운동이 종결된 이후 지속적으로 활동하는
사람은 12명 중 5명<u>이라고 밝힌 바 있다.</u>
ㄴ. 그러한 과정이 낙동강 운동을 성공적으로 끌어낸 근거<u>라고 생
각한다.</u>

위의 (32ㄱ), (32ㄴ)은 각각 전형적인 외적 인용 구문 및 내적 인용
구문이다. '-(이)라고'가 명사에 붙어서 사용되었지만 이와 연결되는
피인용문은 실질적으로 '-이다' 정언문이다. 즉, 'yes'나 'no'를 지시하
는 서술문이라는 것이다. 전형적인 간접인용 구문에 대한 기존 연구
에서는 그저 '-(이)라고'가 선행 명사의 받침 유무에 따라 이형태를
갖는다는 점에 주목했을 뿐, 피인용문의 속성을 간과했다. 본고는 '-
(이)라고'의 특수성을 다음과 같이 밝힌다.

(33) ㄱ. 그러한 과정이 낙동강 운동을 성공적으로 끌어낸 근거<u>이다.</u>
ㄱ'. 그러한 과정이 낙동강 운동을 성공적으로 끌어낸 근거<u>라고 생
각한다.</u>
→ 문장 생성 과정:
그러한 과정이 낙동강 운동을 성공적으로 끌어낸 <u>근거+라
고+생각하+ㄴ+다.</u>

ㄴ. 현장에서 활동하는 여성들은 환경문제의 발생이 문화·경제·
정치의 가부장제라는 구조적인 요인과 상관성이 <u>있다.</u>
ㄴ'. 현장에서 활동하는 여성들은 환경문제의 발생이 문화·경제·
정치의 가부장제라는 구조적인 요인과 상관성이 <u>있다고 생각</u>

데 특정 대상 지시 기능의 '-(이)라고'는 제시문에 쓰이는 '이다'와 비슷한 기
능을 한다고 주장한다.

한다.

→ 문장 생성 과정:
현장에서 활동하는 여성들은 환경문제의 발생이 문화·경제·정치의 가부장제라는 구조적인 요인과 상관성이 있-+다고+생각하+ㄴ+다.

위의 (33ㄱ')은 전형적인 간접인용 구문이며 (33ㄱ)은 인용의 내용이 되는 원발화이다. '-(이)라고'가 원발화를 피인용문으로 전환할 때 원발화의 서술어 '이다'를 생략하였다. 만약 간접인용 표지 '-다고'로 전형적인 간접인용 구문을 생성한다면, (33ㄴ)과 같이 '-다고'는 원발화의 서술어 또한 시제 선어말어미를 포함하는 부분에 연결된다. '-(이)라고'와 '-다고'가 간접인용 구문을 생성하는 과정을 비교함으로써 '-(이)라고'가 '간접인용'이라는 기능을 하는 동시에 '이다'의 지시 기능도 한다는 사실을 알 수 있다. 그러나 '-(이)라고'와 '-다고'가 연결되는 피인용문은 모두 서술성을 지닌다는 공통점에서 '-(이)라고'와 '-다고'를 서로의 이형태로 보는 관점도 합리적이며, 평서형 피인용문에 쓰이는 '-(이)라고'와 '-다고'를 전형적인 간접인용 구문의 한 유형으로 묶어 처리할 수 있을 것이다.

위와 달리, 특정 대상 지시 기능의 간접인용 구문에서 화자의 발화 의도는 '-(이)라고'가 연결되는 내용에 대해 'yes'나 'no'라는 판단을 내린다기보다 특정한 대상을 지시하고자 하는 것으로 이해할 수 있다. 아래 (34)의 예문들을 보자.

(34) ㄱ. 공공학번 김철수라고 합니다.
ㄴ. 여성들은 삶의 모든 부분, 생활의 모든 영역, 인식과 사고의 모든 범위에서 차별과 억압, 불이익을 당하고 있는 것이다. 이

것을 우리는 '여성문제'라고 한다.

ㄷ. 전자의 생태학과 여성·페미니즘이 묶일 때 이를 생태여성주의
라고 불렀다면, … (후략)

(34ㄱ), (34ㄴ)은 우리가 일상 발화에서 흔히 접할 수 있는 이름을
소개할 때와 명명할 때 쓰이는 '-(이)라고' 구문이다. 이때 '-(이)라고'
가 연결되는 선행절도 서술성을 지닌다고 간주할 수 있으나, '-다고'
의 이형태 '-(이)라고'가 연결되는 피인용문이 지닌 서술성에 비해
서술성의 특징이 그다지 뚜렷하지 않다. 만약, (34ㄱ), (34ㄴ)에서 '-
(이)라고'가 연결되는 선행절도 완벽한 서술성의 특징을 지닌다면 원
발화로 환원될 때 '이다' 정언문으로 환원될 수 있어야 한다. (34ㄱ)
은 쉽게 '공공학번 김철수이다.'라는 원발화로 환원될 수 있으나, (34
ㄴ)에서 '-(이)라고' 및 연결되는 선행어 전체가 보어의 기능을 하고
있으므로, (34ㄴ)은 주어, 목적어의 간섭으로 인해 원발화로 환원되
려면 주어와 목적어를 생략해야 한다. 이는 '-(이)라고'가 '간접인용'
이라는 기초적인 기능에다 '명명하기' 기능을 새로 획득했다는 것과
관련된다고 본다. (34ㄱ)에서도 '-(이)라고'가 연결되는 선행어는 원
발화에서 전환된 피인용문보다 특정한 대상의 명칭만 지시하고 있다
고 볼 수 있다. 즉, '-다고'의 이형태로서 '간접인용'의 기능을 수행할
때 '-(이)라고'는 피인용문에 'yes'나 'no'라는 서술성을 부여하고, '명
명하기' 기능을 수행할 때 '-(이)라고'는 'N$_1$=N$_2$'와 같은 지시의 기능
을 한다고 볼 수 있을 것이다.[18] 이 관점을 증명하기 위해 다음 (35)

---

18) 기존 연구들은 거의 모두 간접인용 표지 '-다고'에만 주목하여 연구했으며,
'-(이)라고'에 대해서는 당연히 '-다고'의 이형태로 받아들이는 식으로 처리했
다. 기존의 연구들과 달리, 본고에서는 '-다고'의 이형태로 볼 수 없는 '-(이)라

와 같은 예문을 제시한다.

(35) ㄱ. 먹는 거는 저는 저 진짜 먹는 건 욕심이 좀 세 가지구. <u>식욕이</u>
    <u>라구 그러잖아요.</u> 식욕이 되게 세 가지구.
    ㄴ. P1: 탁 그림 그려놓고 그 성기 그려놓고 아주 화려하게 해 놨
        다. 그 페인트칠 깨끗이 해 논 그 과학실 뒤에다.
    P2: 과학실에다?
    P1: 어 <u>과학실이라고</u> 있어, 저쪽 가에 별도로.
    ㄷ. 새로운 여성환경운동의 등장<u>이라고 함은</u>[19] 다음과 같은 세 가
        지, 즉 여성이 대등한 주체로 참여한 환경운동(공시협), 여성단
        체 내 부문운동(생협운동) 그리고 여성이 주체가 된 지역환경
        의 태동(상봉, 구로, 페놀 등)을 말한다.

위 (35)의 세 발화에서 '-(이)라고'가 연결되는 내용은 인용의 내용
으로 볼 수 없고, '-(이)라고'는 그저 화자가 지시하고자 하는 특정한
대상을 부각시키는 기능을 하고 있을 뿐이다. (35ㄴ)에서 인용술어가
없는 '-(이)라고'는 간접인용 구조로 환원할 수도 없다. 이는 또한
'-(이)라고'는 특정 대상 지시 기능을 할 때 문법화가 일어났다고 볼
수 있다. (35)처럼 특정한 대상을 부각시키고자 할 때 '-(이)라고'를
사용하는 것은 일종의 강조 전략으로 볼 수도 있다. 이때 '-(이)라고'
를 생략해도 발화가 여전히 성립되기 때문이다. '-(이)라고'의 이러한
강조적 쓰임은 역시 (34)에서 살펴본 바와 같이 특정 대상 지시 기능

고'가 존재한다는 주장을 제기해 보고자 한다.

19) 특정한 대상을 부각시키기 기능과 관련하여 '-(이)라고 함', '-(이)란'은 한국
어교육 자료에서 '설명하고자 하는 대상을 지시'라는 기능을 하는 하나의 문
법 항목으로 제시한 바가 있다. 본고는 '-(이)라고'와 관련된 이러한 언어 구성
들을 간접인용 표지 '-(이)라고'의 문법화된 쓰임이라고 보고자 한다.

에서 발전된 것이라고 간주할 수 있다.

(35)의 세 발화를 통해 '강조' 효과를 가진 특정 대상 부각시키기 기능의 '-(이)라고'는 아직 문법화 과정에 서 있다는 사실을 알 수 있다. (35ㄱ)에서 완전한 간접인용 구조를 보유한 형태, (35ㄴ)에서 인용술어가 탈락된 형태, 또한 (35ㄷ)에서 명사형 전성 어미 '-ㅁ'과의 융합 형태 등 여러 가지 형태를 가질 수 있듯이 고정된 형태가 없다는 사실은 이러한 관점을 뒷받침하는 증거가 된다.

이와 같이 '-(이)라고'의 특정 대상 지시 기능은 구어는 물론 문어에서도 활용되며, 비격식적인 상황에서는 다음과 같이 인용술어를 탈락시켜 발화하기도 한다.

(36) P1: 어! 누구야 〈name〉[20]야? 아 누구지?
　　　P2: 아 〈name〉이 뭐 <u>민견이라고</u> 막.

위 (36)의 발화는 간접인용 구조 '-(이)라고 하다'에서 인용술어를 탈락하여 발전된 쓰임이라고 볼 수 있다. 이때는 간접인용 구조로 환원하여 발화할 수 있기 때문에 일종의 언어 단순화 현상으로 볼 수 있다.

특정한 대상 지시 기능의 '-(이)라고' 구문은 문장 구조의 특징에 따라 또 세분할 수 있을 것이다.

(37) ㄱ. 저는 김철수<u>라고 합니다.</u>
　　　→ 저는 김철수입니다.

ㄴ. 우리나라에서 제일 유명한 게 상주 곶감이라고 하네요.
　→ 우리나라에서 제일 유명한 게 상주 곶감이에요.
ㄷ. 여성들은 삶의 모든 부분, 생활의 모든 영역, 인식과 사고의
　모든 범위에서 차별과 억압, 불이익을 당하고 있는 것이다. 이
　것을 우리는 '여성문제'라고 한다.

　(37ㄱ), (37ㄴ)의 문장 구조는 'N₁이 N₂라고 하다'인데, '-(이)라고'
의 기능은 전형적으로 '특정 대상 지시'라고 간주할 수 있다. (37ㄱ),
(37ㄴ)에서 '-(이)라고'가 연결되는 부분은 '이다' 구문으로 발화될 수
있으나, 간접인용 구조 '-고 하-'로 발화하는 것은 그러지 않는 것보
다 '-(이)라고'의 선행어가 강조하게 되며 공식적인 느낌도 나타나게
되기 때문이다. (37ㄷ)의 문장 구조는 앞의 두 예문과는 달리 'N₁을
N₂라고 하다'로 추출될 수 있는데 '-(이)라고'가 연결되는 부분은 '이
다' 구문으로 전환하기 힘들다. 이때 '-(이)라고'는 역시 'N₁=N₂'라는
지시 기능을 하는데, 그 기능을 구체화하면 '정의 내리기'라고 규정할
수 있을 것이다.
　'-(이)라고'가 특정한 대상을 지시할 때 선행어의 내용이 기존의
발화인지 화자 자신의 생각인지에 따라 '-(이)라고' 구문은 외적 인용
이나 내적 인용으로 볼 수도 있다. 그러나 본고는 '-다고'가 지니지
않는 '-(이)라고'의 'N₁=N₂' 지시 기능에 초점을 두어 '-(이)라고' 구
문을 따로 하나의 유형으로 규정하고자 한다. 위의 분석 내용을 다시
정리하면 특정 대상 지시 기능의 '-(이)라고'의 세부 의미·기능은 다
음 [표 11]과 같이 두 유형으로 나눌 수 있을 것이다.

[표 11] 특정 대상 지시 기능 '-(이)라고'의 세부 쓰임

> 의미·기능1: 특정 대상 지시하기
> → 문장 구조: N_1이 N_2라고 하다
>
> 의미·기능2: 정의 내리기
> → 문장 구조: N_1을 N_2라고 하다

이상으로 간접인용 구문이 구어 발화에서의 사용 양상 및 의미 기능을 확인했으며, 다음으로는 문어 발화에서의 쓰임 및 의미 기능을 밝힐 것이다.

3.1.3. 문어에서의 사용 양상 및 기능

문어에서 평서형 간접인용 구문이 주로 사용되므로 이 절에서는 '-다고/-(이)라고' 구문을 주요 분석 대상으로 삼을 것이다. 격식적인 문어체는 필자로부터 독자에게 전달하는 일방적인 발화로 볼 수 있다. '-다고/-(이)라고'류 간접인용 구문은 격식적인 문어에서 '피인용문+인용표지+인용술어'의 형식으로 발화되며 인용술어는 탈락되거나 후행 어미와 축약되지 않는다. 아래 (38)처럼 연속된 발화를 인용할 때도 인용술어를 유지하여 발화한다.

(38)[21] 허버트 리드는 그의 {예술과 사회} 속에서 "민주주의적 생활 양

---

21) 이 예문에서 '-(이)라고'가 쓰이는 구문은 직접인용 구문으로 볼 수도 있으나, 문어에서 연속된 발화를 인용할 때 간접인용과 직접인용은 같은 문장 구조를 가진다는 사실을 말뭉치 분석을 통해 발견했다. 이때 간접인용 및 직접인용은 그저 피인용문의 인용 형식에 있어서 차이점을 갖는다. 즉, 인용의 내용을 정리해서 제시한다면 간접인용이 되고, 원래 그대로 제시한다면 직접인용이 된다.

식의 궁극적인 이상인 '공모(共謀)'로의 만족이나 안심과는 다르게 예술이란 영원히 마음을 불안하게 하는 것이며 또 영원히 혁명적"이라고 하면서 "예술가는 기존 질서를 뒤흔드는 사람으로 그의 가장 무서운 적은 집단적인 마음" — 집단적 의식 습성이라고 하였다. 이어서 집단 의식이란 중력이 가장 낮은 곳만을 찾아 흐르는 물과도 같다고 하면서 그러나 예술가는 개인적인 감수성과 지각 작용의 보다 높은 차원을 찾아서 이러한 습지대로부터 언제나 탈출하려고 노력한다고 보았다.

한편, 인용한 발화의 수가 많을 경우, 아래 (39)와 같이 '다음과 같이 말하고 있다'와 같은 표현을 통해 인용하고자 하는 내용을 모아 제시하는 방법이 일반적이다.

(39) 그는 '이 같은 상대에게는 이같이 대해야 하다'는 특이한 요령을 알고 있으며, 또 상대가 까다로울수록 그 마음을 포착하기 쉽다고 하면서, 솜씨있게 다루는 요령을 다음과 같이 말하고 있다.

문어의 쓰기 목적은 필자가 어떤 정보를 독자에게 전달하는 데에 있다. 그러한 정보는 필자 자신의 주장일 수도 있고, 이미 알고 있는 기존의 정보일 수도 있다는 것은 학술적인 글의 내용적 특징이라고 하겠다. 이러한 논의를 바탕으로 이어서 정보 전달과 관련하여 간접 인용 구문의 담화적 기능을 살펴보겠다.[22]

---

22) 문어에서 외적 인용과 내적 인용은 모두 글로 표현되기 때문에 모두 외적 인용으로 볼 수 있지만, 본고는 간접인용 구문이 문어에서의 사용 양상을 관찰하기 위해 분석 내용이 문장으로 표현하기 전의 형태를 판단 기준으로 적용하기로 한다.

3.1.3.1. 필자 주장 제기

간접인용 구문은 필자가 자신의 주장, 생각을 제기할 때 많이 쓰인다.[23] 주장 제기는 직접적인 주장 제기와 우회적인 주장 제기 두 가지 방법이 있다. 직접적인 주장 제기에는 '-다고 생각하다', '-다고 보다' 등의 표현이 많이 쓰이며, 우회적인 주장 제기에는 '-다고 할 수 있다', '-다고 볼 수 있다', '-다고 해도 좋다'처럼 직접적 주장 제기 표현에 '가능성'을 나타내는 표현을 첨가하는 표현들이 많이 쓰인다.

(40) ㄱ. 비즈니스나 세일의 세계에서는 뇌쇄적인 어구보다는, 세일을 스무드하게 성공으로 이끌기 위해 상대편을 인정해주고, 상대편 우월감에 호소하는 것이 필요하다. 그것은 칭찬하는 말이나 거의 비슷하<u>다고 생각된다.</u>

ㄴ. 따라서 근대국가의 발달도 역시 이와 같은 이자의 계산에 근거해서 이루어졌<u>다고 말할 수 있습니다.</u>

위 (40ㄱ)은 간접인용의 형식을 통해 주장을 직접적으로 제기하는 발화이다. 논의할 문제를 제기하거나 논의한 내용을 정리할 때 직접

---

23) 임칠성, 양은숙(2007:280), 박나리(2014ㄴ:69)에서는 신문 뉴스와 학술 논문을 주장 텍스트(argumentative text)라고 규정했다. 이때 주장 텍스트란 필자가 자신의 주장을 제기하여 독자를 설득하는 목적으로 쓴 텍스트를 말한다. 본고에서 문어 분석 자료에 해당하는 학술산문은 역시 필자가 자신의 관점 및 주장을 전달하는 목적으로 쓴 글로 볼 수 있으므로 주장 텍스트로 간주할 수 있다. 따라서 주장 텍스트로서의 학술산문에서 주장 제기 기능의 간접인용 구문이 많이 쓰인다는 것은 글쓰기의 목적에서 원인을 찾을 수도 있다. 사실 학술적인 글이나 신문 뉴스뿐만 아니라, 일기와 같은 일상적인 글에서도 필자의 생각 및 아이디어를 기록할 수 있기 때문에 이 부분의 글도 주장 텍스트라고 볼 수 있을 것인데, 그저 공개, 비공개의 차이를 가질 뿐이다.

적인 주장 제기 방식이 많이 사용된다. (40ㄴ)은 직접적인 표현을 피하여 주장을 우회적으로 제기하는 발화이다. 논의하고자 하는 내용을 단언해서 발화하지 않는 것은 기술 내용의 정확성을 보장할 수 있을 뿐만 아니라 독자에게 비판할 기회도 준다.[24)]

3.1.3.2. 필자 주장 지지

문어에서 필자가 자신의 주장을 성립시키기 위해 간접인용 구문의 형식으로 관련 내용을 제시할 수 있다. 우선, 대중들이 알고 있는 지식을 인용함으로써 논의할 내용을 도입할 수 있다. 속담, 관용어, 사자성어, 일반적인 상식이나 한 영역에서 널리 인증을 받은 일반적인 사실 등이 인용의 내용이 될 수 있다.

> (41) ㄱ. <u>열길 물 속은 알아도 한길 사람의 마음속은 헤아릴 길이 없다</u>
>   <u>고 했다.</u> 사실 남의 마음속은커녕 자기 마음조차 모를 때가 더
>   러 있지 않은가?
>   ㄴ. <u>흔히 과학혁명은 뉴튼에 이르러 완성되었다고 얘기한다</u> … .
>   (중략) 그러나 뉴튼의 성공은 이들 다른 여러 과학 분야들에
>   대한 해결의 〈예시〉로서 중요한 의의를 지닌다.

---

24) 강정미(2016:58)에서는 학술 논문에서 저자가 의견을 제기할 때 늘 간접인용 표현에 가능성을 나타내는 '-을 수 있다'를 붙여 단언을 피한다는 현상이 있다고 밝혔다. 이에 대해 저자가 자신의 의견에 대해 객관적인 태도를 취하고, 자신의 의견이 잘못될 가능성에 대비하기 위함이라고 해석했다. 박나리(2014ㄱ)에서는 간접인용 표현이 가능 표현과의 결합을 저자 자신의 주장을 공손하게 제기함으로써 반대 의견자들의 심리적 반발을 줄이려는 발화 전략으로 보았다.

위 (41)의 두 발화에서 '-다고'가 이끄는 내용은 각각 속담, 전문 영역에서 널리 인증 받은 사실이라고 볼 수 있다. 이렇게 본격적인 논의를 시작하기 전에 먼저 인용의 내용으로 도입하는 것은 독자의 공감을 불러일으키고 논의 주제를 부각시키는 데에 효과적일 것이다.

둘째, 필자가 자신의 주장을 설명할 때 간접인용 구문을 사용할 수 있다.

(42) ㄱ. 전혀 이해하지 못하는 내용을 한 시간씩 듣고 그에 대한 질문에 정답을 말하지 못할 때는 꾸중을 들어야 <u>한다고 생각해보자.</u>
ㄴ. 상대편이나 주위로부터 시건방지<u>다고 생각되면 좋지 않다.</u>

위 (42ㄱ)에서 '-다고'가 이끄는 내용은 실제로 누군가가 한 생각이 아니라, 필자가 자신의 관점을 설명해 주려고 가정의 상황을 만들어서 독자에게 같이 생각해 보자는 요청을 한다는 것이다. 독자에게 공감을 얻기 위한 일종의 전략으로 볼 수 있다. (42ㄴ)은 독자의 시각으로 설명하고자 하는 내용을 간접인용 구문의 형식으로 제시하는 경우이다. 이로써 독자가 마치 가정의 상황에 실제로 처해 있는 듯이 필자의 의도를 더욱 잘 파악하는 효과를 얻을 수 있을 것이다.[25]

---

25) 지금까지 학술 논문 및 신문 뉴스 등 주장 텍스트에서 쓰이는 간접인용 구문에 대한 연구는 주로 '주장 제기' 기능에 초점을 두어 다루어 왔다. 선행 연구들은 주로 주장 제기 기능의 간접인용 표현과 관련된 양태적 언어 구성이 나타나는 '가능성', '확실성' 등 의미 자질에 주목하여 분석했다(임동훈2001, 박재연2006, 임칠성, 양은숙2007, 이준호2012, 박나리2013, 2014ㄱ,ㄴ 등). 양태적 언어 구성은 '-다고 할 수 있다', '-다고 하겠다' 등을 예로 들 수 있다. 본고는 기존 연구와 달리, 간접인용 구문의 '주장 제기' 기능이 아닌 '주장 지지하기' 기능에 주목하고자 한다. 물론, (42ㄴ)에서 밑줄 친 부분도 양태를 나타낸다고 볼 수 있겠지만, (42ㄴ)은 주장 제기 기능의 간접인용 구문과 달

필자는 자신의 관점 및 주장을 설명할 때 아래(43)과 같이 간접인용 구문의 형식으로 설명하고자 하는 내용을 제시하는 상황이 있다.

(43) 마치 10여 년 전 도스(DOS) 환경에서 한 가지 일밖에 할 수 없던 것이 지금은 윈도우환경에서 멀티태스킹(Multi Tasking)하는 것과 <u>같다고나 할까.</u>

위 (43)에서 '-다고'가 이끄는 내용이 필자의 주관적인 판단이므로 직접적으로 판단을 내리는 '-이다/아니다' 대신 생각의 내용을 이끌어내는 간접인용 구문을 통해 제시하는 것은 역시 기술의 정확성을 보장하기 위한 전략으로 볼 수 있다.

셋째, 필자가 자신의 주장을 설명하거나 옳다고 증명하기 위해 기존의 발화 내용이나 남의 생각, 주장 등을 많이 인용한다. 학술 산문에서는 인용의 신뢰도와 설득력을 확보하기 위해 보통 출처를 밝혀 인용한다. 한편, 출처를 따로 밝히지 않고 널리 인증을 받은 일반적인 견해를 제시하는 경우도 있다.

(44) ㄱ. <u>따라서 좀 더 구체적인 설명을 필요로 한다.</u> 미국에 이솝 그림 (Aesop Grimm)이란 유명한 카피라이터(copywriter)가 있는데, 그는 광고인이 되기 위한 자격이랄까 조건을 다음과 같이 제시했다. ① 생략, ② 생략, ③ <u>광고의 전문 기술 15% 가 있어야 한다고 지적하고 있다.</u>
    ㄴ. <u>우리의 삶이 희노애락(喜怒哀樂)으로 점철되어간다고 생각하</u>

리, 앞에 주장을 제기한 바가 있고 그 후에 (42ㄴ)과 같은 간접인용 구문을 통해 독자 입장에 서 줌으로써 설명하는 듯이 필자 자신의 주장을 독자에게 이해시키는 기능을 하고 있다.

면, 거기에는 기뻐해야 할 일도 있고 슬퍼해야 할 일도 이다. 그래서 우리는 기쁜 일에는 축하의 인사를 하고, 슬픈 일이나 괴로운 일에는 위로의 인사를 보내는 것이다.

(44ㄱ)은 인용 내용의 출처를 밝혀 인용의 내용으로 필자의 관점을 설명하는 발화이다. (44ㄴ)에서는 필자가 알고 있는 관념을 간접인용의 형식으로 제시함으로써 자신의 주장을 충족시키고 있다. 학술적인 글쓰기에서 논거 제시는 필수적인 기술 내용이며, 논거가 되는 내용을 직접인용의 방식으로 그대로 가져오는 경우도 있고 자신의 주관을 첨가하여 간접인용의 방식으로 제시하는 경우도 있다.

넷째, 아래 (45)처럼 필자가 자신의 주장을 성립시키기 위해 자신의 주장에 어긋난 관점이나 사례를 인용하여 반박하는 경우가 있다. 이때 간접인용 구문의 내용은 비판을 통해 필자의 주장을 성립시키는 매체라는 점에서 역시 필자의 주장 제시에 긍정적인 힘이 되어 주고 있음으로 볼 수 있다.

(45) 그러나 앞에서 본 대로 그들은 이런 작용이 충돌에 의해서만 가해진다고 믿었다. 그런데 충돌에 의해서 가해지는 힘이란 운동하는 물체가 그 운동을 계속하려고 하는 경향을 다른 물체에 의해 방해받을 때 나타내 주는 힘이고 결국 운동하는 물체가 그 운동 때문에 지니는 힘인 것이다.

3.1.3.3. 기존 정보 제시

필자의 주장 제시와 무관하고 그저 기존의 정보를 제시하기 위해 쓰이는 간접인용 구문이 있다.

(46) ㄱ. 대뇌(大腦) 기억 흔적의 계열 속에서는 최초에 들어온 것이
끝까지 남기 쉽다는 연구결과도 있듯이, 첫인상은 반영구적인
편견(偏見)을 심어 놓게 되는 경향이 <u>있다고 한다.</u>
ㄴ. 보링거는 그리스나 이집트 예술은 물론이고 인류의 모든 예술
이 이 두 가지 충동의 소산<u>이라고 생각했다.</u>

위 (46)의 두 발화에서 간접인용 구문은 필자의 주관적인 판단을
첨가하지 않고 단순히 정보 전달의 기능을 하고 있다. 또한, 위의 발
화들은 필자의 주장을 지지하는 기능도 하지 않고 그저 '인용'의 기
능만을 한다.

3.1.3.4. 내용 기술 지지

실제적 담화 상황에서 간접인용 구문이 모두 특정한 화용적 기능
을 한다고 보기는 힘들다. 구어 발화에서 '발화나 생각의 내용을 이
끌어내기' 기능의 간접인용 구문과 비슷하게 후행 술어의 논항 요구
로 간접인용 구문이 쓰이는 경우가 있다.

(47) 나쁜 것은 나쁘<u>다고 인정하</u>는 공평한 안목과 공정한 생각을 가지
고 참되게 자기 업무를 수행하는 사람은 초조해 하지 않아도 마침
내 신용을 얻게 된다.

(47)에서 간접인용 구문은 화용적 기능을 한다기보다 그저 통사
・의미적 기능만 수행하고 있다고 말할 수 있다. 즉, 인용표지가 이끄
는 내용을 먼저 발화했기 때문에 후행 술어를 사용한다는 것보다 후
행 술어를 먼저 결정하고 선행 내용을 인용표지로 이끌어낸 것으로

볼 수 있을 것이다.

이상으로 문어에서 필자의 주장 제기 기능을 수행하는 여부와 관련하여 '-다고/-(이)라고'류 간접인용 구문의 사용 양상 및 기능을 살펴보았다.

3.2. 문법화된 간접인용 구문의 사용 양상 및 기능

문법화된 간접인용 구문에서 단일 형태의 간접인용 표지 '-다고', '-(이)라고'[26], '-냐고', '-자고', '-(으)라고'는 한 계열로 간주할 수 있으나, 문법화가 일어난 후 문법화 정도의 차이로 인해 의미·기능 및 사용 양상이 서로 달라졌다. 분석의 효율성 및 명료성을 위해 본고는 문법화가 일어난 인용표지에 대해서 항목별로 분석할 것이며, 다른 문법화된 문법 항목에 대해서는 계열별로 분석할 것이다.

3.2.1. -다고

1) 연결형 '-다고'

이 절에서는 3.1.2.1절에서 제시한 연속된 발화를 전달할 때 사용하는 '-다고'가 아닌 문법화 후의 연결형 '-다고'의 용법에 대해 살펴보

---

26) '-(이)라고'는 특정 대상 지시 기능을 지니기 때문에, 이 기능의 문법화 쓰임을 확인하기 위해 '-(이)라고'에 대해 단독적으로 분석하기로 한다. 그리고 간접 인용 표지 '-(이)라고'가 '-다고'의 이형태로 볼 수 있는 쓰임도 있지만, 선행어 유형의 차이로 인해 두 인용표지는 문법화가 일어난 후 문법화 정도에 차이가 날 수도 있다고 추측된다. 이 가정을 확인하고자 하는 의도도 '-(이)라고'를 따로 분석하는 이유가 된다.

겠다. 말뭉치에 대한 분석을 통해 연결형 '-다고'의 기능은 다음과
같이 정리할 수 있다.[27)]

a. 이유 표현[28)]

구어 발화에서 '-다고'가 원인, 근거를 제시하는 용법이 빈번하게
일어난다. 원인, 근거에 해당하는 내용은 상황별로 나눌 수 있다.
첫째, 원인, 근거에 해당하는 내용은 인용한 발화 또는 생각의 일부
이다. 즉, 원인, 근거가 되는 내용이 인용한 내용에 얹혀 있는 경우가
있다.

(48) ㄱ. <u>참 신고해야 되는데 안 한다고</u> 우리나라 사람들이 <u>그래서</u> 발전
　　　 을 <u>못한다구 얘기하는 거 아니야?</u>
　　　ㄴ. 너무 <u>가깝다고</u> 안 탄다 <u>그랬대는 거야.</u>

(48ㄱ)에서 '-다고'가 이끄는 선행절 내용은 남의 발화 중의 일부이
며 후행절의 원인이 된다. (48)은 전형적인 간접인용 구문에서 연속

---

27) 분석 자료가 된 두 개의 구어 파일에서 한 화자가 '-다고'를 사용 규칙 없이
여러 번 발화한 현상을 발견했다. 이는 화자 개인의 발화 습관으로 보는 것이
적절하기 때문에 분석 대상에서 제외했다.

28) 지금까지 '-다고'가 연결어미로서 '원인'을 나타내는 쓰임에 대한 연구는 많지
않다. 이익섭·이홍빈(1983), 유현경(2002), 방성원(2004), 이금희(2005), 임은
하(2007), 서희정(2013) 등에서는 연결어미로 쓰이는 '-다고'의 원인, 이유 표
현 의미 기능에 대해서 언급했는데 실제적 발화 자료를 활용하여 논의한 것이
아니라는 점에서 아쉬움이 남았다. '-다고'의 원인, 이유 표현 기능에 대한 기
존 논의는 주로 연구자가 자신의 직관에 의해 예문을 조작하는 식으로 진행했
다. 이 연구 결과들은 원인, 이유를 나타내는 '-다고'가 현실 발화 상황에서의
완전한 쓰임을 반영했다고 보기는 어렵다.

된 발화를 인용하는 상황으로 판단할 수도 있으며, 이때 문장 중간에 쓰이는 '-다고'는 보통 '-고 하-'의 형식으로 발화되지 않는다.

둘째, '-다고'가 발화의 내용을 이끌어냄으로써 후행절 내용의 원인이나 근거를 제시하는 경우가 있다. 이때 후행절의 내용은 발화가 아니라 주로 현실 상황을 나타내고 있다.

(49) ㄱ. <u>우리 딸이도 살이 뚱뚱해진다고 (해서)</u>[29] 다이어트를 하는데 정말 안 먹어요.
ㄴ. 제 친구가 <u>제가 팔뚝 두껍다구 (해서/말해서)</u> 너무 고민했더니 … (후략)

위 (49)에서 '-다고'가 이끄는 원인에 해당하는 내용은 남에게서 들었던 말이다. 즉, 위 발화에서 인용표지 '-다고'는 '간접인용'의 기능을 하면서 이유 표현의 기능도 동시에 수행하게 된다.[30] (49)에서

---

29) 괄호에 있는 내용은 말뭉치 자료에 없고, 필자가 분석하기 위해 첨가한 내용이다. 후술 논의에서 괄호로 처리한 내용도 같은 쓰임이니 별도로 설명하지 않을 것이다.

30) 실제 발화의 내용을 후행절의 이유로 삼는 경우에 다음과 같은 예도 있다.

P1: 그걸 누가 배달해 줘. 배달료가 더 비싸.
P2: 다 배달해 줘 사면,
P1: 비싼 거나 사면 배달해 주지.
P2: <u>싸다고 (해서)</u> 배달 안 해줘요?
P1: 그럼.

위 발화에서 '-다고'가 이끄는 내용은 화자 P1이 한 발화로 볼 수 있으며 '-다고'의 후행절 내용은 현실 상황인 가능성도 있다. 그러나 위 발화에서의 '-다고' 구문은 이 절에서 논의하고자 하는 발화 내용을 이끄는 이유 표현 기능의 '-다고' 구문과 차이점을 갖는다. 전자는 화자가 선·후행절의 인과 관계에 대

원인이 되는 두 발화는 괄호 안에 있는 내용을 추가하여 전형적인 간접인용 구문으로 환원할 수 있다. '-다고'가 원인을 나타낼 수 있다는 것은 인용술어가 탈락되면서 인용술어에 붙어 있던 언어 요소가 지닌 원인 표현 기능이 인용표지 '-다고'에 전이된 것으로 이해할 수 있다.[31] 이때 '-다고'의 후행절은 인칭 사용의 제약이나 의지 표현, 명령문의 사용 따위에 제한을 받지 않는다[32].

셋째, 화자가 실제로 했던 생각, 느꼈던 심리적 내용이 후행절 상황의 근거가 될 때 '-다고'를 사용하는 경우가 있다.

(50) ㄱ. P1: 그걸 학교에서 맞추잖아요.
　　　　 P2: 저~ 예방 접종 〈laughing〉[33]그런 거〈/laughing〉

해 확신이 결여되었다는 느낌을 드러내는데, 후자는 화자가 선행절 내용이 후행절 내용의 원인임을 믿고 발화한 것이다. 그리고 전자의 경우, '-다고'의 후행절 내용이 '참'일 수도 있겠지만 화자가 후행절 내용에 대해 '참'이나 '거짓'인지 판단을 내리지 않고 발화할 수 있으나, 후자의 경우에서는 화자가 '-다고' 후행절 내용이 '참'이라고 믿고 발화한다. 위의 예시에서 제시한 '-다고' 구문은 후술할 '-다고 해서' 구문과 같은 유형으로 볼 수 있으므로 여기서는 깊이 논의하지 않을 것이다.

31) 이금희(2005:122-123)에서는 어미 '-고'가 연결되는 사건이 후행 사건의 기계적 원인이 될 수 있다고 주장하면서 비슷한 상황에서 '-다고'가 원인을 나타낸다는 것은 '-다고 하고'가 '-다고'로 축약되었기 때문이라고 규명했다. 그러나 본고에서 제시한 예문들처럼, 실제로 일어난 발화의 내용을 이끌어냄으로써 후행절 내용의 원인을 밝힐 때 '-다고'는 '-다고 하면서', '-다고 해서' 등 여러 가지 발전 경로가 있으며, '-다고 하고'에서만 발전된 것이 아니다.

32) '엄마가 이걸 안 먹는다고 (하니까) 다음에 사 오지 마.'라는 발화처럼, 원인을 나타내는 '-다고'가 '-다고 하니까'에서 발전된 것이라면 후행절에서는 명령문을 사용해도 된다.

33) '〈laughing〉'라는 표지는 구어 말뭉치에서 '웃음소리'를 지시하는 전사 부호이다. 발화에 '무섭다'라는 표현이 나왔기 때문에 화자의 발화 태도를 오해하지

P1: 어.〈/laughing〉다 맞는데 나만 안 맞었어.

P2: 어.

P1: 〈laughing〉너무 무섭다구 (느껴서) 막 교실을 막 도망 다녔
　　어요.

ㄴ. (과거의 상황에 대한 회상)

　아 (나는) 배고프다고 (그러면) 막 먹기가 좀 그렇잖아.

　(50)에서 밑줄을 친 부분은 인용의 내용으로 볼 수 없고 화자의
생각, 느낌으로 이해해야 한다. (50ㄱ), (50ㄴ)은 괄호 안에 있는 내용
을 가진 발화로 환원할 수 있다. 전형적인 간접인용 구조로 환원한
후의 발화를 보면, 선행절의 내용이 후행절 내용의 근거가 되는데
선·후행절 간의 실제적 의미 관계는 인과 관계, 조건 관계로 볼 수
있다. 즉, 이 유형의 '-다고' 구문에서 선행절의 내용이 후행절 내용의
근거가 될 수 있으나, 여기서 '근거'라는 것은 포괄적인 개념이며 딱
히 인과 관계에 한정되지 않는다. 또한, 이 경우에 쓰이는 '-다고' 구
문은 의미 표현에 모호한 면이 있다.

　(51) 배경 그림은 굉장히 성의가 없이 그려져 있어요. 저거는 뭐 화풍이
　　 이렇다고 (느끼니까) 얘기하기에는 너무 대충 그려진 그림이죠.

　위 (51)의 발화에서 '-다고'가 이끄는 내용은 화자의 생각으로 간주
할 수도 있고, 눈 앞에 보이는 현실 상황으로 볼 수도 있다. 이때
'-다고'가 이끄는 내용이 후행절의 근거가 되지만, 그 내용의 정체는

않도록 판단에 도움이 되는 '〈laughing〉'라는 표지를 그래도 남겨 둔다. 후술
에서도 마찬가지로 논의를 진행할 것이다.

알기 어렵다는 점이 있다.

'-다고'가 이끄는 내용이 생각, 느낌일 때 주어는 1인칭과 제일 어울리며[34], 이때 선·후행절의 주어는 일치해야 한다. 이는 화자가 자신의 생각, 느낌에 대해 제일 잘 알며 남의 생각, 느낌 등에 대해서는 직접적으로 알 수 없기 때문인 것으로 설명할 수 있다. 화자의 실제

---

34) 주어가 2, 3인칭인 발화의 경우, 21세기 세종 계획에서는 출현 빈도가 매우 낮았다. '-다고'가 결합된 발화의 내용이 화자의 가정이라면 2, 3인칭 주어도 자연스럽다. 다음과 같은 예를 통해 확인할 수 있다.

ㄱ. <u>돈이 없다고</u> 나한테 빌리면 난 돈이 없는데.
ㄴ. 만약 <u>철수가 돈 없다고</u> 나한테 빌리면 난 안 빌려 줄 건데.

또한, 말뭉치 분석 자료에서 다음과 같은 발화를 발견했다.

ㄱ. <u>잠시 기분이 상했다고</u> (해서/느껴서) 함부로 그런 말을 입 밖으로 내뱉을 수는 없다는 생각이 저절로 들겠지요? (맥락: 청자는 실제로 기분이 상했다)
ㄴ. 충동 구매 같은 경우 다시 말하면 감정적인 거나 <u>옷이 이쁘다고 (생각해서/해서)</u> 사거나 … (후략)

위의 (ㄱ)에서 '-다고'의 선행절 주어는 2인칭이다. '-다고'가 이끄는 내용은 문장 주어가 실제로 느꼈던 느낌이지만, '-다고' 구문의 전체적 발화 취지는 화자의 주장을 제기하기 위함이다. 후행절 내용이 현실 상황이 아니라는 점에서 이 절에서 논의하고자 하는 '-다고' 구문과 차별된다. 따라서 위의 (ㄱ)은 문법화된 '-다고 해서' 구문에 더 가까운 쓰임이라고 볼 수 있다. (ㄴ)은 전형적인 문법화된 '-다고 해서' 구문이다. 생각이나 느낌의 내용을 이끌어낼 때 내적 인용에 많이 쓰이는 인용술어 '생각하다, 느끼다' 대신 '하다'를 사용한다는 것 자체는 일종의 문법화로 볼 수 있을 것 같다. 실제의 생각이나 느낌을 나타내는 구문에 비해 문법화된 '-다고 해서'에 2, 3인칭 주어가 더 많이 쓰인다는 점을 고려하여, 생각의 내용이 후행절의 근거가 되는 '-다고' 구문에서 주어가 2, 3인칭인 쓰임은 1인칭인 쓰임보다 문법화 정도가 더 높다고 할 수 있겠다. 문법화된 '-다고 해서'에 대해서는 3.2.8절에서 상술할 것이다.

적 생각, 느낌 등이 후행절의 근거가 되는 '-다고' 구문은 주로 비격
식적인 상황에서 발화되며, '-다고'의 후행절 내용은 이미 일어난 사
건인 경우가 일반적이다.[35)

생각, 느낌을 나타내는 내용이 후행절의 원인이 될 때 선행절 주어
가 1인칭이면 후행절에는 의지나 명령을 나타내는 표현이 올 수 있지
만, 선행절 주어가 2, 3 인칭이면 후행절에서는 의지나 명령을 나타내
는 표현을 사용할 수 없다. 그러나 '-다고'에 연결되는 발화가 의지나
명령을 나타내는 상위 인용문을 갖고 있을 때, 선행절에서는 2, 3 인
칭 주어를 쓸 수 있다.

(52) ㄱ. <u>난 너무 무섭다고</u> 안 갈 거야.
     ㄱ'. <u>난 너무 무섭다고</u> 가지 마.
     ㄴ. <u>너무 무섭다고</u> 안 가겠다는 거야?
     ㄴ'. <u>너무 무섭다고</u> 가지 말라고?
     ㄷ. <u>너무 무섭다고</u> 안 가겠대?

----

35) 비격식적인 상황에서 쓰이는 이러한 구문은 근거, 조건을 나타나내는 문법화
    된 '-다고 해서'와 구별할 필요가 있다. '-다고 해서' 앞에도 생각의 내용이
    오는데, 이때 '-다고 해서'의 후행절 내용도 역식 화자의 생각으로 봐야 한다.
    생각의 내용을 이끄는 '-다고'도 역시 이러한 맥락에서 쓸 수 있으나, 이 절에
    서의 논의 대상은 비격식적인 발화 상황에서 화자가 과거나 발화 당시의 생
    각, 느낌 등을 근거로 삼을 때의 쓰임이다. 문법화된 '-다고 해서' 구문에서
    화자는 '-다고' 선행절의 내용을 근거로 후행절에서 나타나는 상황이 이루어
    진다는 명제에 대해 부정적인 태도를 갖는다. 이 절에서 논의하고자 하는 '-다
    고' 구문은 이러한 쓰임이 아니며, '<u>철수가 돈이 없다고</u> 나한테 빌리면 어떻
    게?'라는 발화처럼 '-다고'의 후행절에는 화자의 생각, 의지, 현실 상황 등 다
    양한 내용이 올 수 있다. 문법화된 '-다고 해서'와 중복된 기능의 '-다고'에
    대해서 본고는 '-다고 해서'의 언어 단순화 쓰임으로 보아 같은 문법 항목으로
    처리하고자 한다.

ㄷ'. <u>너무 무섭다고</u> 가지 말래?

　(52ㄱ), (52ㄱ')에서 '-다고'가 연결되는 선행절을 마치 화자가 청자에게 자신의 느낌을 알려주는 듯이 한 발화로 이해하면 두 문장이 성립될 수 있다. (52ㄴ), (52ㄴ')과 (52ㄷ), (52ㄷ')처럼 '-다고'가 이끄는 선행절이 인용한 발화의 일부일 경우에 후행절에서는 인용 형식의 의지 표현과 명령 표현을 쓸 수 있다.
　넷째, 현실 상황을 지시하는 내용이 후행절의 근거가 될 때 '-다고'는 사용될 수 있다.

　(53) ㄱ. 골목으로 들어갔는데 고 앞에서 한국통신 저기 있네. 그러니까 <u>한국통신이라고 안 써 있다고</u> 어~ 모르더라구요.
　　　 ㄴ. P1: <u>오늘 약속 깼다고</u> 삐졌구나.
　　　　　 P2: 어저께 밤부터 안 좋았습니다.

　(53)에서 '-다고'가 이끄는 내용은 화자가 인지하는 현실 상황이며 '-다고'는 간접인용 구조 '-고 하-'로 환원할 수 없다. 이 때 '-다고'의 선행절에서 나타나는 현실 상황은 화자가 인지하고 있는 상황이어야 하며 후행절의 내용도 마찬가지다. 이 경우에 '-다고' 앞에는 시제 선어말어미가 올 수 있다. 그리고 선·후행절에서는 인칭 사용 제약 및 인칭 일치 제약을 받지 않는다. 그러나 후행절에서 의지나 명령을 나타내는 표현을 사용하면 문장이 어색하게 된다.

　(54) ㄱ. *<u>돈이 없다고</u> 친구에게서 빌려보겠다./빌려볼 것이다.
　　　 ㄱ'. <u>돈이 없으니까</u> 친구에게서 빌려보겠다./빌려볼 것이다.
　　　 ㄴ. *<u>돈이 없다고</u> 빌려 주세요.

ㄴ'. <u>돈이 없으니까</u> 빌려 주세요.

ㄷ. *<u>눈이 왔다고</u> 조심하세요.

ㄷ'. <u>눈이 오니까</u> 조심하세요.

(54ㄱ), (54ㄷ)처럼 '-다고'가 이끄는 내용이 화자에게 사실로 인지
되는 현실 상황인 경우, 후행절에는 의지 표현이나 청유 표현, 명령
표현이 연결될 수 없다. 반면, 원인을 나타내는 '-니까'를 사용하면
이러한 통사적 제약이 없어진다. 이는 간접인용 표지 '-다고'는 화자
에게 확실한 사실을 나타내는 내용을 이끌어내고 있어도 '인용'과
'전달'이라는 의미 기능을 완전히 버리지 못해, '-니까'와 같이 완전
한 이유 표현으로 사용되기가 어려운 것과 관련된다.[36] 이는 또한
현실 상황의 내용을 이끄는 '-다고'는 문법화가 덜 된다는 것을 의미
하기도 한다. 말뭉치 분석 자료에서 아래의 (55)와 같은 발화도 발견
되었다.

(55) P1: 다음 주에 놀러가기로 한 거 있잖아, 이번 주에. 그러니 그걸
　　　생각하면 지금 비가 많이 난 더 내려 줬으면, 다음 주에 오지

---

36) 이금희(2015:126)에서는 '비가 온다고 우산을 가지고 [가세요/가자/갈게요].'
라는 예문을 제시한 바가 있다. 이 연구는 화자가 '-니까'에 연결되는 내용에
대해 확실한 사실로 판단하고, '-다고'에 연결되는 내용에 대해서는 중립적인
태도를 갖는다고 주장하였다. 그렇기 때문에 화자가 선행절의 내용을 '참'으
로 판단하지 못하는 상황에서 그것을 근거로 의지, 청유, 명령을 할 수 없다고
설명했다. 그러나 본고에서 제시한 예문 (53ㄱ), (54ㄷ)처럼 정신이 맑은 사람
이라면 자신이 길을 모른다는 것과 눈앞에 눈이 오고 있다는 것을 확실히 판
단할 수 있기 때문에, 화자가 '-다고'의 선행절에서 나타나는 현실 상황에 대
해 '참'으로 판단하지 않는다는 논의는 의심스럽다. 따라서 본고는 간접인용
표지 '-다고'가 '인용'이라는 기본 의미에서 '원인'을 나타내는 기능으로 문법
화 과정의 중간에 서 있다고 그 통사적 제약 현상을 설명하고자 한다.

말아야지.

P2: 지금 안 내린다고 다음 주에, <u>지금 내린다고 다음 주에 뭐~</u>
<u>안 오라는 법 있구</u>,⟨/laughing⟩.

P1: 그런 거 없지.

P2: <u>지금 안 온다고 다음 주에 오라는 법 있나?</u>

위 (55)의 발화 내용을 통해 대화가 일어났을 때 비가 오고 있다는
것을 알 수 있다. 그러므로 밑줄 친 부분에서 '-다고'가 이끄는 내용
은 '현실 상황'을 지시하는 내용이며 이 내용은 후행절의 근거가 된
다. 이때 후행절에서 명령형 간접인용 구문이 사용된다는 것을 '-라
고 하는'의 줄인 형태인 '-라는'을 통해 확인할 수 있다. 후행절에서
간접인용 형식의 명령문을 사용한다는 것은 '-다고'와 호응하기 위한
쓰임이라고 볼 수 있으며, 이는 '-다고'가 아직 간접인용 표지의 그림
자에서 완전히 벗어나지 못했다는 사실을 방증한다.

'원인'을 나타내는 '-다고'가 '-아/어서', '-(으)니까' 등 이유 표현
간의 의미 차이에 대한 논의로 강기진(1994/2005), 유명희(1997), 이
금희(2005), 서희정(2013)이 있다.[37] 이 논의들은 '-다고'의 선행절 내
용에 대한 화자의 태도에 초점을 두어 분석하였다. 그러나 본고는
앞에서 제시한 분석들이 단편적이라고 본다. '-다고'의 선행절 내용

---

37) 강기진(1994/2005:269~272)에서는 '-아/어서'를 직접적인 동기를 유발하는
'일차적 이유'로 보고, '-다고'를 간접적인 동기를 유발하는 '이차적 이유'로
봤다. 유명희(1997:164)에서는 '-아/어서'를 화자의 판단이 되는 '주관적 이유'
로 보고, '-다고'를 화자의 중립적 태도를 나타내는 '객관적 이유'로 간주했다.
이금희(2005:124~126), 서희정(2013:291)에서는 화자가 '-다고'의 선생절 내용
에 대해 '참'인지 '거짓'인지 판단을 내리지 않기 때문에, '-다고'가 이끄는 이
유는 후행절의 직접적인 원인으로 될 수 없다는 주장을 제기했다.

이 인용의 발화인 경우, 화자가 선행절 내용에 대해서 '참'이나 '거짓'인지 판단을 내리지 않는다는 중립적 태도를 갖는다고 볼 수 있으나, 선행절 내용이 자신의 생각이나 현실 상황인 경우, 이렇다고 설명하기는 무리가 있다. 화자가 자신의 생각 및 현실 상황에 대해 명확한 판단을 내릴 수 있기 때문이다. 따라서 본고는 선행 연구와 달리, '-다고'가 이끄는 선행절의 내용이 후행절 내용의 충분한 원인이 되는지에 초점을 두고자 한다. '-아/어서', '-(으)니까'가 이끄는 선행절의 내용을 후행절의 원인으로 삼아 발화할 때, 화자는 선·후행절의 인과관계에 대해 확신을 갖고 있는 반면, '-다고'로 발화할 때 '-다고'가 이끄는 선행절의 내용이 후행절 내용의 충분한 원인인지에 대해서는 덜 확신한다는 것이다. 다시 말해, 현실 상황에서 '-다고'가 이끄는 내용이 후행절 내용의 직접적이고 결정적인 원인이 될 수도 있고 그러지 않을 수도 있는데, 화자가 그 정보에 대해서 아직 판단을 내리지 못한다는 것이다.

(56) ㄱ. 미연이랑 약속 깼다며? 지금 오늘 약속 깼다고 우는 거야? 혹시 내가 잘못 건드려서 그런 것 아니지?
　　 ㄴ. P1: 왜 울어?
　　　　 P2: 오늘 미연이랑 약속 깼어.
　　　　 P1: 오늘 약속 깼으니 우는구나.

(56)에서 밑줄 친 발화들은 화자가 '-다고'의 선행절 내용이 '참'인 것을 알고 있는 상황에서 한 발화이다. (56ㄱ)에서는 화자가 발화 내용에 대해 회의적인 태도를 갖는다고 볼 수 있다. 즉, 청자가 우는 이유는 다른 이유가 있을 수도 있다고 생각하며, 약속을 깼다는 일은

청자가 우는 진정한 이유 혹은 충분한 이유인지에 대해 판단을 내리지 않았다는 것으로 볼 수 있다. 이에 비해 (56ㄴ)에서 사용한 '-으니까'는 선·후행절 내용의 인과관계에 화자가 확신을 갖고 있다는 태도를 나타낸다.

(57) ㄱ. <u>내가 뭘 도와줬다고</u> 선물까지 …
     ㄴ. <u>내가 뭘 도와줬는데</u> 선물까지 …
     ㄷ. <u>내가 도와준 게 없는데</u> 선물까지 …
     ㄹ. *<u>내가 도와준 게 없으니</u> 선물까지 …

(57ㄱ)의 경우, 화자는 자신이 한 행위에 대해 확실히 알고 있기 때문에 '-다고'가 이끄는 내용에 진위 판단을 내리지 않는다고 할 수 없다. (57ㄱ)은 화자의 발화 의도를 비슷하게 나타내는 (57ㄴ), (57ㄷ)으로 바꿔 발화할 수 있다. 이는 화자의 입장에서 (57ㄱ)에서 '-다고'가 이끄는 내용이 후행절 내용의 충분한 이유로 보기 어려운 까닭에 가능한 것으로 본다. 충분한 원인으로 믿는 '-(으)니까'를 사용하면 비문이 된다는 것은 이 추론을 방증한다.

b. 조건 표현
연결형 '-다고'는 선행절의 내용이 후행절의 조건이 되는 상황에서도 쓰인다.
첫째, '-다고'가 이끄는 내용이 선행 발화의 내용이며, 이 내용은 바로 후행절의 조건이 되는 경우가 있다.

(58) P1: 아니 근데 하기야 근데 남대문 거기 땅값이 비싸니깐 그럴 만두

하긴 한데 뭐~ <u>그렇다구</u> 맛이 특별한 거두 아니구. 그냥 먹을 만 해.

P2: 근데 외국사람들은 그래두 신기하다구 많이 먹드라구.

위 발화에서 '-다고' 앞에 오는 형용사 '그렇다'는 선행 발화에 나오는 '남대문 땅값이 비싸다'라는 내용을 지시하므로 '-다고'는 '간접 인용'의 의미 기능을 한다고 볼 수 있다. 한편, (58)의 밑줄 친 부분은 '그렇다고 해서', 또는 '그렇다면'으로 전환할 수 있기 때문에, '-다고' 는 조건 표현의 기능도 동시에 수행한다.

둘째, '-다고'는 실제로 일어난 발화가 아닌 가정의 내용을 이끌어 후행절의 조건을 제시할 수 있다.

(59) 그게, 써버 관리자가 단지 <u>컴퓨터만 잘 한다고</u> 되는 게 아니라, 전체적인 윤곽을 거의 씨유에 가까워.

(59)에서 '-다고'는 '-다고 하면'으로 바꿔 발화할 수 있기 때문에 '-다고'가 이끄는 선행절 내용은 가정의 내용으로 봐야 한다. 현실 발화에서 '-다고'가 조건을 표현할 때 '-다고 해서'로 발화하는 경우가 적지 않은데 후술에서 분석할 '-다고 해서'의 쓰임과 중복되므로 이에 대한 논의는 3.2.8절을 참고한다.

c. 목적, 의도 표현

문법화된 '-다고'는 상위절 주어의 목적이나 의도를 표현할 수 있다. 이때 '-다고'는 동사에만 연결될 수 있다.

(60) ㄱ. <u>방언 치료를 하겠다고</u> 오는 사람은 한 번도 본 적은 없어요.
ㄴ. 내가 그 다음날 <u>이쁘게 보인다고</u> 일부러 파마까지 하고 왔는데.

위의 (60)에서 '-다고'는 '목적', '의도'를 나타내는 내용에 연결되며 '-려고'와 비슷한 의미 기능을 갖는다.[38] (60ㄱ)에서는 물론 '-다고'의 상위절 주어가 선행 내용의 발화를 하고 후행절의 행동을 한다는 것으로 이해할 수 있지만, (60ㄴ)에서는 '-다고'가 이끄는 내용을 화자의 의도로 봐야 한다. 주목할 만한 것은 (60ㄴ)에서 밑줄 친 부분을 '이쁘게 보이겠다고 생각해서'로 환원할 수 있으나 실제 발화에서는 의지를 나타내는 '-겠'이 탈락되었다는 것이다. 이것으로 미루어, 간접인용 표지 '-다고'가 목적이나 의도를 나타내는 것은 '-겠'의 탈락과 크게 관련된다고 추정된다.[39] 따라서 목적을 나타내는 '-다고'

---

38) 관련된 선행 연구들은 주로 문법화된 '-다고'의 원인, 이유 표현 기능에 접근하여 논의했다. 그러나 구어 말뭉치에서 (60)과 같은 발화들이 찾아지면서 '-다고'가 목적, 의도 표현 기능도 수행할 수 있다는 사실은 발견하게 되었다. 이에 관련하여 채숙희(2011)에서는 목적을 나타내는 '-겠다고'를 하나의 기능 단위로 간주하고, '-겠다고'가 목적을 표현할 수 있다는 것은 역시 '-겠' 덕분이라고 보았다. 본고는 이 연구와 달리, 문법화된 '-다고' 자체가 목적, 의도 표현 기능을 지닌다고 주장한다.

39) 서정희(2013ㄱ:304)에서는 다음의 '이유/목적'을 나타내는 '-다고' 구문들을 '근거 부정'을 나타내는 인용구문으로 처리했고, 근거 부정문에 쓰이는 '-다고'는 '-다고 해서'로 대체할 수 있다고 주장했다.

예) ㄱ. 일을 한<u>다고 (해서)</u> 조금밖에 못 자지는 {마라/말자}.
ㄴ. 제사상을 차린<u>다고 (해서)</u> 새벽부터 장을 돌아다니지는 {마라/말자}.

그러나 21세기 세종 계획 구어 자료에서는 '-다고 해서'가 '목적'을 나타내는 선행절을 이끄는 쓰임을 찾지 못했다. 서희정(2013ㄱ)에서 추출한 위 예문들은 실제적 언어 자료에 근거하여 제시한 것이 아니므로 '-다고 해서'의 일반적 쓰임으로 보기 어렵다.

앞에는 미래를 나타내는 선어말어미 '-겠'이 올 수도 있으며[40) 선행절은 인칭 사용의 제한도 받지 않는다. 단, 목적, 의도를 표현할 때 선·후행절의 주어는 일치해야 한다.

2) 종결형 '-다고'

종결형 '-다고'는 주로 일상적 구어 대화에서 발견되며 아랫사람이나 친한 사이의 사람에게 많이 쓰인다. 종결형 '-다고'의 의미·기능은 대체로 '강조'라고 개괄할 수 있다. 그러나 맥락에 따라 '강조' 기능을 토대로 다른 화용적 기능도 할 수 있다. 구체적인 쓰임은 다음과 같이 정리할 수 있다.

a. 대답하기

상대방이 자신이 한 발화를 잘못 들었을 때 혹은 기존의 발화 내용을 확인할 때 화자가 '-다고'로 이미 한 발화를 다시 말하여 대답할 수 있다. 이때 이미 한 발화를 그대로 반복하거나 같은 의미의 다른 발화로 대답할 수 있다. 또한, 종결형 '-다고' 구문은 억양에 따라 강조 효과도 나타낼 수 있다.

---

40) 한국어에서 목적이나 의도를 나타내는 '-려고'는 시제를 나타내는 선어말어미와 결합되지 못한다는 통사적 제한을 받는 반면, '-다고'는 (60ㄱ)의 쓰임처럼 미래 시제 선어말어미 '-겠'과 잘 어울린다. 이는 '-다고'가 (60ㄱ)에서 밑줄 친 발화는 인용의 발화로 볼 수 있기 때문인 것이다. 말뭉치 자료를 분석하는 과정에서 목적이나 의도를 나타내는 '-다고' 앞에 '-겠'이 연결되지 않는 사례는 찾아냈지만, 빈도수가 높지 않기 때문에 이 쓰임의 통사적 특징에 대해 더 면밀하게 고찰하고자 하면 더 큰 규모의 말뭉치 구축을 통해 진행해야 할 것이다.

(61) ㄱ. P1: 인상되면 인상분 내야 돼.

P2: 뭐?

P1: <u>인상되면 인상분 내야 된다고.</u>

ㄴ. (직원이 물과 음료를 갖다 줌.)

P1: 고맙습니다.

P2: 홀수는 안 먹어.

P3: 홀수 홀수요?

P1: 홀수를 안 먹는다니?

P2: 음? <u>한 개만 줬다구.</u>

P3: 음?

P2: <u>한 개만 줬다구, 두 개 안 주구.</u>

P3: 아~.

(61ㄱ)은 청자가 화자의 발화를 확인하는 질문에 화자가 이미 한 발화를 그대로 다시 말하여 대답해 주는 상황이다. (61ㄴ)은 화자 P3 이 화자 P2의 발화를 이해하지 못하여 화자 P2가 이미 한 발화를 다른 형식으로 반복하여 대답해 주는 상황이다. 격식적인 상황에서 는 주로 인용술어를 유지하여 높인 표현으로 발화하는데, 비격식적 인 상황에서는 인용술어가 보통 생략된다. 인용술어의 생략 및 유지 는 상대 높임의 필요성에 크게 관련된다.

'반복하기' 기능의 '-다고'는 일종의 강조적 쓰임으로 볼 수 있다. 이 기능의 '-다고' 구문은 문법적으로 '-고 하-' 구조로 환원할 수 있 으나, 환원하게 되면 강조 의미가 사라지게 된다.41) 따라서 '-다고'의

---

41) 채영희(1991)에서는 원발화를 간접인용 구문으로 전환할 때 원발화에서 나타 나는 감정이 중화된다는 현상이 있음을 밝혔다. 한편, 본고에서는 인용술어를 보유하는 발화는 억양을 통해 강조를 실현할 수 있는데, 억양을 판단하기 힘

'강조' 기능은 문법화가 일어난 후 획득하게 된 것으로 판단할 수 있다.

b. 강조하기

비격식적인 상황에서 '-다고'는 발화 내용을 강조하는 기능을 할 수 있다. 친한 사이의 윗사람에게 '-다고요'로 발화할 수 있다.

우선, 이미 한 발화를 반복해서 발화할 때 쓰이는 '-다고'는 '강조'를 나타낼 수 있다.[42] 이때 강조의 의미를 유지하기 위해 '-다고'는 '-고 하-' 구조로 환원할 수 없다.

(62) ㄱ. 배신 <u>때렸어</u>. 미미 언니 배신 <u>때렸다구</u>.
　　　ㄴ. <u>완전 고문관</u>. 이얌. <u>고문관 된다구</u>.

위 (62)에서 '-다고'는 이미 한 발화 내용에 대한 반복을 통해 강조를 나타낸다. 실제 발화 상황에는 아래 (63)처럼 이미 한 발화에 대해 보충 설명을 하는 식으로 발화하는 경우도 있는데, 이는 정보에 대한 반복으로 볼 수 있다.

(63) P1: 아니 기능하구 필기는 한 번에 다 딸 수 있을 거야 웬만하면은.
　　　P2: 응.
　　　P1: 다 나이가 젊으면. 도로 주행은 이게 운대가 정말 〈laughing〉

든 상황에서는 발화 행위 자체에 대한 강조 및 발화 내용에 대한 강조의 중의적인 의미를 나타낼 수 있다는 현상을 발견했다. 이와 달리, 인용술어 없이 발화하면 발화 내용에 대해서만 강조하기가 가능하다.
42) '대답하기' 기능에서의 '반복'이 수동적인 발화이고, '강조하기' 기능에서의 '반복'이 주동적인 발화라는 점에서 두 유형은 차별된다.

맞아야 돼 그거는. 운대. 왜냐면은 차가 갑자기 이케~ <u>딱 나</u>
<u>옆으루 보면 옆으로 차가 딱 나오구 그러면 잘 하구 있다가</u>
<u>당황을 한다구.</u>

위의 (63)에서 밑줄 친 부분은 화자의 관점을 강조하여 표현하는
발화로 볼 수 있다. 인용표지의 강조적 쓰임은 전형적인 간접인용
구문으로 발화된 발화를 다시 한 번 말하면서 언어 단순화로 인용술
어를 탈락시키는 과정에서 형성된 것으로 추측된다. 문법화 정도가
높아짐에 따라 반복을 하지 않더라도 직접 발화 내용에 인용표지만
붙여도 강조를 표현할 수 있게 된 것이라고 추정된다. 따라서 아래의
(64)와 같이, 답답한 상황, 우울한 상황, 어이없는 상황 등 불쾌한 상
황을 얘기할 때 화자가 '-다고'를 강조어로 사용하여 자신의 감정을
강조하여 발화할 수 있다.[43]

(64) ㄱ. 아니 자기가 가슴에 묻어두고서는 그렇게 뭐 어, 갈굼이 심했
        으면은 나한테 직접 얘기를 하던가. 왜 사람들 많은 앞에서 울
        어 가지고 딴 애들까지 막. <u>너무 했다고 너무했다고</u> (생각했
        어). 매장 당했잖아.
     ㄴ. 근데 너 왜 그래? 아무 말도 없어. 되게 답답해. 말을 잘 안
        해. <u>근데 나는 솔직히 되게 답답하다구</u> (느꼈어), 무슨 말을 해

---

43) '강조'를 나타내는 '-다고'는 긍정적인 상황에도 쓸 수 있는데, 일상대화에서
    부정적인 상황에서의 쓰임이 훨씬 더 높은 빈도로 나타났기 때문에 여기서는
    불쾌한 상황에서 쓰이는 '-다고'를 위주로 제시하여 분석하기로 한다. 박영숙
    (2011:42-43)에서도 드라마 대본을 활용하여 분석했는데, 우호적인 상황에 쓰
    이는 종결형 '-다고'를 인용술어가 생략되는 발화 단순화 현상으로 보고, 비우
    호적인 상황에 쓰이는 종결형 '-다고'의 의미 기능을 '빈정거리기'와 '변명하
    기'로 분석하였다.

줘야지 말도 안 하구 니가 그러면 <u>나 되게 답답하다구.</u>

(64ㄱ)에서 '-다고'의 선행절 주어가 3인칭이지만, 문장 주어는 1인칭이다. 이때 '-다고'가 이끄는 내용은 화자 자신의 생각으로 봐야 한다. (64ㄱ)에서 '-다고'는 인용 구조 '-다고 생각하다'로 환원할 수 있다. (64ㄴ)에서 두 문장의 '-다고'는 같은 의미 기능을 하고 있지만 첫 번째 문장의 '-다고'만 '-다고 느끼다'로 환원할 수 있다. 아래 (65)처럼 간접인용 구조로 환원할 수 없는 쓰임도 있다.

(65) ㄱ. P1: 바보야! <u>머 그냥 요즘에 잠이 안 온다구!</u>
　　　 P2: 하긴.
　　　 P1: 말을 어떻게 알아듣나?
　　 ㄴ. P1: 나한테도 그러더라 울면서.
　　　 P2: 음.
　　　 P1: 오빠 욕하지 말라구.
　　　 P2: 못 알아들어.
　　　 P2: 누가 욕한데, 오빤 오빤. 아니 그게 아니구요.
　　　 P2: 〈vocal desc="웃음"/〉 욕하는 것도 싫은 게야. 당연히 싫지. 누가 내 오빠한테 말 함부로 얘기해 봐, <u>나 거의 도끼 든다고.</u>

(65ㄱ)의 실제 맥락은 청자의 질문에 대한 대답이 아니라 화자가 스스로 한 불쾌한 기분이 담겨 있는 발화이다. (65ㄱ)의 밑줄 친 부분에서 화자가 짜증이 난다는 기분이 나타난다. (65ㄴ)에서도 화자 P2가 불쾌한 상황을 가정하고 그 상황에서 자신의 기분을 강조하여 표현하고 있다. 이처럼 선행절 내용이 현실 상황이든 가정 상황이든, 또는 화자의 생각이나 느낌이든 '-다고' 구문은 화자의 감정을 적극적으로 표현할 수 있다.

셋째, 아래 (66)과 같이 화자가 자신의 생각을 가볍게 알려줄 때 종결형 '-다고'를 사용하기도 한다.[44] 이때 '-다고'가 연결되는 발화에서 나타나는 화자의 감정은 첫 번째 상황에 비해 덜 강하다는 느낌이 든다. 이 경우에도 '-다고'가 이끄는 발화는 간접인용 구조 '-고 하-'로 환원할 수 없다.

(66) ㄱ. 학교에 꽃 들고 온 거는 제대한 날. 음 제대한 날 그랬고, 꼭 <u>그렇게 하고 싶었다고.</u>
　　 ㄴ. P1: *그까, 진짜 사람이 없어 혼자서 다니잖아.*⟨/laughing⟩
　　　　 P2: *어, 맞어.*
　　　　 P1: *그럼* ⟨/unclear⟩<u>*솔직히, 그런 생각 든다고.*</u> *아 이거 애인이라도 있으면 …* (후략)

(66)에서 밑줄 친 발화들은 각각 '꼭 그렇게 하고 싶거든', '솔직히, 그런 생각 들거든'으로 바꿔 발화할 수도 있다. 그러나 '-다고'는 간접적인 의미를 띠기 때문에 자신의 생각을 직접적으로 상대방에게 알려줄 때 사용하는 '-거든(요)'에 비해 말투를 더 가볍고 부드럽게 만드는 효과가 있다.

----

44) 구어 자료에 대해 분석할 때, 생각을 가볍게 알려줄 때 발화하게 된 '-다고' 구문은 맥락에 의해서 판단하기 어려웠다. '-다고'의 선행절 내용을 따로 추출하여 분석할 때 화자의 중립적인 태도를 나타낸다면, 이 발화에 쓰이는 '-다고'의 의미 기능을 화자의 생각을 가볍게 전달한다는 것으로 판단하였다. 그러나 현실 발화 상황에서는 억양도 의미 전달에 중요한 역할을 한다. 21세기 계획 구어 자료에서는 일부의 억양 정보를 제공했으나 '-다고' 구문의 이 기능에 대한 분석에는 정보가 역시 부족하다고 본다. 따라서 화자의 생각을 가볍게 전달하는 기능을 수행하는 '-다고'에 대한 분석은 실제적 음성 언어 자료를 활용하여 보완할 필요가 있다.

넷째, '-다고'가 의문사와 함께 쓰여 반문 형식의 평서문[45]을 만들어 부정 표현 대신 사용하는 상황이 있다. 이때 '-다고'가 이끄는 발화는 간접인용 구조 '-고 하-'로 환원할 수 없다.

(67) ㄱ. P1: 다음에 바다를 대비하야 열심히 운동을 할려구 그랬드니
　　　　　또 안 돼.
　　　　P2: 뭐 운동을 해. <u>보여줄 사람 누가 있다구.</u>
　　ㄴ. <u>지가 잘나면 얼마나 잘났다구.</u>

(67)의 두 발화는 '-다고'의 반어적 쓰임을 보여주고 있다. (67ㄱ)에서 화자가 농담하는 식으로 '보여줄 사람이 없다'라는 뜻을 표현하고 있다. (67ㄴ)은 화자의 미워하는 감정을 드러내면서 반어의 방식으로 '잘난 것 없다'라는 의미를 표현하고 있다. 비격식적인 발화 상황에서 '자랑', '빈정거리기', '겸손' 등을 표현하는 '-다고' 구문의 이러한 반어적 쓰임을 찾아냈다.

다섯째, 현실 상황이 생각했던 것과 다르다는 것임을 깨달을 때 쓰이는 '-다고'가 있다. 이때 '-다고'가 이끄는 발화는 간접인용 구조 '-고 하-'로 환원할 수 없다.

(68) P1: 저는 이번에 이소라 콘서트를 가고 가 보고 싶었는데요.
　　P2: 아 <u>난 또 갔다구.</u>⟨/laughing⟩
　　P1: 경기도문화회관에서 한다구.
　　P2: 아 수원.

---

45) 여기서 '반문 형식의 평서문'이라고 명명하는 이유는 문장 중 의문사가 포함되지만 실제로 발화할 때 억양은 의문문에 항상 쓰이는 '올림' 억양이 아니라 '내림' 억양으로 실현되기 때문이다.

P1: 어딘지 몰라 가지구. 못 갔습니다.

위 (68)의 대화를 통해 화자 P1이 장소를 모르기 때문에 콘서트를 못 갔다는 사실을 알 수 있다. (68)에서 밑줄 친 발화는 '콘서트 또 간 줄 알았어'라는 뜻으로 이해할 수 있다. '-다고' 구문의 이러한 쓰임은 주로 비격식적인 상황에서 일어나며, '나+또+v./adj+-다고'와 같은 문장 구조를 갖는다.

c. 확인하기

선행 발화의 내용에 대해 확인할 때 종결형 '-다고'로 발화하는 경우가 있다. 이때 '-다고'의 선행절 내용은 화자가 이미 인지하고 있는 구정보이어야 하며, '-다고' 구문의 문장 구조는 '피인용문+-다고'로 볼 수 있다. '확인하기' 기능의 '-다고'는 주로 비격식적인 상황에서 쓰이며, 친한 사이의 윗사람에게 사용하면 존대를 나타내는 '-요'를 붙여 발화해야 한다.

첫째, 상대방의 발화를 잘못 들었을 때 그 발화 내용에 대해 다시 물어보는 종결형 '-다고'를 사용하는 경우가 있다.

(69) P1: 아 배 고파. 아 배 고프면 안 되는데.
    P2: <u>뭐가 안 된다구 (말했어)</u>?
    P1: 배고프면 안 된다고.⟨/laughing⟩

(69)에서 밑줄 친 발화는 화자 P2가 P1이 한 발화를 잘못 들었을 때 발화 내용을 물어볼 때 한 발화이다. 원발화는 간접인용 구조 '-고 하-'로 환원하여 발화할 수 있기 때문에 '-다고'의 이러한 종결형 쓰

임은 발화의 단순화 현상으로 볼 수도 있다. 그러나 일상대화에서 확인 의문문에 쓰이는 '-다고'는 그 쓰임이 이미 정착된 듯이 빈번하게 나타난다. 종결형 '-다고'의 이러한 쓰임은 인용술어가 탈락되면서 인용술어와 후행 요소의 의미가 간접인용 표지 '-다고'로 전이하게 되어 형성하는 것으로 설명할 수 있을 것이다.

둘째, 기존의 발화 내용에 대해 직접적으로 혹은 간접적으로 인지 정보를 갖고 그 발화의 내용에 대해 확인할 때 종결형 '-다고'로 발화할 수 있다.

(70) ㄱ. P1: <u>걔 연하는 안 사겨.</u>
　　　P2: 아 저거 뭐야 너랑 동갑이야? 어?
　　　P1: 뭐 나랑 동갑이야?
　　　P2: 그럼? 아직 사귄단 말 안 했어 〈laughing〉아휴 참.
　　　P1: 충격적인 언사를 들었어 어제께.
　　　P2: 왜?〈laughing〉너무 <u>어리다구</u>?〈/laughing〉
　　ㄴ. P1: 어제 민준이한테 전화 왔었어.
　　　P2: <u>못 간다구?</u>
　　　P1: 어.

확인할 때 한 발화는 반드시 기존의 발화를 온전하게 인용하는 것이 아니라 화자가 자신의 생각이나 이해를 첨가하여 발화할 수 있다. (70ㄱ)에서 화자 P2는 P1이 알려준 기존 정보를 근거로 하여 다른 사람이 한 발화 내용을 추측해서 확인하고 있다. (70ㄴ)에서 화자 P2가 한 발화는 화자 P1의 발화에서 언급한 민준이라는 친구가 전화에서 한 발화 내용에 대한 확인의 내용으로 이해할 수 있다. 화자 P2가 민준이가 할 발화에 대해 기존의 인지 정보를 갖고 있어야 발화가 자연스럽게 느껴진다. 이처럼, 발화 내용 확인에 쓰이는 '-다고'는 구 정보에 해당하는 발화 내용만을 이끌 수 있다는 의미적 특징을 갖고 있다.

셋째, 아래 (71ㄱ), (71ㄴ)과 같이 상대방이 한 발화에 놀라거나 못 믿는 경우, 그 발화를 반복해서 물어볼 때 종결형 '-다고'로 발화할 수 있다.

(71) ㄱ. P1: 안에 있는 시설하구 다 옮겼잖아.
　　　　P2: <u>옮겼다구?</u>
　　　　P3: 어 안에 있는 소장품을 다 옮겨갔어.
　　　ㄴ. P1: 현진도 <u>이거 못 먹고</u>, 나가는 게 낫다.
　　　　P2: 현진 씨 이거 못 먹어?
　　　　P3: <u>안 먹는다구?</u>

말뭉치 구어 자료를 분석할 때 '-다고' 구문이 상대방의 발화 내용을 확인하면서 '질책하기', '따지기'의 의미를 나타낼 수 있다는 사실도 발견하게 되었는데, 맥락에 따른 다양한 쓰임은 모두 '확인하기' 기능을 토대로 확장된 된 것이라고 본다.

확인 의미의 발화는 간접인용 구조 '-고 하-'로 환원하면 중의적인 문장이 된다. 인용술어를 붙여 발화하게 되면 문장 의미는 발화 내용에 대한 확인으로 볼 수도 있고, 상대방이 그 발화 행위를 했는지에 대한 확인으로 이해할 수도 있기 때문이다.

d. 맞장구 치기

'-다고'가 이끄는 발화는 인용의 내용으로 볼 수 없고 상대방의 발화에 적절한 반응을 보여주기 위한 발화로 볼 수 있는 경우가 있다. 이때 발화의 기능을 '맞장구 치기'로 규정하고자 한다.[46)]

(72) ㄱ. P1: 바보같은 짓이야.
      P2: 응. <u>그랬다구</u>.
    ㄴ. P1: 그 그거는 좀 근데 우리나라는 너무 이케,
      P2: 아 <u>부풀린다고</u>.
      P1: 너무 만만하게 보면서 부풀리는 거 같애.

(72ㄱ)에서 화자 P2가 한 발화는 상대방이 한 발화를 인용하기보다 상대방의 발화에 적절하게 맞장구를 치는 것으로 볼 수 있다. (72ㄴ)에서 화자 P2가 한 발화는 상대방의 생각을 잘 이해하고 미리 화자 P1이 하고자 하는 말을 예측하여 한 발화이며, 이 경우도 역시 맞장구를 친다는 전략으로 간주할 수 있다.

'맞장구 치기' 기능은 '강조' 기능이 특정한 발화 상황에서 얻게 된 특정한 담화 기능을 나타내는 것이므로, 이 유형의 '-다고' 구문은 근원적으로 '강조' 기능의 '-다고' 구문으로 봐야 한다. 이때 '-다고'는 간접인용 구조 '-고 하-'로 환원할 수 없으며, 비격식적인 상황에서만

---

46) '맞장구 치기' 기능과 '대답하기' 기능의 '-다고' 구문은 상대방의 질문을 대답하기 위해 한 발화여부라는 점에서 발화 목적의 차이를 갖는다. '대답하기' 기능의 '-다고' 구문은 상대방의 질문을 대답하기 위해 한 발화이다. 물론 아래에서 제시한 상황과 같이 상대방의 공감을 얻기 위한 질문에 대답하는 경우도 있으나, 그 질문의 발화 의도는 답을 구하기 위한 것이 아니기 때문에 일반적인 의문문과 구별할 필요가 있다.

예) P1: 그 사람 진짜 너무 짜증나. 그치?
    P2: 그렇다고.

116

발화된다. 그리고 이 경우에 '-다고'는 상대 높임을 나타낼 수 없기 때문에 윗사람에게 쓸 수 없다.

3.2.2. '-(이)라고'

이 절에서는 언어 단순화로 인용술어를 생략하는 '-(이)라고' 구문이 아닌 구문들을 분석 대상으로 삼고자 한다. 문법화된 '-(이)라고'는 주로 비격식적인 구어에서 사용되며, 여러 쓰임 중에서 '-다고'의 이형태로 볼 수 있는 것도 있고 볼 수 없는 것도 있다. 문법화된 '-(이)라고' 구문의 사용 양상 및 의미 기능은 다음과 같이 정리할 수 있다.

1) 연결형 '-(이)라고'

'-(이)라고'는 연결어미처럼 쓰이는 상황이 있는데 '-다고'와 비슷하게 원인 및 조건 표현의 기능을 할 수 있다.

a. 이유 표현

첫째, 아래 (73)처럼 '-(이)라고'가 연결되는 내용은 후행절의 원인 및 근거가 되는 상황이 있는데 이 때 '-(이)라고'가 인용의 맥락에 쓰여 선·후행절의 내용은 모두 인용한 발화 중의 일부분이다. (73)에서 '-(이)라고'는 같은 기능을 하는 '-다고'의 이형태로 볼 수 있다.

> (73) 왜 내가 왜 이 얘기를 해야 되는지 쫌 이해가 안 되는데 제가 김제열 선생님 쪼금 그~ <u>학생들이 오해를 할 수도 있었을 거라구,</u> 쫌 어~ 저기~ 객관적인 입장에서 들었을 때 어~ 그런 소지가 있는

<u>거 같다구</u> 말씀을 하셔서 … (후략)

둘째, '-(이)라고'가 발화의 내용을 이끌어내어 후행절 내용의 근거를 제시할 수 있다. 이때 후행절 내용은 현실 상황을 나타내고 있다. 이러한 쓰임도 대응 기능을 하는 '-다고'의 이형태로 볼 수 있다.

(74) ㄱ. 지금도 지금 해외여행 가 있는 애 있잖아요? <u>방학이라구</u> 기분이 <u>우울하다고</u> 갔어요 그리스에.
　　ㄴ. P1: 가서 <u>불량품이라구</u> 바꿔,
　　　　P2: 야 이거 〈unclear〉 못 바꿔.

(74ㄱ)에서 밑줄 친 부분은 화자가 인용한 타인의 발화 내용이며, 이 발화 내용은 문장에서 후행절 내용의 이유가 된다. (74ㄴ)에서 '-(이)라고'가 연결되는 내용은 실제로 일어난 발화가 아니라 화자가 청자에게 가르쳐 주고자 하는 발화이다. 이때 화자는 제품이 불량품인 이유를 교환을 받을 수 있다는 충분한 이유로 믿기 때문에 '-(이)라고'가 이끄는 이유에 명령문을 사용한 것으로 이해할 수 있다. 이렇듯, '-(이)라고'가 이끄는 원인의 내용이 발화일 때 후행절에서는 인칭 사용의 제약, 명령문이나 청유문 사용의 제약을 받지 않는다.
　셋째, '-(이)라고'가 생각의 내용을 이끌어 원인이나 근거를 제시하는 경우가 있다. 이 쓰임의 '-(이)라고'는 대응 기능을 하는 '-다고'의 이형태가 된다.

(75) ㄱ. P1: 그 누나를. 어 절에서 친구로 만났지.
　　　　P2: 그러면 연결 잘 안 된다. 애초에 <u>친구라고</u> 못박아 놓고 사귀 만나면.

P1: 응 아이 뭐~ 오빠 혼자 좋아한 거지.

ㄴ. P1: 다른 데서는 선배들 취급만 받고, 되게, 그렇잖아

P2: 응.

P1: 근데 가면은 복학생들두 있구,⟨/laughing⟩

P2: 아,⟨/laughing⟩

P1: 다 <u>후배라고</u> 막 <u>밥 사</u> 달라고 막 <u>그러면</u> … (후략)

위의 (75ㄱ)에서 '-(이)라고'가 연결되는 내용은 실제로 일어난 발화가 아니라 화자의 생각이다. (75ㄴ)에서 '-(이)라고'가 이끄는 내용은 가정 상황에서 일어날 발화이므로 '-(이)라고' 선행절의 내용은 역시 화자의 생각으로 간주할 수 있다. 두 발화에서 '-(이)라고'가 이끄는 내용은 후행절 내용의 근거가 된다. 이 기능의 '-(이)라고'가 '-(이)라고 하니까'의 융합 형태라면 후행절에는 명령이나 청유를 나타내는 표현이 올 수 있다.

b. 조건 표현

연결형 '-다고'의 조건 표현 기능에 대응하여, '-(이)라고'는 '이다' 정언문에 쓰여 후행절 내용의 근거나 조건을 제시할 수 있다. 이때 '-(이)라고'는 단일 형태로 나타날 수도 있고 '-(이)라고 해서'의 복합 형태로 나타날 수도 있다. 이러한 쓰임은 격식적, 비격식적 상황에서 모두 일어날 수 있다.

(76) ㄱ. <u>표집이라구 해서</u> 거기 샘플링이 나와 있죠? 근까 표본을 뽑는 과정이 바로 샘플링이에요.

ㄴ. 얘는 이제 오쩜일 <u>채널이라고 해서</u> 영화처럼 채널이 다섯 개죠.

위 (76)에서 '-(이)라고 해서'가 이끄는 명사절47)은 후행 발화 내용의 근거가 된다. '-(이)라고'의 이러한 쓰임은 후술에서 논의할 문법화된 '-라고 해서'와 중복되므로 상세한 분석은 3.2.8을 참고한다.

c. 특정 대상 부각시키기

비격식적인 발화 상황에서 '-(이)라고'는 전형적인 간접인용 구문에서의 특정 대상 지시 기능을 유지하여 인용술어가 없어도 특정한 대상을 부각시키는 기능을 할 수 있다.

(77) ㄱ. 저 초등학교 때 애가 동창애가 어렸을 때 <u>금연민이라구</u> 되게 유명했거든요.

　　ㄱ'. 저 초등학교 때 애가 동창애가 어렸을 때 <u>금연민이라고 하는 애가</u> 되게 유명했거든요.

　　ㄱ" 저 초등학교 때 애가 동창애가 어렸을 때 <u>금연민이</u> 되게 유명했거든요.

　　ㄴ. 중학교 때 우리 중학교 때는 <u>국토 순례라고</u> 방학마다, 거~ 뭐지~? 우리 답사 가는 거처럼.

　　ㄴ' 중학교 때 우리 중학교 때는 <u>국토 순례라고 하는 것을 한다</u> 방학마다, 거~ 뭐지~? 우리 답사 가는 거처럼.

　　ㄴ". 중학교 때 우리 중학교 때는 <u>국토 순례를 한다</u> 방학마다, 거~ 뭐지~? 우리 답사 가는 거처럼.

위의 (77ㄱ), (77ㄴ)에서 '-(이)라고'는 선행어를 부각시키는, 또한

---

47) 여기서 '명사절'이라고 제시하는 이유는 두 예문에서 '-(이)라고'의 선행절은 명사가 아니라, 각각 '표집이다', '채널이다'라는 서술성을 지닌 정언문이기 때문이다.

강조하는 기능을 한다. (77ㄱ), (77ㄴ)에서 밑줄 친 부분은 (77ㄱ"),
(77ㄴ"), (77ㄱ'), (77ㄴ')으로 발화하면 문법에 맞는 발화가 된다. (77
ㄱ'), (77ㄴ')은 (77ㄱ"), (77ㄴ")에 비해 강조 효과가 있는 발화로 볼
수 있다. (77ㄱ')에서 인용술어 및 이에 연결되는 부분이 탈락되면서
간접인용 표지 '-(이)라고'는 인용 구조의 특정한 대상을 지시하는
기능 및 주격 조사의 기능을 모두 획득하게 되어 (77ㄱ)과 같이
발화하게 된 것이다. (77ㄴ)도 마찬가지로 (77ㄴ')에서 인용술어 및
이에 연결되는 관형사 어미, 서술어 부분이 모두 탈락되면서 인용표
지 '-(이)라고'는 특정한 대상을 지시하면서 서술어의 기능도 같이
한다. 이렇듯 특정한 대상을 부각시켜 주는 '-(이)라고'는 문법화가
일어났는데, 일정한 형태를 가지지 못하고 명확한 통사적, 의미적
특징도 형성하지 못했기 때문에 아직 문법화 과정을 밟고 있다고
볼 수 있다.

2) 종결형 '-(이)라고'

종결형 '-(이)라고'의 의미 기능도 '-다고'처럼 '강조'로 개괄할 수
있다. 종결형'-(이)라고'의 의미 기능 및 사용 양상은 다음과 같이 밝
힐 수 있다.

a. 대답하기

'-다고'의 이형태로서 상대방이 자신의 발화를 잘못 듣고 그 발화
내용을 다시 한 번 발화하여 대답할 때 종결형 '-(이)라고'는 사용될
수 있다. 아래 (78)처럼 '-(이)라고'로 이미 발화한 내용을 반복해서
발화는 것은 일종의 강조적 쓰임으로 볼 수도 있다. 이럴 때 '-(이)라

고'는 인용구조 '-고 하-'로 환원할 수 있으나, 환원하게 되면 강조 의미가 사라진다.

(78) P1: 뭐라고?
　　 P2: 무용티. 세현이 무용티라고.

아래 (79)는 상대방의 질문에 '-(이)라고'로 대답하는 발화이며, 강조로 보기 어렵다. 이 경우에는 '-(이)라고'가 이끄는 내용은 기존의 발화 내용을 반복해서 한 것이 아니라 신정보이기에 '-(이)라고'는 간접인용 구조 '-고 하-'로 환원할 수 없다.

(79) P1: 근데, 어제 같이 만나는 애가 있거든.
　　 P2: 누구?
　　 P3: 혜은이라구.

'-(이)라고' 구문으로 상대방의 질문에 대답하는 경우는 비격식적인 상황에서만 사용하기가 가능하며, 윗사람에게 사용하면 실례가 될 수 있다. 단, 대화 참여자들이 친한 사이인 경우, '-(이)라고요'로 발화하는 것도 가능하다.

b. 강조하기

비격식적인 발화 상황에서 '-(이)라고'는 마치 강조어처럼 화자의 발화 내용을 강조해서 표현할 수 있다. 친한 사이의 윗사람에게도 쓸 수 있으나 존대를 나타내는 '-요'를 붙여 발화해야 한다. 대부분 상황에서 '-(이)라고'의 의미 기능은 강조 기능의 종결형 '-다고'와 중복되지만, 선행어의 유형 차이로 인해 '-다고'를 쓸 수는 있지만

'-(이)라고'를 쓸 수 없는 경우도 존재한다.

첫째, 아래 (80)처럼 화자가 이미 한 발화 내용을 그대로 다시 한 번 발화하여 강조하는 쓰임이 있다. 이때 종결형 '-(이)라고'는 같은 기능을 하는 종결형 '-다고'의 이형태로 볼 수 있다. 이 경우에 '-(이)라고'는 '-고 하-'로 환원하면 문장이 어색해진다.

(80) P1: 아, 진짜야. 니가 그리구 특히 이거 생겼을 때, 이거 생길 때, 진짜 뚜렷하게 똥그랗게 점처럼 생길 때 있잖아, 그럴 때는 바로 바로 <u>닥치는 거야</u>.

　　 P2: 닥쳐?

　　 P1: 바로 니가 <u>닥치는 거라구</u>. 이거 많이 생겼을 때.

그리고 선행 발화 내용을 완전히 그대로 다시 중복하는 것이 아니라, 아래 (81)처럼 발화 정보를 다시 한 번 발화해서 강조하는 쓰임도 있다. 이때 '-(이)라고'가 연결되는 내용은 기존의 발화 내용에 대한 보충 설명으로 볼 수 있다.

(81) 그런 이제 <u>공존의 시대</u>에요. 근까 참 <u>다양한 거죠</u>! <u>어떤 하나에 가치를 둘 수 없는 거라고</u>.

둘째, 화자가 자신의 생각, 주장을 '-(이)라고'로 강조해서 표현할 수 있다. 이때 '-(이)라고'는 같은 기능의 '-다고'의 이형태로 볼 수 있다.

(82) ㄱ. P1: 잠들구, 솔직히 살은 안찌고 뱃살만 나와요 뱃살만.

　　　 P2: 알았어!

　　　 P3: 그거 <u>나이살이라구</u>,

ㄴ. 아 <u>개새끼라고.</u> 소개팅하는 사람한테 물어봤는데. 걔 누구야,
   몰라, 어 걔 안 나갔냐 어 딴 사람이 나갔나 보네.

위 (82)의 두 발화에서 '-(이)라고'가 연결되는 내용은 화자의 생각
으로 봐야 한다. (82ㄱ)에서 화자가 '-(이)라고'를 통해 자신의 생각을
청자에게 강조해서 전달하고 있다. (82ㄴ)에서 '-(이)라고'도 역시 발
화 내용을 강조하는 기능을 하는데 화자의 어이없거나 화를 낸다는
기분도 동시에 전달하게 된다.

셋째, 의문사와 함께 쓰여 반문 형식의 서술문으로 발화 내용을
강조해서 표현하는 쓰임이 있다. 이 유형의 '-(이)라고'는 같은 기능
을 하는 '-다고'의 이형태로 볼 수 있다.

(83) 머릿속에서의 생각은 한정될 수밖에, 기껏해야 두 문장 정도 기
   억하지 뭐~ <u>얼마나 천재라고</u> ⟨laughing⟩자기가 어~ 다 이렇게
   ⟨/laughing⟩ 구성돼 가지고 나오겠어요?

위 (83)의 발화에서 '-(이)라고'의 선행어가 긍정적인 의미를 지닌
'천재'라는 표현이지만, 맥락을 통해서 '-(이)라고' 구문은 반어 표현
임을 알 수 있다. 즉, '-(이)라고'는 '천재가 아니다'라는 부정의 의미
를 강조하고 있는 것이며 '풍자' 효과를 나타내고 있다. 이 상황에서
의 '-(이)라고'는 '-고 하-'로 환원할 수 없다.

넷째, '-다고'와 같이 현실 상황이 생각했던 것과 다를 때 '-(이)라
고'로 깨닫는 의미를 표현할 수 있다. 이때 '-(이)라고'가 이끄는 발화
는 간접인용 구조 '-고 하-'로 환원할 수 없다.

(84) P1: 그 아줌만 간호사래.

P2: 간호산데.

P1: 어렸을 때 아가씨 적에 간호사 노릇을 했대요.

P2: 아! 그래서 잘 아는 거라구요?

P1: 응.

P2: 아~ <u>난 또 수술을 많이 받아 가지구 잘 아는 거라고.</u>

(84)에서 밑줄 친 부분은 '난 또 수술을 많이 받아서 잘 아는 줄 알았어'라는 뜻을 표현하고 있다. 이때 '-(이)라고'는 대응 기능을 하는 '-다고'의 이형태로 볼 수 있으며 비격식적인 상황에서만 사용한다.

이 유형의 '-(이)라고'와 관련하여 '뭐라고'는 평서문의 형식으로 '별 것 아님'이라는 의미를 나타낼 수 있는데 다음 (85)의 발화를 예로 들 수 있다.

(85) P1: 정말 죄송합니다. 빌려 주신 책을 잃어버린 것 같습니다.

　　　 P2: 아 괜찮아 뭐, 책이 <u>뭐라고.</u>

c. 확인하기

'확인하기' 기능의 '-(이)라고'는 같은 기능의 '-다고'와 사용 양상이 비슷하므로 '-다고'의 이형태로 볼 수 있다. 확인 기능의 '-(이)라고'는 비격식적인 상황에만 어울리며 아랫사람에게만 쓸 수 있다.

첫째, '-(이)라고'는 들었던 내용을 청자에게 확인할 때 쓸 수 있다.

(86) P1: <u>회사가 어디라고 (했었지)</u>? 선능역인가?

　　　 P2: 선능이요.

　　　 P1: 무슨 회사야?

P2: 게임회사.

위 (86)의 밑줄 친 발화는 화자 P1이 사전에 청자에게서 회사에
관한 정보를 들어본 적이 있으나 그 정보를 정확히 기억하지 못할
경우에 다시 청자에게 확인하려고 한 발화이다. 보통 기존의 인지
정보가 없을 경우에는 '회사가 어디야?'라고 발화한다. 즉, 위 발화에
서 '-(이)라고'는 확인 의문문으로 쓰여 구정보에 대해 물어보는 것이
다. 구정보에 대해 확인하는 '-(이)라고'는 위의 괄호에서 제시하듯이
'-고 하-'로 환원하여 발화할 수도 있다.

둘째, 상대방의 발화에 놀라거나 믿기 어려울 때 종결형 '-(이)라
고'로 그 발화 내용을 확인하는 경우가 있다.

(87) ㄱ. P1: 예물이야?

　　　 P2: 안 보여.

　　　 P1: 불가리네.

　　　 P2: <u>뭐 어디라고?</u>

　　　 P3: <u>어디라구?</u>〈/laughing〉

　　　 P1: 불가리.

　　 ㄴ. P1: 야 너 갔다와 봐. 살 쫙쫙 빠져.

　　　 P2: <u>뭐라구?</u>

　　　 P1: 락 〈unclear〉 갔다오면 살 쫙쫙 빠져.

　　　 P2: 어딘데?

(87ㄱ)에서 두 개의 '-(이)라고' 구문은 화자 P2, P3이 화자 P1이
명품 예물을 받았다는 사실에 놀라서 그 사실을 확인하려고 한 발화
이다. (87ㄴ)에서의 '뭐라고'는 발화 내용을 물어보고자 하는 의도에
서 수행한 발화가 아니라, 상대방의 발화를 믿기 어렵거나 놀라서

한 발화로 봐야 한다. 놀라움을 표현하는 상황에서 쓰이는 '-(이)라고'는 '-고 하-'로 환원하면 그저 확인의 의미만 남아 놀람의 의미가 중화된다.

3.2.3. '-냐고'

이 절에서는 언어 단순화로 인용술어를 생략하는 '-냐고' 구문이 아닌 구문들을 분석 대상으로 삼고자 한다. 문법화된 '-냐고'는 주로 비격식적인 구어에서 사용된다. 문법화된 '-냐고'의 사용 양상 및 의미 기능은 다음과 같이 정리할 수 있다.

1) 연결형 '-냐고'

실제 발화 상황에서 연결형 '-냐고'는 실제로 일어난 발화 내용을 이끌어서 후행절의 근거를 제시할 수 있다.

(88) ㄱ. 성준이가 막 걱정하던데 막. 자기 <u>인제 이케 인제 복학했는데</u> <u>밥 먹을 사람 없으면 어떡하냐고 (하면서)</u> 막 걱정하던데.
ㄴ. P1: 경미가 너 되게 부러워하던데.
P2: 왜요?
P1: 어? 너 순원 생겼다구.
P2: 어.
P1: 자기는 <u>왜 순장 안 시켜 주냐고 (하면서)</u> 나한테 막 따지는 거야.

위 (88)의 두 발화에서 '-냐고'가 이끄는 내용은 성준이가 한 발화 내용으로 볼 수 있으며 그 내용은 후행절의 근거가 된다. 물론 (88ㄱ)

에서 '-냐고'가 이끄는 내용을 성준이의 생각으로 볼 수도 있겠지만, 화자의 입장에서는 타인의 생각은 결국 발화를 통해 얻은 정보이므로 '-냐고'의 선행절 내용을 기존의 발화로 봐도 무방할 것이다. 위의 두 발화는 괄호에서 제시하는 것처럼 전형적인 간접인용 구조로 환원할 수 있다.

방성원(2004), 이금희(2005)에서는 연결형 '-냐고'가 근거 및 전제를 제시할 수 있다는 기능에 대해 언급한 바가 있는데, 21세기 세종 계획에서 연결형 '-냐고'의 발화 빈도가 상당히 낮은 결과로 나타났기 때문에 이 쓰임은 '-냐고'의 일반화된 쓰임으로 보기 어렵다. 근거 제시 시 연결형 '-냐고'를 잘 사용하지 않는 것은 '-냐고'가 이끄는 내용이 의문의 내용이기 때문에 불확실한 것을 어떤 일의 전제로 삼기 어렵다는 것과 관련된다.

2) 종결형 '-냐고'

비격식적인 발화 상황에서 문법화된 '-냐고'는 연결형의 쓰임보다 주로 종결형으로 쓰인다. 종결형 '-냐고'는 공손을 표현할 수 없어, 친한 사이의 윗사람에게 쓸 수 있지만 '-냐고요'로 발화해야 한다. 종결형 '-냐고'의 쓰임은 다음과 같이 밝힐 수 있다.

a. 대답하기

기존의 발화 내용에 대해 물어볼 때, 원발화가 의문문이라면 종결형 '-냐고'로 피인용문을 이끌어내어 대답할 수 있다.

(89) P1: 아 어제 민자 언니에게 내가 문자를 보내서 답 문자를 받았어.

P2: 뭐라구?

P1: 내가 어~ <u>언니 잘 사냐구. 왜 연락두 없냐구.</u>

위 (89)의 발화에서 '-냐고'가 기존의 발화 내용을 이끌고 있다. 이 때 '-냐고' 구문은 전형적인 간접인용 구문에서 언어 단순화 현상이 일어난 것으로 볼 수 있으며, 간접인용 구조로 환원할 수 있다.

b. 확인하기

기존의 발화 내용을 다시 한 번 발화하여 그 내용에 대해 확인할 때 종결형 '-냐고'로 발화할 수 있다.

(90) ㄱ. P1: 〈vocal desc="웃음"/〉〈unclear〉그때〈/unclear〉 진짜 근데 서러워, 많이?

　　　　P2: <u>많이 서럽냐고?</u>

　　　　P1: 응.

　　　ㄴ. P1: 우리나라가 이제, 만약에 미군기지가 철수를 하면은.

　　　　P2: 어.

　　　　P1: 북한이 쳐들어 올까? 〈vocal desc="웃음"/〉

　　　　P2: <u>북한이 쳐들어 오냐고?</u> 그건 잘 모르겠어.

위 (90)의 두 발화 상황에서 화자는 상대방의 질문을 듣고 자신이 그 질문의 의도를 정확하게 이해했는지 확인하고자 질문의 내용을 다시 한 번 발화하여 물어보고 있다. 이럴 때 종결형 '-냐고'는 확인 의문문에서 의문을 나타내는 종결어미의 기능을 하고 있다. 확인의 의미 기능을 하는 종결형 '-냐고'는 문법적으로 간접인용 구조 '-고 하-'로 환원할 수 있으나, 만약 상대방에 질문에 당황해서 다시 확인하는 발화일 경우에 간접인용 구조 '-고 하-'로 환원하면 화자의 감정이 희석된다.

c. 강조하기

'-냐고'는 평서문에 쓰여 '강조'의 기능을 할 수 있다. 이때 '-냐고' 구문은 의문문과 달리 내림 억양으로 발화해야 한다.

첫째, 이미 한 질문에 대해 다시 한 번 발화하여 물어보고자 하는 내용을 강조해서 발화할 수 있다.

(91) ㄱ. P1: <u>토플 봤어 근데?</u>
　　　　　(중략)
　　　 P1: 토플 <u>봤냐고 (물어봤잖아).</u>
　　　 P2: 이제 봐야지. 〈vocal desc="웃음"/〉
　　　 P1: 빨리 봐.
　　ㄴ. P1: <u>우리 오빠도 전교조야?</u>
　　　 P2: 느그 오빠도 전교조 냄새를 얼마나 맡어 갖고, 공부 안 하고 에프 맞아 갖고 군대 보냈지 내가 그래서.
　　　 P1: <u>그게 아니라 지금 전교조 가입했냐고 (물어본 거야).</u>
　　　 P2: 몰라.

위 (91)의 두 발화 상황에서 화자가 처음에 한 질문에 청자가 제때에 대답을 주지 않았기 때문에 화자는 이미 한 질문을 다시 한 번 물어봄으로써 답을 요청하고 있다. 이때 종결형 '-냐고'는 화자가 답을 재촉하는 태도를 나타내고 있다. 질문을 강조해서 표현하는 종결형 '-냐고'는 위의 발화에서 제시하듯이 괄호 안의 인용술어를 첨가해서 발화해도 된다.

둘째, '-냐고'는 강조어처럼 화자의 생각을 강조해서 표현할 수 있다. 이때 '-냐고'의 발화 목적은 진짜 상대방에게 답을 구하려는 것이 아니다.

(92) ㄱ. P1: 어, 걔네들은 밥에다가 소금을 안 친 밥은 상상을 못 해.
　　　　 P2: 응.
　　　　 P1: 생각도 못하고. ⟨latching/⟩<u>어떻게 밥에다가 소금을 안 치고 그냥 밥을 하냐고.</u>
　　　ㄴ. 선생이라 부르는 거 자체도 막~ 되게 짜증을 내. <u>걔가 무슨 니 선생이냐고.</u>

위 (92)의 두 발화에서 '-냐고'가 이끄는 내용은 화자의 생각으로 봐야 한다. 이때 화자가 반문의 형식으로 자신의 생각을 강조하고 있다. 위의 두 예문은 각각 '밥에다 소금을 안 치고 밥을 할 수 없다', '그 사람이 선생이 아니다'라는 화자의 생각을 표현하고 있다. 위와 같이 화자의 생각을 강조해서 표현하는 종결형 '-냐고'는 간접인용 구조 '-고 하-'로 환원할 수 없다.

3.2.4. '-자고'

이 절에서는 언어 단순화로 인용술어를 생략하는 '-자고' 구문이 아닌 구문들을 분석 대상으로 삼고자 한다. 문법화된 '-자고'는 주로 비격식적인 구어에서 사용된다. 문법화된 '-자고'는 기존 쓰임의 통사적 특징을 유지하여 동사에만 쓰이며 시제 선어말어미와 결합할 수 없다. 문법화된 '-자고' 구문의 사용 양상 및 의미 기능은 다음과 같이 정리할 수 있다.

1) 연결형 '-자고'

a. 이유 표현

'-자고'는 기존의 발화 내용을 이끌어냄으로써 후행절 발화 내용의 원인, 근거를 밝혀 주는 기능을 할 수 있다.

(93) 아무튼 걔네가 가자 그랬는데 아 내가 안 간다구 그랬는데, 아우 <u>가자구</u> 그래서 가게 됐어요.

위 (93)의 발화에서 '-자고'가 이끄는 내용은 이미 일어난 발화이며 이 내용은 후행절 내용의 원인이 된다. 이때 '-자고'는 간접인용 구조 '-고 하-'로 환원할 수 있으나 '-자고' 뒤의 '그래서' 때문에 인용술어의 설정이 어려워진다. 이는 원인을 나타내는 '-자고'는 문법화가 일어난 증거가 되기도 한다. 기존의 발화 내용을 이끄는 이유 표현 '-자고'는 '-자고 하니까'로 환원할 수 있으므로 후행절에서는 명령문, 청유문을 쓸 수 있으며 인칭 사용의 제약도 받지 않는다.

b. 목적, 의도 표현

비격식적인 상황에서 '-자고'는 의도, 목적을 나타내는 내용에 쓸 수 있다. 이때 '-자고'가 이끄는 내용은 화자의 생각으로 볼 수 있다. 그러나 21세기 세종 계획에서 '-자고'의 이러한 쓰임에 관한 발화 빈도가 상당히 낮으므로 보편적인 쓰임으로 보기는 어렵다.

(94) ㄱ. P1: 초장에 삼겹살을 굽<u>자고</u> 만든 판이 아닌 거 같애. 〈vocal desc="웃음"/〉
P2: 소고기용인가 봐.

위 (94ㄱ)에서 '-자고'가 이끄는 내용은 기존의 발화 내용이 아니라 화자가 제3자의 의도에 대한 추측으로 이해해야 한다. 즉, '-자고'가 3인칭 주어의 의도를 이끌어내고 있다는 것이다.

한길(1991), 이필영(1995)에서는 의도, 목적을 나타내는 '-자고'를 의도를 나타내는 '-(으)려고'와 똑같다고 주장했다. 이 경우에 시제 선어말어미가 '-자고' 앞에 올 수 없으며, '-자고'의 선·후행절 주어는 일치해야 한다. 또한, 후행절에는 명령형, 청유형의 표현이 올 수 없다.

2) 종결형 '-자고'

종결형 '-자고'는 공손을 나타낼 수 없기 때문에 친한 사이의 윗사람에게 쓸 때는 '-자고요'로 발화해야 된다. 종결형 '-자고'의 의미 기능은 주로 다음과 같이 3가지로 정리할 수 있다.

a. 대답하기

비격식적인 상황에서 기존의 발화 내용에 대한 물어볼 때 원발화가 청유문이라면 종결형 '-자고'로 대답할 수 있다.

(95) P1: 위에 있는 사람하고 얘기를 했었어.
　　　 P2: 뭐 얘기해?
　　　 P1: <u>소개팅을 하자구.</u>
　　　 P2: 아아 그래.
　　　 P1: 근데 이걸 갖다가, 그 뭐야 후배한테 인계를 한 거야.

위 (95)에서 대답으로 한 '-자고' 구문은 전형적인 간접인용 구문에서 인용술어가 탈락된 언어 단순화 쓰임으로 볼 수 있으므로 간접인용 구조로 환원할 수 있다. 그러나 실제 발화 상황에서 억양에 의해 강조가 실현하게 되면 간접인용 구조로 환원할 수는 없다.

b. 확인하기

종결형 '-자고'는 상대방의 발화 의도에 대해 확인하고자 할 때 쓸 수 있다.

(96) ㄱ. P1: 정준이한테 문자 왔어.
　　　 P2: 정준이. 아 뭐~ <u>농구하자고 (보냈어)?</u>
　　　 P1: 어.
　　 ㄴ. P1: 아이, 전에서 녹음 꺼라 그냥.
　　　 P2: 뭐? 우리의 끝인사는 <u>녹음하지 말자구?</u>

(96ㄱ)에서 화자는 정준이가 문자를 보냈다는 의도를 추측하여 상대방에게 확인하고 있다. (96ㄱ)에서 제시하듯이 그저 확인의 의미만 나타낼 때 '-자고' 구문은 괄호 안의 인용술어를 첨가하여 발화해도 된다. (96ㄴ)과 같이, 화자가 상대방의 말에 약간 놀라서 그 발화를 다시 한 번 말하여 상대방의 의도를 재확인하는 상황에서 '-자고'는 간접인용 구조 '-고 하-'로 환원하면 놀람의 감정이 중화될 수 있다.

c. 강조하기

종결형 '-자고'는 화자가 자신의 발화를 강조하고자 할 때 사용할 수 있다. 이때 '-자고'는 문법적으로 간접인용 구조 '-고 하-'로 환원할 수 있지만, 강조의 기능을 유지하려면 인용술어에 강조 의미의 표현을 추가해야 한다.

첫째, 화자가 이미 한 제안을 다시 한 번 발화하여 그 제안의 내용을 강조해서 발화할 수 있다.

(97) P1: 명수야~ <u>한 잔 하잔다</u>.
　　　P2: 응?
　　　P3: 어!
　　　P1: <u>한 잔 하잔다.</u>
　　　P3: 흘렸다!
　　　P2: 왜
　　　P1: <u>한 잔 하자고.</u>

위 (97)은 화자 P1이 자신이 한 제안에 기대되는 상대방의 반응을 못 받았기 때문에 그 제안을 반복하여 말함으로써 상대방이 그렇게 하기를 재촉하고 있다는 것이다.

둘째, 발화를 반복해서 한다는 것이 아니라 화자의 제안을 강렬히 표현하고자 할 때 종결형 '-자고'로 발화할 수 있다.

(98) ㄱ. P1: 좀 내려 봐! 프로듀서 보지 말구 어~, <u>디렉터로 보자구</u>.
　　　　　P2: 블랙호크다운.
　　　　　P1: 블랙호크. 어~ 한니발.
　　　ㄴ. <u>자자고</u> 제발. 그만 좀 <u>자자고.</u>

위 (98)의 두 발화에서 종결형 '-자고'는 화자의 강력한 제안을 표현하고 있다. '-자고'는 청유문에 쓰이는 문법 항목이지만 화자가 제안을 강력하게 제기할 때 위 발화에서처럼 '-자고'가 쓰인 발화는 청유문이 아니라 명령문으로 간주할 수도 있다.

3.2.5. '-(으)라고'

문법화된 '-(으)라고'는 비격식적인 구어에서만 사용된다. 간접인용 표지 '-(으)라고'는 원래 명령형 피인용문에 쓰이는데 문법화된 '-(으)라고'는 화자의 의도 및 목적을 표현할 때 쓰인다.

(99) 나두 솔직히 결정을 못 하겠는 거야. 어떻게 해야 될지. 그래 가지 구 내가 너한테두 칼자루를 주겠다고 그랬지. <u>너한테두 칼자루를 줄 테니까 (네가) 잘 생각해 보라구.</u>

명령이란 원래 화자가 명령의 내용을 발화로 청자에게 표현하는 것인데 위 (99)의 발화에서 명령을 나타내는 '-(으)라고'가 이끄는 내용이 실제로 일어난 발화가 아니라 화자의 생각이기 때문에 간접인용 표지 '-(으)라고'는 문법화가 일어났다고 볼 수 있다. 이때 '-(으)라고'는 화자가 원청자에게 어떤 일을 하길 바란다는 기대를 나타내고 있다.[48]

'-(으)라고'는 문법화가 일어났다는 다른 증거도 있다. 명령이란 화자가 청자에게 어떤 행위를 하도록 요구하는 화행이므로 명령문의 사용 대상이 유정물이어야 논리적인 사고에 맞는다. 그러나 '-(으)라고'는 다음 (100)의 발화와 같이 무정물에 사용한 경우가 있다.

---

48) 목정수(2014:231-234), (2016:73:73)에서는 '-(으)라고'를 인용형 첨사 '-고'와 결합된 인용·접속 어미로 설정하고, 명령을 나타내는 '-(으)라고' 구문의 기본적 인칭이 3인칭적 특징을 지닌다고 제시했다. 위의 (99)는 '-(으)라고'의 선행절 내용이 지향하는 명령을 받은 상대는 발화 현장에 없기 때문에 화자가 직접명령을 나타내는 '-아/어라' 대신 간접명령을 나타내는 '-(으)라고'를 사용한다는 것으로 볼 수 있다.

(100) 그래서 우리 집 요즘 보일러 넣잖아 비 오면. 방 축축하지 말라고

(100)에서의 '-(으)라고'도 목정수(2014, 2016)에서 제기한 3인칭적 주어에 쓰이는 간접명령으로 볼 수 있다. 그러나 (100)에서 3인칭적 주어가 무정물이라는 점에서 '-(으)라고'는 명령을 나타낸다기보다 화자의 목적이나 의도를 표현한다는 것으로 볼 수도 있을까 싶다.

일반적으로 '목적'을 나타내는 '-(으)려고'는 1인칭과 3인칭 주어, 그리고 유정물에만 사용한다. 하지만 (99)에서 '-(으)라고'는 2인칭 주어에 쓰였으며 (100)에서 '-(으)라고'는 무정물에도 쓰였으므로 '-(으)려고'와 완전히 다른 통사적 특징을 갖고 있다고 볼 수 있다.[49]

---

[49] 이현희(1986, 1994)에서는 '-(으)려고'가 간접인용 구문과 동일한 구조와 통사적 특징을 갖는다고 하면서 이를 간접인용절 구성에 포함시켰다. 목정수(2016)에서는 '-(으)려고'를 인용형 첨사 '-고'와의 결합 구조를 보고 이를 인용 구문의 하위 형식으로 설정하였다. 구조 및 의미·기능적 유사성 때문에 본고는 '-(으)라고'와 '-(으)려고'에 대한 비교가 필요하다고 본다.
'-(으)려고'가 '목적'을 나타낼 때 '-(으)려고'가 연결되는 동사의 행위 주체는 '목적'을 가진 행위 주체와 일치하는 반면, '-(으)라고'가 연결되는 동사의 행위 주체는 '목적'을 가진 행위 주체와 상이할 수 있다. 다음의 예를 통해 밝힐 수 있다.

ㄱ. 살을 빼려고 다이어트를 합니다.
ㄴ. (친구에게) 먹어 보라고 친구한테 내가 만든 갈비탕을 갖다 줬어.

(ㄱ)에서 '-(으)려고'가 연결되는 동사 '빼다'의 행위 주체와 '목적'을 가진 행위 주체가 동일하며 모두 1인칭 '나'이다. (ㄴ)에서 '-(으)라고'가 연결되는 동사구 '먹어 보다'의 행위 주체는 '친구'인데, '목적'을 가진 행위 주체는 1인칭 '나'이다. '-(으)라고'가 '목적'을 나타낼 때 항상 선행 동사의 작용 대상을 따로 가진다는 것은 '-(으)라고'의 원래 쓰임이 '명령'의 의미를 나타낸다는 것과 관련된다. 이처럼 '목적'을 나타내는 '-(으)려고'와 '-(으)라고'는 선행 동사의 행위 주체 및 '목적'을 가진 주체와의 일치성에 있어서 차이를 갖는다.

따라서 (99), (100)에서의 목적, 의도를 나타내는 '-(으)라고'는 간접 인용 표지 '-(으)라고'에서 발전된 것임을 볼 수 있다.

문법화된 '-(으)라고'는 기존 쓰임의 통사적 특징을 유지하여 동사에만 쓰이며 시제 선어말어미와 결합하여 쓸 수 없다. 다음으로는

그러나 '목적'을 나타내는 '-(으)려고'는 일상 구어에서 '-(으)라고'로 발화하는 상황이 있다. 다음의 발화를 예로 들 수 있다.

ㄱ. 어제 <u>서울랜드 갈라고 그랬는데</u>, 어제두 날씨가 이랬잖아.
ㄴ. 그냥 <u>열 내리라고</u> 해열제만 먹었구.

위 발화에서 '-(으)라고'는 '-(으)려고'로 봐야 한다. '-(으)려고'가 일상 구어에서는 '-(으)라고'로 발화할 수 있으며 '-ㄹ' 첨가 현상이 늘 수반된다. 그러나 다음의 발화처럼 '-(으)라고'인지 '-(으)려고'인지 직관으로 판단하기 어려운 경우가 있다.

P1: 음악감상실 가서 자요. 음악감상실 가서 자. 수업 안 듣고.
P2: 거기 <u>음악감상 하라구</u> 만들어 놓은 데 아니예요? 〈laughing〉.

위 발화에서 밑줄을 친 부분은 중의적인 의미를 가진다고 볼 수 있다. 하나는 '학교에서는 학생들이 음악감상을 하도록 음악감상을 만들었다'라는 의미를 나타내는 것인데, 이 경우에 문장에서 '목적'을 나타내는 '-(으)라고'가 쓰이고 있다고 볼 수 있다. 다른 하나는 '학교 관리자들은 음악감상을 하려고 해서 음악감상실을 만들었다'라는 뜻인데, 이렇게 이해하는 이유는 '-(으)려고'가 선·후행절 주어 일치의 통사적 제약을 가지기 때문이다. 음악감상실을 만드는 행위 주체가 학교 관리자라면 '-(으)라고'의 선행절에서 나타나는 '음악감상을 하다'라는 행위의 주체도 학교 관리자이어야 문법에 맞는다. 그러나 일반적인 상황을 고려하면 학생들에게 음악 감상을 하도록 할 확률이 높으므로 위 발화에서의 '-라구'는 '목적'을 나타내는 '-(으)라고'인 가능성이 높을 것이다. 즉, 비격식적인 구어체에서 '-(으)려고'는 '-(으)라고'로 발화하게 되면 직관에는 성립되지만 문법에는 어긋난 현상이 있다는 것이다. 같은 형태의 '-(으)라고' 및 '-(으)려고'의 구별은 더 많은 실제적 언어 자료에 대한 분석을 통해 밝힐 필요가 있으며, 이 부분은 본고의 주요한 논의 대상이 아니므로 논외로 한다.

문법화된 '-(으)라고'의 사용 양상 및 의미 기능을 구체적으로 살펴보겠다.

1) 연결형 '-(으)라고'

문법화된 '-(으)라고'는 문법화된 '-다고', '-(이)라고'에 비해 사용 양상 및 의미 기능이 상대적 국한된다.

a. 이유 표현

'-(으)라고'가 연결되는 내용은 후행절 내용의 원인이나 근거가 될 수 있다.

(101) ㄱ. P1: 그래 롱스커트 사지 마.

        P2: 근데 그 인간이 꼭 <u>사라고 (해서)</u> 〈unclear〉그러게 〈/unclear〉 사 버렸잖아.

   ㄴ. 그렇게 멀쩡하시던 할아버지가, 내가 할아버지 막~ 뭘 <u>드시라고 (하면서)</u> 뭘 이케 딱 드렸는데. 할아버지가 나보러 누구네는 거야

'-(으)라고'가 원인, 근거를 제시할 때 선행절 내용은 기존의 발화 내용인 것이 일반적이다. 이는 명령형 피인용문에 쓰이는 간접인용 표지 '-(으)라고'는 주로 실제로 일어난 발화에 쓰인다는 원래 쓰임의 특징과 관련된다. 위 (101)에서 보여주듯이 '-(으)라고'의 이유 표현 쓰임은 인용술어 및 후행 요소의 탈락으로 이 부분의 의미가 '-(으)라고'로 전이하게 된 결과로 볼 수 있을 것이다. 이 경우에 '-(으)라고'의 후행절에서는 인칭 사용의 제약 및 명령문, 청유문, 의지 표현 등

사용의 제약을 받지 않는다.

b. 목적, 의도 표현

비격식적인 발화 상황에서 '-(으)라고'가 목적을 나타내는 내용을 이끌어낼 수 있다.

(102) ㄱ. <u>같이 드시라고</u> 일부러 남겨 놓았는데.
ㄴ. 진짜 차 문을 내리면서 에라이 씨 그러면서〈laughing〉차문을 진짜 <u>부서지라고</u> 닫았어.

(102ㄱ)에서 문장 주어가 1인칭이므로 '-(으)라고'가 이끄는 내용을 화자의 의도나 목적으로 간주할 수 있을 것이다. 이 발화에서 3인 칭적 주어 자질을 지닌 공손을 나타내지 못하는 '-(으)라고'가 상대 높임을 나타내는 '드시다'에 쓰인다는 점은 수상하다. 이때 '-(으)라고'의 의미 지향은 청자가 아니라 화자 자신으로 돌릴 수 있기 때문에 '-(으)라고'는 문법화가 일어나 '의도'의 의미를 나타낸다고 볼 수 있을 것이다. (102ㄴ)에서 동사 '부서지다'라는 동사의 작용 대상이 무정물 목적어 '차문'이므로 '-(으)라고'는 화자의 목적을 표현하고 있음을 볼 수 있다. 원래 '차문이 부서지다'라고 발화해야 되는데 (102ㄴ)에서 조사 '이' 대신 '을'을 사용한다는 것은 화자의 '목적'을 나타내기 위함이라고 짐작된다. (102ㄱ), (102ㄴ)에서 '-(으)라고'는 '-(으)려고'로 교체하면 어색하다는 것도 '목적'을 나타내는 '-(으)라고'와 '-(으)려고'가 다르다는 것을 입증한다.

위 (102)의 발화에서 '-(으)라고'가 연결되는 동사는 모두 작용의 대상을 지시하는 목적어를 가지므로 '-(으)라고'의 의미는 의도를 나타내는 '-(으)려고'에 비해 목적을 드러내는 '-도록'에 더 가깝다고 본다. '-(으)라고'와 '-도록' 간의 차이점은 다음과 같이 밝힐 수 있다.

우선, '-(으)라고' 구문에서 '목적'을 가진 행위 주체와 '-(으)라고'가 연결되는 동사의 작용 대상은 상이해야 한다. '-도록'은 이러한 제한을 갖지 않는다.

(103) ㄱ. <u>먹어 보라고</u> 친구한테 내가 만든 갈비탕을 갖다 줬어.
ㄴ. 나 <u>읽어 보라고</u> 친구가 해리포터를 줬어.
ㄷ. 나 <u>먹어 보라고</u> 일부러 갖다 주는 거야?
ㄹ. *나 <u>읽어 보도록</u> 친구가 해리포터를 줬어.

(104) ㄱ. <u>감기에 걸리지 않도록</u> 옷을 따뜻하게 입었어.
ㄴ. *<u>감기에 걸리지 말라고</u> 옷을 따뜻하게 입었어.

위의 (103)처럼 '목적'을 나타내는 '-(으)라고'는 1,2,3인칭 주어에 모두 쓸 수 있는데 '목적'을 가진 행위 주체와 '-(으)라고'가 연결되는 동사의 작용 대상이 다르다. 그러나 (104ㄱ)에서처럼 '목적'을 가진 행위 주체와 '-도록'이 연결되는 동사의 작용 대상이 동일할 때 '-도록'은 사용이 가능한 반면, '-(으)라고'는 안 된다. 이러한 제한은 문법화된 '-(으)라고'는 '명령하기' 기능을 완전히 버리지 못한다는 점과 관련된다. 즉, 일반적으로 '명령' 화행에는 명령을 내리는 이와 받는 이가 있으며 혼잣말의 경우를 제외하고 자신에게 명령을 나타내는 '-아/어라'를 잘 사용하지 않는다는 것이다. 따라서 '-(으)라고'는 원래 의미의 영형을 받아 선행절 발화가 '명령형 목적'인 경우에 쓰이는 것이 자연스러우며, 수의적으로 '목적'을 나타내는 '-도록'과 교체할 수 있는 것이 아니다. 위의 (103ㄹ)에서 밑줄 친 부분은 '명령형 목적'으로 볼 수 있으므로 '-도록'을 사용하면 어색한 느낌이 든다. 이와 비슷하게 다음(105)의 예도 있다.

(105) ㄱ. 엄마는 <u>철수가 수업 시간에 늦지 않도록</u> 알람을 맞춰 주셨다.
　　　 ㄴ. 엄마는 <u>철수가 수업 시간에 늦지 말라고</u> 알람을 맞춰 주셨다.

위 (105)의 두 발화를 통해 '-도록'은 '-지 않-' 부정에 쓰는데 '-(으)라고'는 '-지 말-' 부정에만 쓴다는 차이점을 알 수 있다. 그리고 (105)에서 밑줄 친 부분은 '명령형 목적'으로 보기 어렵기 때문에 '-도록'의 사용이 자연스러운 반면, '-(으)라고'의 사용은 그다지 자연스럽지 않다. 또한, '목적'을 나타내는 '-도록'은 격식이나 비격식적인 상황에서 모두 사용할 수 있으나, '-(으)라고'는 비격식적인 상황에서만 쓸 수 있다.

비격식적인 상황에서 '-(으)라고', '-도록'은 모두 비합리적인 목적에 쓰이는 경우가 있는데, 이때 '-(으)라고', '-도록'은 '정도'의 의미를 나타낼 수 있다는 의미적 공통점을 가진다. 21세기 세종 계획에서 다음(106ㄱ)과 같은 발화를 발견했다.

(106) ㄱ. 진짜 <u>죽으라고</u> 고생했어 진짜.
　　　 ㄴ. 진짜 <u>죽도록</u> 고생했어 진짜.

위 (106)에서 죽다는 것은 화자의 비합리적인 목적으로 판단되며, 밑줄 친 부분은 '정도'를 나타낸다는 것으로 이해할 수 있다. (106ㄱ)은 (106ㄴ)으로 발화해도 자연스럽다.

위의 분석을 통해 '목적'을 나타내는 '-(으)라고'는 '-도록'에 비해 사용역이 좁다는 사실을 확인할 수 있다. 그리고 '-(으)라고'는 '명령형 목적'을 주로 표현한다는 점에서 아직 의미적 투명성을 지니지 못해 문법화 단계에 서 있다는 것으로 판단된다.

2) 종결형 '-(으)라고'

종결형 '-(으)라고'는 비격식적인 발화 상황에서 사용할 수 있으며, 친한 사이의 윗사람에게 사용할 때 '-(으)라고요'로 발화할 수 있다.

a. 대답하기

비격식적인 상황에서 기존의 발화 내용에 대해 물어볼 때 원발화가 명령문이라면 종결형 '-(으)라고'로 대답할 수 있다.

> (107) P1: 아구 끊어. 나중에 전화하자. 나중에 전화하면 오빠가 해.
> P2: 어?
> P1: <u>나중에 전화하면 오빠가 하라구.</u>〈/laughing〉 나 *끄께*.

위 (107)의 발화에서 화자 P2가 상대방의 발화 의도를 파악하지 못해 확인하는 질문에 대해 화자 P1이 이미 한 발화를 다시 한 번 발화하여 대답해 주었다. 이때 대답에 쓰이는 종결형 '-(으)라고'는 간접인용 구조로 환원할 수 있으나, 억양에 의해 발화가 강조된 경우에는 간접인용 구조로 환원할 수 없다.

b. 확인하기

상대방의 발화 의도를 확인할 때 종결형 '-(으)라고'로 발화할 수 있다.

(108) ㄱ. P1: 컵 안 바꿔 주나 아줌마.

　　　 P2: 까먹었나 보다.

　　　 P1: 혼내야지.

　　　 P2: <u>돈 내라구?</u>

　　　 P3,1: 〈vocal desc="웃음"/〉

　　　 P1: 혼 낸다구.

　　 ㄴ. P1: <u>야 빨리 가라구?</u>

　　　 P2: 빨리 가래 쟤가.

　　위의 (108ㄱ)에서 화자 P2가 화자 P1의 발화를 잘못 들어서 그
발화 내용에 대해 확인하려고 '-(으)라고'로 발화하고 있다. (108ㄴ)
도 역시 이러한 쓰임으로 볼 수 있는데 화자 P1이 다른 사람의 발화
에 약간 놀랐다는 느낌도 나타난다. 이때 '-(으)라고'는 문법적으로
전형적인 간접인용 구조로 환원하는 것이 가능하지만, 환원하게 되
면 의혹, 놀람 등을 표현하려는 뉘앙스가 중화된다.

　c. 강조하기

　강조 기능의 '-(으)라고'는 비격식적인 상황에서만 사용할 수 있으
며 윗사람에게 사용하면 실례가 된다. 구체적인 사용 양상은 다음과
같이 밝힐 수 있다.

　첫째, '-(으)라고'는 반복된 발화에 쓰여 강조어처럼 명령의 내용을
강조할 수 있다. 이때 '-(으)라고'는 간접인용 구조 '-고 하-'로 환원할
수 없다.

(109) ㄱ. 나 봐 봐 나, <u>나를 보라고</u> 나를.〈/laughing〉

　　 ㄴ. P1: 그래도 야? 어승이 학점 안 좋다는 그런 거하고. 니가 학

점이 안 좋다는 게 만약 있으면 〈unclear〉 하겠지.

P2: 그만해.

P3,P1: 〈vocal desc="웃음"/〉

P4: <u>학점 얘기 하지 말라고.</u>

(109ㄱ)에서 화자가 두 번의 명령문 발화를 한 후 '-(으)라고'를 사용하여 그 명령문 발화를 강조해서 표현하고 있다. (109ㄴ)에서도 화자가 요구를 강조해서 표현하고 있다. 그러나 (109ㄴ)의 경우, 발화 맥락을 통해 '-(으)라고' 구문은 화자가 농담처럼 한 발화임을 알 수 있다. 즉, '-(으)라고'가 명령의 어조를 강조할 때 화자가 짜증이 난다는 태도만을 표현하는 부정적인 상황에서만 쓰이는 것은 아니다.

둘째, 발화에 대한 반복을 통해 요구에 대한 강조가 아닌 그저 생각에 대한 강조를 표현할 수 있다.

(110) ㄱ. 그랬단 말이야. 시집갈 때도 갖고 <u>가라고.</u>

　　　ㄴ. P1: 다행이다. 니네 엄마 애라두 봐준다지. 우리 엄만 이미 다 포기했다. 니네 애는　니네가 키워라.〈/laughing〉

　　　　　P2: 우리 엄마는 은근히 말을 그렇게 하는데 봐주구 싶어하시는 거 같애.

　　　　　P1: 응. 아냐 우리 엄만 절대 아닌 거 같애. <u>걱정하지 말라구.</u>〈/laughing〉

(110ㄱ)과 같은 경우, '-(으)라고'가 없어도 발화가 성립되는데 해라체 자리에 '-(으)라고'를 붙여서 발화하면 화자의 생각은 강조해서 표현하게 된다. (110ㄴ)에서 '-(으)라고'가 쓰인 발화는 진짜 상대방에게 걱정하지 말라는 의미를 표현하고자 하는 것이 아니라, 화자가

농담하는 식으로 한 발화로 이해해야 한다. 이럴 때 '-(으)라고'는 생각을 강조해서 표현한다기보다 발화 분위기를 가볍게 전환하기 위한 발화 전략으로 볼 수 있다.

셋째, 종결형 '-(으)라고'는 빈정거리거나 꾸짖는 상황에서도 쓸 수 있다.

(111) ㄱ. 어 그 사람 나중에 〈laughing〉어떡하라구〈/laughing〉
　　　ㄴ. 뭐 어쩌라구.

(111ㄱ)은 화자가 남을 걱정해서 해 주는 발화가 아니라 빈정거리는 식으로 한 발화로 볼 수 있다. (111ㄴ)에서도 화자가 짜증이 난다는 태도를 드러내고 있다.

d. 목적, 의도 표현

비격식적인 발화 상황에서 종결형 '-(으)라고'도 연결형 '-(으)라고'처럼 '명령형 목적'을 나타내는 내용에 쓸 수 있다.

(112) ㄱ. P1; 너 등록금 안 냈어?
　　　　 P2: 네 〈vocal desc="웃음"/〉
　　　　 P1: 왜?
　　　　 P2: 배쨀라구요.
　　　ㄴ. 친구가 해리포터 〈unclear〉주던데〈/unclear〉 읽어 보라고.

(112ㄱ)에서 '-(으)라고'는 종결어미처럼 화자 자신의 의도를 표현하고 있으며, (112ㄴ)에서는 3인칭 주어의 의도를 나타내고 있다. 주목할 만한 점은 '-(으)라고'가 연결되는 동사의 행위 주체가 '목적'을

가진 행위 주체와 다르다는 점이다.

3.2.6. '-달라고'

'-달라고'는 간접인용 구문에서 주로 인용술어와 함께 발화하는데
이 절에서는 인용술어가 없는 '-달라고'에 대해 분석하고자 한다. 언
어 단순화로 일어난 인용술어 탈락과 달리, 이 절에서 분석하고자
하는 '-달라고'는 '간접인용'의 기능을 수행하는 동시에 다른 기능도
지니게 되는 쓰임이다. '-달라고'는 주로 비격식적인 구어에서 사용
되며 공손을 나타낼 수 없다. 따라서 친한 사이의 윗사람에게는 쓸
수 있으나 '-달라고요'로 발화해야 된다. '-달라고'는 동사에만 쓰이
며 시제 선어말어미와 결합될 수 없다. '-달라고' 구문의 사용 양상
및 의미 기능은 다음과 같이 밝힐 수 있다.

1) 연결형 '-달라고'

a. 이유 표현

'-달라고'는 발화 내용을 이끌어내어 후행절 내용의 이유, 근거를
제시할 수 있다.

> (113) P1: 장난 아냐. 오티에서 괜히 얼굴 알려놔 가지구, 내가 또 인기
>   짱 끌었지 또.
>   P2: 인기는 무슨 개뿔이 인기야. 인제 개강하면 <u>밥 사 달라구 (하
>   고)</u> 따라다니겠지 뭐.

위 (113)의 발화에서 '-달라고'가 이끄는 내용은 화자가 추측한 발

화의 내용이다. 위 발화는 괄호에 있는 인용술어를 첨가하여 발화할 수 있듯이 '-달라고'가 이끄는 발화의 내용은 후행절 내용의 근거가 된다.

이 경우에 쓰이는 '-달라고'는 후행 인용술어 및 인용술어에 연결되는 요소가 탈락되면서 이 부분의 의미가 '-달라고'로 전이하게 되어 형성된 것으로 이해할 수 있다. 이때 '-달라고'의 후행절에서는 인칭 사용의 제한 및 청유문, 명령문 사용의 제한을 받지 않는다.

b. 목적, 의도 표현

비격식적인 발화 상황에서 '-달라고'는 의도, 목적을 나타내는 내용에 쓸 수 있다.

(114) ㄱ. <u>오빠한테 밥 사 달라고 (하러)</u> 수업 끝나고 오빠 사무실 가야지.
　　　 ㄴ. 내가 일학년 일학기 때 장학금이 좀 나오고, 내 아르바이트한 걸로 어느 정도 좀 됐다. 그걸루 인제 등록금 하겠다고 <u>용돈이나 대달라고</u> 그렇게 해서 인제 다시 다음 학기 시작을 했어.

위 (114)에서 '-달라고'가 이끄는 내용은 문장 주어의 의도, 목적이라고 볼 수 있다. 이 경우에 선·후행절의 인칭 주어는 일치해야 한다. (114ㄱ)에서 '-달라고'는 '-달라고 하러'에서 발전된 것으로 볼 수 있으나, (114ㄴ)에서의 '-달라고'는 간접인용 구조로 환원될 수 없다. 21세기 세종 계획에서 의도, 목적을 나타내는 '-달라고'의 발화 빈도가 낮아 일반적인 쓰임으로 볼 수 없다.

2) 종결형 '-달라고'

a. 확인하기

종결형 '-달라고'는 다른 사람의 발화 의도를 확인할 때 발화할 수 있다.

> (115) P1: 아니 그게 아니고, 아침부터 친구 땜에 차 살라고 계속 나
> 　　　　수업인데 계속 문자를 왔어
> 　　　P2: <u>차 달라고?</u>
> 　　　P1: 아~ 차 어디서 사 계속 문자 와 가지고, … (후략)

위 (115)의 발화에서 화자가 상대방의 발화 내용에 이어 반복해서 발화하여 상대방의 발화 의도를 확인하고 있다. 이때 화자가 확인하고 있는 발화 내용은 예상했던 내용이 아니므로 '-달라고'는 간접인용 구조 '-고 하-'로 환원하면 의미가 달라진다.

b. 강조하기

종결형 '-달라고'는 다른 인용표지처럼 화자가 자신의 요구를 강조해서 발화할 때 쓸 수 있다. 단, '-달라고'는 반복을 통해서만 강조를 표현할 수 있다. 그러나 21세기 세종 계획에서 해당하는 발화를 찾지 못했다. '-달라고'의 강조적 쓰임은 다음과 같이 제시할 수 있다.

> (116) 오빠, 밥 사 줘. 아~ <u>밥 사 달라고</u>.

위 (116)의 발화처럼 화자가 자신이 한 요구에 기대되는 상대방의 반응을 못 받았을 때 매달리는 듯이 자신의 요구를 강조해서 발화하

는 상황에서 종결형 '-달라고'를 사용할 수 있다. 이 상황에서 쓰이는 종결형 '-달라고'는 간접인용 구조로 환원할 수 없다.

3.2.7. -다는/-(이)라는[50]

이 절에서 분석하고자 하는 '-다는/-(이)라는'은 전형적인 간접인용 구문에서 '-다고 하는/-(이)라고 하는'의 축약 형태가 아니라, 마치 한 덩어리처럼 쓰이는 고정 형태의 '-다는/-(이)라는'이다. '-다는/-(이)라는'은 현실 발화에서 '-단/-(이)란'으로 발화할 수도 있지만, '-단/-(이)란'[51]이 '-다는/-(이)라는'과는 다른 의미를 가진 하나의 문법

---

50) 김선효(2004)에서는 '-다는'과 '-다고 하는'에 대해서 후행 보문명사의 상관성, 통사적 특징, 의미적 특징에 초점을 두어 비교 분석을 통해 차이점을 밝혔다. 이관규(2007)에서는 '-다는'을 통합형 관형사형 어미로 보고, '-다는'류 어미를 다른 시제에 사용되는 단일형 관형사형 어미의 형태에 따라 '-다는', '-단', '-달' 세 유형으로 분류하여 각 유형 어미의 특징을 살펴봤다. 남신혜(2013)에서는 '-다는'이 이끄는 인용절을 관형절로 보고, 관형절을 머리명사와의 의미관계에 따라 '-다는' 관형절을 관계절, 동결절, 연계절로 분류했으며, '-다는'과 '-다고 하는' 간의 차이 및 '-다는'의 문법화 정도에 대해서 분석했다. 한송화 (2013)에서는 신문 텍스트에서 사용된 '-다는'의 상위명사를 인용명사로 보고 이러한 명사들을 발화 명사, 생각 명사, 상황 명사, 사실 명사로 유형화하였다. 그리고 인용명사에 나타난 화자의 태도에 대해서도 분석하였다. 서희정(2016) 에서는 '-다고'와 '-다는'에 초점을 두어, 오류 분석을 통해 외국인 학습자가 '-다고', '-다는'을 혼동하여 사용하는 오류 유형을 분석하고, 교재 분석을 통해 '-다고'와 '-다는'의 상위명사 간의 차이점을 밝힘으로써 '-다고' 보문과 '-다는' 보문의 연관성을 고려한 교육 단계를 설정하였다. 본 연구는 선행 연구들과 달리, 간접인용 구문의 시점으로 '-다는'의 선행절 내용의 의미 자질에 착안하여 분석할 것이며, '-다는'과 기존 관형사 어미 '-ㄴ/은/는/ㄹ/을' 간의 차이도 밝히고자 한다.

51) 대부분 문법서 및 한국어 교재를 참고하면 알 수 있듯이, 한국어교육에서는 '-단/-(이)란'을 '-다는/-(이)라는'의 축약형 문법 항목으로 처리하지 않고, '-

150

항목으로 볼 수도 있으므로, '-다는/-(이)라는'의 사용 양상 및 의미 기능을 파악하기 위해 검색어를 '-다는', '-(이)라는'[52]에 한정하여 분석하기로 한다.

'-다는'은 용언 및 선어말어미 '-았/었/였/겠'에, '-(이)라는'은 체언 및 '이다/아니다'에 붙어 선행절을 관형절로 만든다. 실제 발화 상황에서 '-다는/-(이)라는'은 '-다고 하는/-(이)라고 하는'으로 환원할 수도 있고, 마치 하나의 독립적인 문법처럼 분리하기가 불가능한 경우도 있다. '-다는/-(이)라는'은 격식적인 상황이나 비격식적인 상황에서 고빈도로 쓰인다. 대부분 상황에서 '-(이)라는'은 '-다는'의 이형태로 볼 수 있으나, 특정 대상 지시 기능의 '-(이)라고'와 관련된 '-(이)라는'은 '-다는'의 이형태로 보기 힘들다. 이에 대해 후술에서 상술할 것이다.

우선, 전형적인 간접인용 구문에서 '-다고 하는/-(이)라고 하는'의 축약 형태 및 문법화된 '-다는/-(이)라는'을 비교해 봄으로써, 문법화된 '-다는/-(이)라는'의 형성 과정에 대해 알아보자.

전형적인 간접인용 구문에서 간접인용 표지 '-다고'가 발화를 이끌어낼 때 인용동사 '하다'에 관형사 '-는'을 붙이면, 간접인용 구조 '-

---

단'을 '-단 말이다' 형태를 가진 강조 기능의 문법 항목, '-(이)란'을 화제 설명이나 정의 내리기 기능의 문법 항목으로 처리하는 것이 일반적이다.

52) '-라는'을 검색어로 분석 대상을 검색할 때 명령형, 청유형 간접인용 구문에 쓰이는 '-(으)라는', '-아/어 달라는'과 구별하기 위해 명사와 명사구에 쓰이는 '-(이)라는'을 분석 대상으로 취했다. 그리고 따옴표로 표시된 내용에 쓰이는 '-(이)라는'을 직접인용 구문으로 처리했다. 다음의 예시와 같은 발화는 직접인용 구문으로 판단된 발화이다.

예) 단순히 '<u>아침에 일찍 일어나겠다</u>'라는 목표는 그 달성여부를 확인하기 곤란하다.

다고 하는'은 '-다는'으로 줄여 발화할 수 있다.

(117) ㄱ. 그거 주위에 있는 애들 그냥 보여 주면은 되게 <u>신기하다는</u>
애들 많아.
ㄴ. 연예인 닮았다는 얘기 못 들었는데, 요즘에 막 누군가가 나에
게 와 갖구 <u>연예인 닮았다는 거야.</u>

위 (117)의 발화 (117ㄱ)에서 '신기하다'라는 발화는 애들이 한 발
화를 인용한 것으로 볼 수 있으며, (117ㄱ)은 '신기하다고 하는 애들
많다'로 바꿔 발화할 수 있다. (117ㄴ)에서 원화자는 '누군가'이며,
원발화는 '연예인 닮았다'라는 말이다. 따라서 (117ㄴ)도 전형적인 간
접인용 구문으로 볼 수 있으며 '누군가가 나에게 와 갖구 연예인 닮
았다고 하는 거야'로 발화할 수 있다. '-다고'를 '-다고 하는'으로 환
원하면 관형사 어미 '-는'이 작용하는 대상은 인용동사 '하다'이기 때
문에, 이 경우에 (117ㄱ)처럼 '-다고 하는'의 후행어는 '사람', '애'와
같은 행동 주체를 지시하는 명사가 연결되어야 자연스럽다. (117ㄴ)
에서 강조의 기능을 하는 '-는 것이다'의 작용 대상도 인용동사 '하
다'로 간주할 수 있다. 일반적으로는 관형사 어미 '-는'이 동사에 연결
되어 행동 주체인 후행어를 수식한다. 그러나 간접인용 구문에서 '-
다고 하는'은 마치 덩어리가 되어 '-다고'가 이끄는 내용이 '-다고 하
는'의 후행어를 수식하는 상황이 있다.

(118) ㄱ. 어떤 사람들은 바둑 지는 것을 두려워해서 바둑을 배우지 않
<u>겠다고 하는</u> 정도이다.
ㄴ. 모더니즘의 회화가 존재론적 조건을 발견했다는 데서의 시작
이었다면 모더니스트의 조각은 프리드나 그린버그의 주장처

럼 1960년 이후의 카로의 성과가 모더니스트들을 위한 규범
이 될 수 있다고 하는 내용은 주조술과 소상술에서의 해방이
었다는 데 있다는 것으로(후략)

ㄷ. 자유로워야 하고 개성적이어야 한다고 하는 관념에 사로잡혀
있지 않을까?

위의 (118ㄱ)에서 관형사 '-는'의 작용 대상은 인용동사 '하다'로
볼 수도 있고, 인용표지 '-다고'가 이끄는 발화의 내용 전체로 봐도
된다. 만약, '-다고'가 이끄는 발화의 내용이 '-는'의 작용 대상이라면,
'-고 하-'는 발화 내용을 이끄는 기능을 하는 하나의 전체적인 구조로
봐야 되며, 이때 인용동사 '하다'의 의미 기능이 흐릿하게 된다. 즉,
'-다고 하는' 구조에서 관형사 어미 '-는'이 이끄는 실질적 내용은 인
용동사 '하다'를 뛰어넘어 '-다고' 앞의 내용 전체에 전이하게 된다.
이렇듯, 인용동사의 의미 기능이 모호해짐에 따라 '-다고 하는' 구조
는 문법화가 일어나게 되고, (118ㄴ), (118ㄷ)처럼 외적 인용, 내적
인용의 피인용문도 관형절로 만들게 했다. 그 후 '-고 하-'가 탈락되
고, 남은 구조 '-다는'은 마치 관형사 어미처럼 발화나 생각의 내용을
이끌어내어 후행어를 수식하는 기능을 한다. '-다는'이 발화나 생각
의 내용을 이끄는 쓰임에서 전형적인 간접인용 구문의 그림자를 찾
을 수 있으나, 그 후 문법화가 계속 일어나, 발화나 생각이 아닌 내용
에 '-다는'도 쓸 수 있게 되었다.

(119) ㄱ. 그리고 바둑은 논리적으로 수를 찾을 수 있는 게임이다. 전문기
사들이 수읽기를 한다고 하는 것이 그러한 점을 잘 보여준다.
ㄱ'. 전문기사들이 수읽기를 한다는 것이 그러한 점을 잘 보여준다.

위의 (119ㄱ)에서 '-다고 하는'이 이끄는 내용은 발화 내용으로 볼 수 있겠으나, 누군가의 발화가 아니라면 '-다고 하는'이 한 단계 더 문법화가 일어났다는 증거가 된다. 이때 (119ㄱ)으로 발화하는 경우가 일반적인데, '-다고 하는'으로 발화하면 오히려 어색하다는 느낌이 든다.53)

21세기 세종 계획에 대한 분석을 통해 '-다는/-(이)라는'의 기본적인 기능이 '지시하기'로 확인하게 되었다.54)

a. 발화의 내용 지시

실제 발화 상황에서 '-다는/-(이)라는'의 후행어로 '얘기', '소리' 등 발화를 지시하는 표현들이 빈번하게 나타난다. '-다는/-(이)라는'은 실제로 일어난 발화의 내용, 화자가 구상한 발화의 내용을 지시할 수 있다.

(120) ㄱ. 애들이 지금 다 있으면 좋겠는데 고맙다는 말은 뭐~ 하고 싶고
ㄴ. 전화를 해서 내가 좋아한다는 얘기를 했어.

---

53) 21세기 세종 계획에 대한 분석 결과로 '-다고 하는'의 출현 빈도는 '-다는'의 사용 빈도에 비해 압도적으로 낮았다. 이는 현대 한국인 모어 화자들이 '-다고 하는' 대신 '-다는'을 더 선호하는 언어 습관을 가지고 있다는 것을 의미하며, '-다는'이 거의 문법화 단계를 다 밟아 하나의 자립적인 문법으로 정착되었다는 것을 의미하기도 한다.

54) 본고는 '-다는/-(이)라는'이 지시하는 대상에 대한 판단 기준은 후행어나 후행 술어가 아니라, 발화 맥락이라고 본다. 예를 들면, 분석 자료에서 '동질감을 느끼는 것과 동시에 거부감을 느낀다는 소리지?'라는 발화가 발견됐는데, '-다는'의 후행어가 '소리'이지만 맥락을 통해 '-다는'이 이끄는 내용은 발화가 아니라 화자의 판단으로 판정된다.

ㄷ. 공자님 말씀인가 맹자님 말씀인가. 뭐~ 세 명이서 걸어가면
  은, 셋 친구 셋이 걸어가면은 한 명은 내가 본받을 사람이구,
  <u>한 명은 나보다 떨어지는 사람이라는 거.</u>

(120ㄱ)에서 '-다는'이 연결되는 내용은 화자가 하고자 하는 발화이
며, (120ㄴ)에서 '-다는'은 화자가 실제로 한 발화를 이끌고 있다. 이
두 발화에서 '-다는'이 연결되는 발화는 원발화 내용의 요약이라고 볼
수 있다. (112ㄷ)에서 '-(이)라는'이 이끄는 발화 내용은 전형적인 외
적 인용 구문의 피인용문으로 볼 수 있다. 따라서 이때 'N₁-(이)라는
N₂' 구조는 '인용' 기능이 없는 'N₁인 N₂'로 바꿔 발화할 수 없다.

b. 생각, 심리활동의 내용 지시

'-다는/-(이)라는'이 생각, 느낌, 주장, 판단 등 심리활동의 내용에
연결될 때 후행어로 '생각', '느낌' 등 심리활동과 관련된 표현들이
자주 사용된다.

(121) ㄱ. 저는 국어를 공부를 열심히 해야 된다 생각이 아니라, <u>재밌게</u>
  <u>해야 된다는 생각을</u> 가지고 있었는데, 성적이 쪼끔만 떨어져
  두 ⋯ (후략)
  ㄴ. <u>힘들 때 만나서 술 한잔하면서 얘기 한 번 나눌 수 있는 친구</u>
  <u>로 끝까지 남았으면 좋겠다는</u> 게 큰 바램이고.
  ㄷ. 군인의 이미지 관리를 위해서 하는 거지. <u>진정으로 여생도들</u>
  <u>이 필요해서 뽑는 건 아니라는</u> 생각도 나름대로 들었어요.

(121)에서 보여주듯이 '-다는/-(이)라는'이 심리활동 내용 지시 기
능을 할 수 있는 것은 '-다는/-(이)라는'이 연결된 발화를 전형적인

내적 인용 구문의 피인용문으로 간주할 수 있는 것과 관련된다. 한편, (121ㄴ)에서처럼 추측을 나타내는 선어말어미 '-겠-'과 결합하여 쓸 수 있다는 점에서 심리활동 내용 지시 기능의 '-다는/-(이)라는'은 기존의 관형사 어미 '-ㄴ/은/는/을/ㄹ/었던'과 다르다.[55] '-다는/-(이)라는'이 시제 선어말어미와 결합할 수 있는 통사적 특징은 역시 전형적인 간접인용 구문에 쓰이는 '-고 하-'에서 이어진 것이라고 설명할 수 있다.

한편, '-(이)라는'은 실제 발화 상황에서 직접인용 구문의 형식처럼 하나의 완전한 문장을 이끄는 상황에 많이 쓰인다.

> (122) ㄱ. 내가 이래서 <u>별 거 아닌 걸로 싸웠는데 더 크게 되는 거 아닌 가</u>라는 생각이 들어.
> ㄱ'. 내가 이래서 <u>별 거 아닌 걸로 싸웠는데 더 크게 될 거</u>라는 생각이 들어.
> ㄴ. <u>국가의 국방을 지키기 위해서 얼마나 멋있냐</u>라는 생각도 들었는데.
> ㄴ'. <u>국가의 국방을 지키기 위해서 참 멋있다</u>는 생각도 들었는데.

위 (122ㄱ), (122ㄴ)에서 밑줄 친 부분은 심리활동의 내용을 나타내는 독립된 문장으로 볼 수 있다. 이때 '-(이)라는'이 이끄는 내용은 화자가 심리활동 내용에 대한 태도까지 표현하게 된다. (122ㄱ), (122ㄴ)을 (122ㄱ'), (122ㄴ')으로 바꾸면 선행절에서 나타나게 된 화자의 태도뿐만 아니라 발화 속의 화용적 전략의 쓰임도 중화된다. 그러므

---

55) 기존의 관형사 어미 '-ㄴ/은/는/을/ㄹ/었던'은 선어말어미 '-겠-'과 결합할 수 없으며, '-(으)ㄹ 거라는' 혹은 '-(으)ㄹ 것이라는'이라는 형식으로 의지나 추측을 나타내는 내용을 관형절로 만든다.

로 한국인 모어 화자의 발화 습관을 존중하여 심리활동을 지시할 때의 이러한 쓰임을 역시 간접인용 구문의 범주로 처리하고자 한다.56)

또한, '-다는'의 선행어가 형용사일 때 이 형용사들은 심리활동 행위 주체의 주관적인 판단을 나타낸다.

(123) ㄱ. <u>가을 밤하늘이 이쁘다는</u> 거 새삼스럽게 느꼈지.
ㄴ. <u>좋다는</u> 감정보다는 <u>창피하다는</u> 생각이 더 많이 들어서, 그때는 그렇게 좋은지 몰랐는데 … (후략)

(123ㄱ)에서 가을 밤하늘이 '이쁘다'라는 것은 객관적인 평가에 의해 내리는 판단이 아니라, 문장 주어인 '나'의 주관적인 판단으로 봐야 한다. (123ㄴ)에서 '좋다'과 '창피하다'라는 것도 역시 화자의 주관적인 느낌 또한 판단으로 이해할 수 있다. 이렇듯 '-다는'이 심리활동의 내용을 지시할 때 선행어가 형용사라면 그 형용사에는 심리활동 행위 주체의 주관적인 판단이 첨가되어 있다. 그 증거로 다음의 두 예문을 들 수 있다.

(124) ㄱ. 그 사람은 <u>이상한</u> 눈빛으로 나를 쳐다보고 있다.
ㄴ. 그 사람은 <u>이상하다는</u> 눈빛으로 나를 쳐다보고 있다.

---

56) 분석 자료에 '그래서 나중에 저녁에 숙소에서 너네들 왜 사관학교 가고 싶냐고 물어보니까, <u>취직도 잘 되고, 뭐~ 멋있다라는</u> 의견도 있었고.'와 같이 완전한 독립된 발화에 쓰는 '-(이)라는'이 있다. 이때 '-(이)라는'의 선행절 내용이 원발화에 대한 요약이라면 '-(이)라는' 구문을 간접인용 구문으로 간주할 수도 있고, 원발화 내용을 그대로 인용한 거라면 직접인용 구문으로 처리해도 무방하다. 그러나 심리활동 지시 기능을 할 때 '-(이)라는'이 완전한 발화에 쓰이는 비율이 더 높았다는 결과와 달리, 발화 내용을 지시할 때 이러한 쓰임의 비율이 현저히 낮다. 따라서 이렇게 완전한 발화에 쓰이는 발화 내용 지시 기능의 '-(이)라는'을 직접인용 구문으로 처리하기로 한다.

위의 (124ㄱ), (124ㄴ)에서 '이상하다'라는 표현은 모두 화자의 주관적인 판단으로 볼 수 있지만, (124ㄱ)의 '이상하다'는 (124ㄴ)에 비해 [+확실함]의 의미 자질을 지닌다. (124ㄱ)에서 '이상하다'라는 느낌은 화자 자신의 인지에 대한 판단이며, (124ㄴ)에서 '이상하다'라는 느낌은 화자가 다른 사람의 생각에 대해 추측한 내용이다. 다른 사람의 생각보다 자신의 생각에 당연히 더 확신을 가지는 까닭이다. 따라서 화자가 자신의 생각이나 주장을 표현할 때 사용하는 '-다는/-(이)라는'은 기존의 관형사 어미 '-ㄴ/은/는/을/ㄹ/었던'에 비해 화자의 [-확실함], [+주관적]이라는 태도를 나타낸다고 할 수 있다.

c. '-다는'의 사건 자체 지시 기능

'-다는'은 화자가 시제에 맞는 언어 사용의 논리적인 규칙을 고려하지 않고, 단순히 어떤 사건 그 자체를 지시할 때 많이 쓰인다. 앞에서 제시한 발화 내용 지시 및 심리활동 내용 지시에 쓰이는 '-다는'이 [내용 지향성] 의미 자질을 갖는다면, 사건 자체를 지시할 때 사용하는 '-다는'은 '내용'이 아니라 [사건 지향성] 의미 자질을 갖는다고 할 수 있다.[57] 이 경우에 사건 자체는 '-다는'이 연결되는 내용을 통해 나타

---

57) 엄격하게 따지면 어느 특정한 발화 혹은 생각, 느낌, 판단 등을 지시할 때 '-다는'의 의미 기능을 '사건 자체 지시'로 판정될 수도 있다.

예) ㄱ. 아무리 부모님이라두 뭐 무조건 베푸는 게 아니라, 기브앤테이크가
    있다는 것을 좀 깨달은 거 같고.
    ㄴ. 참 고맙게 생각하고, 고맙다는 말 한 번도 못한 것 같은데.

위의 두 예문에서 '-다는'이 연결되는 내용은 각각 심리활동의 내용과 발화의 내용으로 볼 수 있기도 하나, '-다는'의 후행어를 한정하는 요소가 밑줄 친 부분이 지시하는 사건으로 볼 수도 있다.

나며, '-다는+N'의 구조를 통해 명사절의 통사적 자질을 획득한다.

(125) ㄱ. 어 마지막 대학생활에 방학인데 이렇게 보낸다는 거 자체가
너무 열 받아.
ㄴ. <u>선생님이랑 이야기할 수 있다는 것</u>도 되게 재밌었고, 음~ 그
래서 너무 좋았는데.

위의 (125)에서 '-다는'이 연결되는 내용은 누구의 발화 또는 심리
활동으로 간주할 수 없으며 현실 상황으로 보는 것이 적절하다. 이
때 '-다는+N' 구조가 지시하는 대상은 '-다는'의 선행절에서 나타내
는 사건 그 자체이다. (125ㄱ)처럼 이 경우에 쓰이는 '-다는+N' 구조
가 '자체'라는 단어와 잘 어울린다. '-다는'이 그 사건 자체를 지시하
기 때문에 (125ㄴ)에서 '선생님이랑 이야기할 수 있다는 것'이라는
일이 과거에 일어난 일임에도 불구하고 과거를 나타내는 시제 선어
말어미 '-었-'을 붙이지 않아도 문장은 여전히 성립된다. '-다는'이 사
건 자체 지시 기능을 지닌다는 사실은 기존의 관형사 어미 '-ㄴ/은/는
/을/ㄹ/었던'과의 비교를 통해 확인할 수 있다.
우선, 특정한 상태에 처한 사건을 지시할 때 '-다는'은 사건의 상태
를 나타내기 위한 시제 사용의 제한을 덜 받고, 사건 그 자체를 지향
하는 자질을 갖고 있다. 반면, 관형사 어미 '-ㄴ/은/는/을/ㄹ/었던'은
사건의 상태를 나타내기 위해 시제를 고려해서 사용해야 한다.

(126) (현실 상황: 복권이 당첨되었음)
ㄱ. 복권이 <u>당첨된다는</u> 일은 진짜야?
ㄴ. 복권이 <u>당첨되었다는</u> 일은 진짜야?
ㄷ. *복권이 <u>당첨되는</u> 일은 진짜야?

ㄹ. 복권이 당첨된 일은 진짜야?

위 예문(126)에서 보여주듯이 현실 상황에서 복권이 당첨되었다는 사건은 실제로 이미 일어난 일이기 때문에, 이렇게 과거 또는 완료 상태에 처한 어떤 사건을 지시할 때는 (126ㄹ)처럼 과거 또는 완료를 나타내는 관형사 어미 '-ㄴ/은'을 사용해야 문장이 성립되며, (126ㄷ) 과 같이 현재를 나타내는 관형사 어미 '-는'을 사용하면 비문이 된다. 그러나 '-다는'은 시제 사용의 제한을 덜 받아, (126ㄱ)처럼 일반 현재시를 사용하거나 (126ㄴ)처럼 완료를 나타내는 시제 선어말어미 '-었-'을 붙여 사용해도 모두 성립된다. 이는 '-다는'이 사건 그 자체를 지시하는 속성을 지닌다는 것으로 설명할 수 있을 것이다. '-다는' 은 지시하고자 하는 사건이 일어났든 일어나지 않았든 상관없이, '참' 인지 '거짓'인지와도 상관없이 그저 사건 그 자체를 지시할 뿐이고, (126ㄴ)에서처럼 '-다는'은 이미 일어났던 그 사건 자체를 지시하고 있음을 이해할 수 있을 것이다. 따라서 현실 상황에 대해 애기할 때 기존의 관형사 어미 '-ㄴ/은/는/을/ㄹ었던'은 '-다는'보다 [+현실 지향성]의 의미 자질을 갖는다고 판단될 수 있다. 이상의 예문(126)을 통해 '-다는'의 [사건 지향성] 의미 자질을 확인하였다.58)

특정한 상태에 처한 어느 사건이 아니라, 그저 사건 그 자체를 지시할 때, 그리고 화자가 문장 전체에서 나타내는 명제에 대해 '참'이 라고 생각할 경우에 '-다는'과 '-는'은 아래 (127)에서 보여주는 바와

---

58) 말뭉치 구어 자료에서 '정말 죽을 때가 돌아가실 때 되면 그 왔다갔다한다는 게 정말인가 봐.'라는 발화를 발견했다. 화자가 이 발화를 할 때 '-다는'이 연 결되는 내용이 '참'인지 '거짓'인지에 대해 판단을 내리지 않았다는 것은 맥락 을 통해 알 수 있다.

같이 교체하여 쓸 수 있다.

(127) ㄱ. <u>논문을 쓰는 일</u> 자체가 힘든 일이야.
     ㄴ. <u>논문을 쓴다는 일</u> 자체가 힘든 일이야.

위 (127)의 두 예문에서 '-다는'과 관형사 어미 '-는'이 지시하는 사건은 과거에 일어난 일이나 현재 진행하고 있거나 미래에 일어날 일이 아니다. 특정한 상태에 처한 어느 특정한 사건을 지시할 필요 없이, 그저 일반적인 인지를 기술하는 듯이 일반적인 사건을 지시할 때 '-다는'과 '-는'은 모두 사용될 수 있다.

'-다는'과 관형사 어미 '-ㄴ/은/는/을/ㄹ/었던' 간에는 통사적 차이도 존재한다. 관형사 어미 '-ㄴ/은/는/을/ㄹ/었던'은 자체의 다양한 형태를 통해 지시하고자 하는 사건의 상태 또한 시제를 나타내지만, '-다는'은 시제 선어말어미 '-았/었/였-'에 의해 시제를 실현한다. 그리고 특정한 상태에 처한 사건을 지시할 필요가 없으면, '-다는'은 시제를 밝히지 않아도 과거나 미래 시의 사건을 현재 시로 지시할 수 있으므로 '-겠-'과는 잘 결합되지 않는다.[59)]

d. '-(이)라는'의 특정 대상 지시 기능

'-(이)라는'은 구체적인 명칭이나 설명의 내용을 이끌어내어 특정

---

59) 단, '-다는'은 발화 내용이나 심리활동 내용을 지시할 때 아래의 발화와 같이 '-겠-'과 결합하여 쓸 수 있다.

ㄱ. <u>그 일에서 인제 벗어나야 되겠다는</u> 그런 생각이 약간씩 들었던 거 같애.
ㄴ. 경제상황 어렵다 어렵다 하지만 <u>돈 좀 잘 벌어서 많이 그 쪽으로 투자가 됐으면 좋겠다는</u> 그 런 바램이 항상 있어요.

한 대상을 지시할 수 있다. 구어와 문어에서 '-(이)라는'의 이러한 쓰임이 빈번하게 일어난다.

(128) ㄱ. 버스정류장이라는 책두 나왔다구 하드라구요.
ㄴ. 오션스일레븐이라는 영화를 보러 갔었는데.
ㄷ. 따라서 직장의 경우 소속 회사가 장래에도 계속 현재와 같은 규모로 존재하고 있을 것이라는 가정 아래 판단된다는 한계를 가지고 있다.
ㄹ. 국순당은 어 우리나라 누룩을 계속 만들어 오던 회사라는 그 명성에 걸맞게 좋은 누룩을 쓰고 있다고 합니다.

(128ㄱ), (128ㄴ)에서 '-(이)라는'의 후행어는 선행어의 상위 집합으로 볼 수 있으며, '-(이)라는'은 지시하고자 하는 대상의 명칭을 이끌어냄으로써 후행어가 지시하는 대상을 구체화한다. (128ㄷ), (128ㄹ)에서 '-(이)라는'이 연결되는 내용은 후행어의 속성에 대한 설명으로 볼 수 있으며, 후행어에 대한 구체적인 설명을 밝힘으로써 후행어가 지시하는 특정한 대상을 한정한다.

통사적 측면으로 보면 '-(이)라는'의 선행절은 (128ㄱ), (128ㄴ)에서 명사형 명사절로, (128ㄷ), (128ㄹ)에서 서술형 명사절로 볼 수 있다. 이때 '-(이)라는'은 지시의 기능을 한다기보다, 양쪽의 육지를 연결하는 다리처럼 두 개의 관련된 명사적 구성을 연결해 주는 필수적 구조의 역할을 한다. '-(이)라는'이 없다면 (128)과 같은 문장들은 두 문장으로 끊어서 발화할 수밖에 없기 때문에 '-(이)라는'은 어느 문법도 대체할 수 없는 통사적 지위를 가진다.

외국인 학습자들은 '-(이)라는'의 지시 용법을 모른다면 위 발화에서 사용한 'N₁-(이)라는 N₂' 구조를 'N₁인 N₂' 구조로 혼동하여 발화할 수도 있을 것이다. (128ㄱ), (128ㄴ)의 'N$_1$-(이)라는 N$_2$' 구조에서 N$_2$가 N$_1$의 상위 집합이다. 그러나 'N$_1$인 N$_2$' 구조의 경우, '한국의 수도인 서울은 인구가 많이 몰려 있는 곳이다.'라는 문장처럼 N$_1$(한국의 수도)과 N$_2$(서울)는 대등 관계를 가지거나, '지구촌 공민인 나는 환경보호에 나의 힘을 기울여야 한다.'라는 문장처럼 N$_1$(지구촌 공민)이 N$_2$(나)의 상위 집합인 것은 자연스럽다. 따라서 'N$_1$-(이)라는 N$_2$' 구조와 'N$_1$인 N$_2$' 구조는 N$_1$과 N$_2$의 의미 관계에 있어서 차별된다. 또한, (128ㄹ)에서는 '-라는'의 선행절이 서술성 기능을 지니므로 '-라는' 대신 '이다'에 관형사 어미 '-ㄴ'을 붙인 형태 '-인'으로 바꿔 쓰는 것이 가능하나, 이때 '-(이)라는'이 이끄는 선행절의 명제가 '참'이어야만 문장이 성립된다.

(129) ㄱ. 국순당은 어 우리나라 누룩을 계속 만들어 오던 회사라는 명성을 가질 자격이 없다.
ㄴ. *국순당은 어 우리나라 누룩을 계속 만들어 오던 회사인 명성을 가질 자격이 없다.

위 예문(129)의 경우, '-라는'이 이끄는 선행절의 명제가 '거짓'이므로, 이때 (129ㄴ)과 같이 '이다'로 바꿔 쓰면 모순된 문장이 된다. 이는 서술성 명사구에 쓰이는 '이다'가 '지시'의 기능이 아니라 '참'이나 '거짓'을 판정하는 기능을 하기 때문인 것이다. 따라서 '-(이)라는'은 선행절의 명제가 '참'이나 '거짓'인지에 상관없이 그저 선행절 논항 그 자체만을 지시하는 것으로 볼 수 있다. 이점에서 '-(이)라는'의 특정 대상 지시 기능은 '-다는'의 사건 자체 지시 기능과 일맥상통한 것이라고 볼 수 있겠다.

e. 강조하기

실제 발화 상황에서 '-다는/-(이)라는'은 '-다는/-(이)라는 것이다'
의 형식으로 선행절의 내용을 강조해서 발화할 수 있다. 이 상황에
쓰이는 '-다는/-(이)라는 것이다'는 선행절의 내용을 강조하기 때문에
간접인용 구조 '-다고 하는 것이다/-(이)라고 하는 것이다'로 환원할
수 없다.

첫째, '-다는/-(이)라는 것이다'는 실제로 일어난 발화 내용에 쓸
수 있다.

(130) ㄱ. 자기 아버지가 거기 간다는 이유로 <u>어쩔 수 없이 미국을 간다</u>
<u>는 거예요.</u>
ㄴ. P1: 누가 그러는데?
P2: 아니야 아무튼, 그리구, 또, 집행부랑 패짱에, 그~ 위상에
대해서 오늘 얘기하고 싶은 거는 <u>패짱도 집행부라는 거야.</u>

(130)의 두 발화는 '-다는/-(이)라는 것이다'를 통해 발화 내용을 강
조해서 청자에게 전달하는 것으로 볼 수 있다. 만약 위의 두 발화를
강조를 나타내는 '-ㄴ/는 것이다'로 바꿔 발화하면 비문이 된다. '-ㄴ/
는 것이다'는 발화 내용을 이끌어내는 기능을 할 수 없기 때문이다.

둘째, '-다는/-(이)라는 것이다'라는 표현으로 화자가 자신의 생각,
느낌, 주관, 판단 등 심리활동의 내용을 강조해서 표현할 수 있다.

(131) ㄱ. 내가 이 영화를 보고 느낀 점은 첫째는 <u>그~ 실화랑 좀 다르다</u>
<u>는 거지.</u>
ㄴ. <u>이게 결코 우리나라 국민 소프트웨어 산업을 육성하기 위한</u>
<u>게 아니라는 거야.</u>

위 (131)의 두 발화는 화자가 자신의 느낌과 주장을 강조해서 제시하는 것으로 볼 수 있다. 이때 '-다는/-(이)라는'은 심리활동의 내용을 지시하는 기능을 하고 있으며, 발화에서는 화자의 주관적인 판단을 나타내고 있다. 위의 두 발화는 강조 효과를 지닌 '-ㄴ/는 것이다'로 바꿔 발화하면 화자가 발화 내용에 대한 태도가 더 확실하게 되어 뉘앙스 차이가 일어난다. 이는 화자가 자신의 생각이나 주장을 표현할 때 사용하는 '-다는/-(이)라는'이 기존 관형사 어미 '-ㄴ/은/는/ㄹ/을/었던'에 비해 [-확실함], [+주관적]이라는 화자의 태도를 드러내는 것과 관련된다.

셋째, '-다는' 앞에 연결되는 내용은 발화가 아니라, 화자가 실제로 봤던 것, 경험했던 것인 경우가 있다. 이때 화자가 그 장면을 회상하면서 '-다는 것이다'로 발화 내용을 강조하여 발화할 수 있다.

(132) ㄱ. 다른 사람의 글을 써 놨는데, 그 노래를 듣고, 그 가사를 쓴 거지만, 그 가사를 시로 이렇게, 근까 제 그걸 노래로 보지 않고 시로 봤다는 거예요.
ㄴ. 공부할 의욕도 안 나고 막 그렇다고, 아하 그래서 내가 나현이랑 유진이랑 셋이서 병맥주를 먹었다는 거야.

위 (132)의 두 발화에서 밑줄 친 부분은 화자가 자신의 경험을 강조해서 발화하는 것이다. 이 경험들은 현실 세계에서 실제로 일어난 일이기 때문에 두 발화에서의 '봤다는 거예요', '먹었다는 거야'를 [+현실 지향성]을 지닌 '봤던 거예요', '먹었던 거야'로 바꿔 발화해도 된다.

넷째, 구어에서 '-(이)라는'은 '-(이)라는 것'의 형태로 선행어를 부각시키는 기능을 할 수 있다. 물론 이 기능은 앞에서 제시한 '지시하기' 기능으로 볼 수도 있지만 다음의 발화에 대한 분석을 통해 '-(이)라는 것' 구조의 강조의 효과를 확인할 수 있다.

(133) ㄱ. 제가 선생님 때문에 <u>국어라는 거</u>에 관심을 가지게 됐고.
ㄴ. <u>복지라는 거</u> 자체가 되게 어렵고 불쌍한 사람들 이렇게 많이 퍼주면서, 이케 도와줘야 되는 건데, 거기서 수익사업을 하려면 그 사람들한테서 돈을 받아야 되잖아요.

위의 두 발화에서 '-(이)라는'이 강조의 기능을 한다는 이유는 '-(이)라는 것'이라는 구조를 제거하더라도 문장이 성립될 수 있기 때문이다. 따라서 위 발화에서 '-(이)라는 것' 구조는 선행어를 부각시키는 강조 기능을 한다고 할 수 있다.

3.2.8. -다고 해서/-(이)라고 해서

'-다고 해서/-(이)라고 해서'[60]는 마치 하나의 덩어리처럼 쓰이는 양상이 있다. 선행어가 용언이나 시제 선어말어미일 때 '-다고 해서'가 사용되고, 선행어가 체언이나 '-이다/아니다'일 때 '-(이)라고 해

---

60) 분석 자료에서는 다음의 예시처럼 '-(이)라고 해서'의 선행절이 따옴표 안에 있는 완전한 발화인 상황을 발견하였다. 이러한 발화를 직접인용 구문으로 처리하기로 한다.

예) "지구에서 살다 가면서 사람이 자취를 남긴다는 것은 허용할 수 없는 것" <u>이라고 해서</u> 의도적으로 파기될 물질로 당시의 대부분의 좋은 작품들이 제작되었었다.

또한, 실제 발화에서 '-고' 탈락이 일어날 수 있는데 '-고' 탈락형을 동일한 분석 대상으로 삼고 검색하여 분석하였다.

서'가 사용된다. 이 절에서 논의하고자 하는 '-다고 해서/-(이)라고 해서'는 전형적인 간접인용 구문에서의 쓰임[61]과 달리, 실제로 일어난 발화나 생각의 내용, 혹은 가정의 내용을 이끌어내어 후행절의 조건이나 근거로 삼는 쓰임이다. 문법화된 간접인용 구문에서 쓰이는 독립된 구성 '-다고 해서/-(이)라고 해서'는 비격식적, 격식적 발화에서 모두 발견되었으나 격식적인 상황에서 주로 사용된다.

'-다고 해서/-(이)라고 해서'의 의미 기능은 '근거 제시'로 정리할 수 있다. 선행절 내용을 근거나 조건으로 삼아, 이 근거나 조건 하에 후행절의 상황이 이루어졌거나 이루어질 것이 아니라는 주장을 제기할 때 항상 '-다고 해서/-(이)라고 해서'가 사용된다[62]. 이때 화자는

---

61) 분석 자료에는 다음과 같은 발화가 있다.

예) ㄱ. 한 사람 데리고 오면 같이 해 준다고 해서 갔어.
　　 ㄴ. 혼자 여행을 하고 싶다고 해서, 근까 어쩔 수 없이 하게 된 거기두 하고, 그냥 뭐~ 이 기회에 안 하면 내가 언제 하겠냐 해서 했는데 …
　　　 (후략)
　　 ㄷ. 즉 외부의 물체를 사람이 시력을 통해 지각했을 때 단순히 머리속에 그 물체에 대한 생각만이 존재하는 것이 아니라 실제로 물체의 한 점 한 점에서 나온 빛이 눈의 망막에 한 점 한 점씩 물리적인 상을 맺는다는, 다시 말해서 외부 물체와 사람 눈의 망막의 상 사이에 1대1의 대응관계가 있다는 것이다. 여기서 더 나가서 데카르트는 단순한 감각이 아닌 인간의 사고는 이같은 상들의 결합에 의해서 얻어지는 것이라고 해서 인간의 사고를 외부세계에 실재하는 물체에 바탕을 두려고 했다.

위의 발화 (ㄱ)에서 '-다고 해서'가 이끄는 내용은 실제로 다른 사람이 한 발화를 인용한 것이며, (ㄴ, ㄷ)에서 '-다고 해서', '-이라고 해서' 구문은 전형적인 간접인용 구문에서 생각을 나타내는 내적 내용 구문으로 봐야 한다. 이두 경우는 전형적인 간접인용구문으로 처리하여 이 절의 분석 대상에서 제외하였다.

'-다고 해서/-(이)라고 해서'의 선·후행절 사건이 '참'이나 '거짓'인지 상관없이 그저 사건 그 자체만 지시하고자 한다.

아래 (134), (135)는 '-다고 해서', '-(이)라고 해서'가 가장 많이 쓰이는 담화 맥락이다. 이때 선행절의 내용은 화자가 가정한 상황이며, 이러한 근거 아래서 후행절의 상황이 이루어질 거라는 명제에 대해 화자는 부정적인 태도를 갖고 있다[63]).

---

62) 주의해야 할 점은 '-다고 해서/-(이)라고 해서'의 선·후행절 내용이 이루어진 명제에 대해 부정적인 태도를 갖는 사람은 화자 본인인 것이다. 만약 3인칭 시점으로 한 발화라면 '-다고 해서/-(이)라고 해서'가 이끄는 선행절 내용은 인용의 내용으로 봐야 한다.

예) ㄱ. 그는 중력에 의한 낙하운동을 〈자연스럽게 가속되는 운동(naturally accelerated motion)〉이라고 해서 다른 일반적인 가속운동과는 다르다고 생각했다.
ㄴ. 그리고 창립 당시에는 너무 가상적이라고 해서 의도적으로 배제했던 데카르트주의가 주도적 경향이 되어 갔고 나중에는 라이프니츠의 영향도 여기에 가세했으며 그에 따라 이론적이고 수학적 색채가 강하게 나타났다.

분석 자료에서는 위와 같은 발화들을 발견하였다. 위 발화들은 주어가 3인칭이며 구문 전체는 문장 주어의 주장, 생각을 기술하고 있다. 따라서 위 발화에서의 '-(이)라고 해서'를 전형적 내적 인용 구문에 쓰이는 '-(이)라고 생각해서'와 같은 표현으로 이해하는 것이 적절하며, '-(이)라고 해서'의 선행절은 인용의 내용에 해당한다.

63) 서희정(2013ㄱ:304-305)에서는 '-다고'가 이끄는 선행절이 후행절의 근거로 제시될 때, 그리고 '-다고'가 부정문에서 사용된다면 '-다고'를 '-다고 해서'로 대치할 수 있다고 주장했다. 그러나 서희정(2013ㄱ)은 전형적인 간접인용 구문에서 쓰이는 '-다고'와 문법화된 '-다고'를 구별하지 않았기 때문에 이 연구에서 논의한 '-다고 해서'는 본고에서의 전형적 인용구문에 쓰이는 '-다고 해서'와 문법화된 '-다고 해서'를 모두 포함한 대상이다. 서희정(2013ㄱ:304-305)에서는 불충분한 근거를 지시하는 '-다고 해서'가 적용되는 문장 종결법을 '논

(134) ㄱ. 맛있게 먹고 있던 음식에서 벌레나 이물질이 나오면 김이 샌다. 그러나 <u>그렇다고 해서 불순물을 젓가락이나 포크로 끄집어내어 만천하에 공개하는 일은 참으로 바람직하지 못하다.</u>
　　 ㄴ. <u>아이가 똑똑하다고만 해서 이 사회에서 잘 살 수 있는 건 아니니까,</u> 그깐 그런 영재 교육 기관두 너무 빈약하구, 그런 것두 있드라구.

(135) ㄱ. 애가 하나인 때도 그 애만을 위해서 하루의 시간을 모두 뺏겼는데요, <u>아무리 애가 열셋이라고 해서 그 이상의 시간을 뺏길 수는 없지 않아요?</u>
　　 ㄴ. <u>어떤 특정 장르의 영화라고 해서 무조건 싫어하는 것은 영화를 좀더 재미있게 보기 위해선 조금씩 벗어나야 할 우리의 편견에 지나지 않는 것이다.</u>

위의 (134), (135)에서 선행절의 사건이 현실 세계에서 진짜 일어난 것이 아니라 화자의 가정으로 봐야 되며, 후행절의 사건도 앞의 사건을 근거로 이루어진 가정 상황이다. 위 예문에서 선행절 내용은 후행절 내용의 '조건'이나 '이유'로 볼 수 있다. 이처럼 '조건'과 '이유'를 모두 나타낼 수 있는 '-다고 해서'의 의미 기능을 '근거 제시'로 규정할 수 있을 것이다. 위의 예문들을 통해 알 수 있듯이, 화자는 '-다고 해서/-(이)라고 해서'의 선행절 사건을 근거로 후행절 사건이 이루어진다는 명제에 대해서 회의적이고 부정적인 태도를 갖고 있다. 현실 발화 상황에서 '-다고 해서/-(이)라고 해서'의 후행절에서는 부

리 관계 부정문', '수사의문문', '부정명령문', '부정청유문'으로 제시했다. 그러나 21세기 세종 계획에 대한 분석 결과에 의해, '-다고 해서/-(이)라고 해서'는 부정문에서 쓰이는 빈도가 제일 높았지만 꼭 그러하지는 않다.

정 표현을 많이 사용하지만, 반문이나 화자의 부정적인 태도를 나타내는 표현을 사용해도 자연스럽다.

위의 (134ㄴ)에서 '-다고 해서'는 가정의 조건을 나타내는 '-(으)면'으로 대체할 수 있으나 '원인'을 나타내는 '-아/어서'로 바꿔 쓸 수 없다. (135)에서의 '-(이)라고 해서'도 '-아/어서'로 바꿔 쓰면 어색하다. '-다고 해서/-(이)라고 해서'가 이끄는 근거가 후행절 내용의 충분한 근거로 되지 못한다는 것에 까닭이 있다고 짐작된다.[64] 즉, '-다고 해서/-(이)라고 해서'가 이끄는 선·후행절의 인과관계 또는 조건관계가 성립된다는 것은 화자의 주관적인 판단에 의해 실현된 것이며, 객관적으로는 '-다고 해서/-(이)라고 해서'의 선행절 내용을 후행절 내용의 충분한 원인으로 판단하기 어렵다는 것이다. 따라서 화자가 인과관계가 합리적이라고 생각할 때 사용하는 [+확신]의 의미 자질을 지닌 '-(으)니까', '-아/어서'를 '-다고 해서'로 바꿔 쓰면 문장이 어색해질 수 있다.

'-다고 해서/-(이)라고 해서'는 반드시 선행절 내용이 가정의 내용일 때만 사용되는 것이 아니다. 아래 (136)의 발화처럼 맥락을 통해 화자는 이미 '-다고 해서', '-(이)라고 해서'의 선행절 내용이 '사실'이라는 것을 인증했다는 사실을 알 수 있다.

(136) ㄱ. 바둑이란 의외로 간단하지 않은 것이다. 그러나 <u>문제가 많다고 해서 뭐 나쁠 것인가?</u>
ㄴ. 사실 <u>정보화시대라고 해서 모든 사람이 21세기를 지향하면서 21세기가 요구하는 방식으로 살아가는 것은 아니다.</u>

---

64) 서희정(2013ㄱ:304~305)에서도 '-다고 해서'가 불충분한 근거를 제시하는 의미 기능을 지닌다고 밝혔다.

21세기 세종 계획에서는 아래(137)처럼 '-다고 해서/-(이)라고 해서'의 선·후행절에서 모두 현실 상황을 나타내는 쓰임도 발견되었다[65]. 마찬가지로 화자는 역시 '-다고 해서/-(이)라고 해서'의 선·후행절이 이루어진 명제에 부인의 태도를 갖고 있으며, 문장 전체는 현실을 반영하기 위한 것이 아니라 화자의 주장 및 판단을 표현하고 있다.

(137) ㄱ. 산업 혁명이 일어나기 전, 영국이나 유럽의 주택들은 보통 1층에 부엌이 있었고 2층에 식당이 있었다. <u>그렇다고 해서 부엌이 접근하기 쉬운 얕은 공간이었던 것은 아니다.</u>
     ㄴ. '<u>응룡應龍'이라고 해서</u> 날개 돋친 용이 없는 것은 아니지만, 중국 문화권에서 흔히 볼 수 있는 전형적인 용은 교룡蛟龍으로서 날개가 없다.

위 (137)의 발화에서 '-다고 해서', '-(이)라고 해서'의 선·후행절이 지시하는 상황은 모두 현실 세계에서 실제로 일어난 상황으로 볼 수 있지만 '-다고 해서', '-(이)라고 해서'는 '-아/어서'로 바꿔 쓸 수 없다. 이는 화자의 발화 의도가 그저 '-다고 해서/-(이)라고 해서'의 선·후행절이 이루어진 명제 자체만 지시하고자 하는 것과 관련되기도 하고, '-다고 해서/-(이)라고 해서'가 이끄는 이유가 후행절 내용의 충분한 이유가 되지 못한다는 것에도 까닭이 있다.

---

65) '-다고 해서/-(이)라고 해서'의 후행절에서는 가정의 상황을 제시하는 것이 일반적이다. 현실 상황을 제시하는 쓰임은 분석 자료에서 상당히 낮은 빈도로 나타났기 때문에 일반적인 쓰임으로 보기 힘들다. 이는 '-다고 해서/-(이)라고 해서'는 이미 상대적으로 명확한 의미적 특징을 갖게 되어, 문법화 정도가 높은 쓰임이라는 사실을 방증한다.

앞서 3.2.1, 3.2.2절에서도 논의한 바와 같이 '-다고 해서/-(이)라고 해서'는 인용술어를 탈락하여 발화해도 된다. 이는 '-다고 해서/-(이)라고 해서'의 문법화 발전 과정과 관련된다. '-다고 해서/-(이)라고 해서'는 기존의 발화나 생각의 내용을 근거로 제기하는 간접인용 구문에서 발전된 것이라고 볼 수 있다. 다음의 예시처럼, 선행 발화 내용을 근거로 삼는 쓰임이 먼저 있고, 가정의 내용을 근거로 삼는 쓰임은 그 후에 생겼다고 본다.

(138) ㄱ. 그런 그가 하나밖에 없는 아들에 관한 문제를 내게 의논한 적이 있다. 아들이 이제 막 대학을 졸업하는데 어떤 일을 시켜야 할지 모르겠다는 것이다. <u>그렇다고 해서</u> 아들이 크게 문제를 일으키는 것도 아니다.

ㄴ. 맛있게 먹고 있던 음식에서 벌레나 이물질이 나오면 김이 샌다. 그러나 <u>그렇다고 해서</u> 불순물을 젓가락이나 포크로 끄집어내어 만천하에 공개하는 일은 참으로 바람직하지 못하다.

위 (138)의 두 발화에서 근거로 삼는 내용은 '-다고 해서' 구문 앞에 서술된 선행 발화이다. 두 발화의 차이점은 (138ㄱ)에서 '-다고 해서' 구문의 선행 발화 내용은 현실 상황에 대한 기술이고 (138ㄴ)에서는 가정한 상황이라는 것이다. 두 발화는 모두 지시 용어 '그렇다'로 선행 발화의 내용을 이끌어 내어 후행절 내용의 근거로 삼는데 '-다고 해서' 구문 전체는 화자의 주장만 표현하고 있을 뿐이다. (138ㄱ)처럼 근거로 되는 내용이 현실 상황이더라도 그저 화자 주장의 일부일 뿐이다. 문법화된 '-다고 해서/-(이)라고 해서'는 (138ㄱ)과 같은 현실 지향의 근거 제시 쓰임에서 점점 추상적인 가정 지향의 근거 제시 쓰임으로 발전하게 된 것이라고 짐작된다. 문법화가 계속 일어나면서 '-다고 해서/-(이)라고 해서'는 지시 용어 '그렇다'가 없어도 직접 가정의 내용을 근거로 제기할 수 있게 된 것이라고 추정된다.

문법화된 '-다고 해서/-(이)라고 해서'의 사용에 있어서 외국인 학습자들이 가장 혼동을 일으키는 것은 가정의 근거로 쓸 수 있는 '-다고 해서/-(이)라고 해서'와 가정의 조건을 나타내는 '-(으)면' 간의 차이에 대한 구별일 것이다. '-(으)면'과 '-다고 해서/-(이)라고 해서'는 모두 가정을 나타내는 선행절을 가질 수 있다는 공통점을 지니지만, 차이점을 4가지로 정리할 수 있다.

우선, 가정의 조건을 나타내는 '-(으)면'의 후행절에서는 아직 일어나지 않은 미래 상황이나 화자의 추측을 주로 표현할 수 있는 반면, '-다고 해서/-(이)라고 해서'의 후행절에는 가정의 상황이나 실제로 이미 일어난 상황이 모두 올 수 있다. 둘째, '-(으)면'의 선·후행절 내용은 꼭 인과관계를 맺는 것이 아니며, '-다고 해서/-(이)라고 해서' 구문에서는 선·후행절 내용이 주로 인과관계를 맺는다. 셋째, '-(으)면'의 후행절에는 명령, 청유, 의지를 나타내는 표현이 올 수 있지만, '-다고 해서/-(이)라고 해서'의 경우는 이러한 표현들이 올 수 없다. 넷째, '-(으)면'은 선행절의 내용에 대해서만 가정하는 반면, '-다고 해서/-(이)라고 해서'는 선·후행절 간의 관계에 대해 가정한다.

문법화된 '-다고 해서/-(이)라고 해서'는 화자의 주관적인 주장이나 생각을 제시할 때 주로 사용되기 때문에 후행절에는 명령이나 청유를 나타내는 표현이 올 수 없다. 따라서 부정문 사용에 있어서도 명령이나 청유를 나타내는 '-지 말-' 부정을 사용할 수 없다. 선·후행절의 인칭 사용에는 통사적 제약이 없으나 미래 시제를 나타내는 '-겠-'에 연결될 수 없다는 제약이 있다. 그러나 의지를 나타내는 '-겠-'의 사용에는 제약을 받지 않는다. '-다고 해서/-(이)라고 해서'는 선행절의 사건 자체만을 근거로 삼기 때문에 사건 자체의 특정한 상태를 밝혀야 할 상황이 아니라면 미래 상황도 현재 시제로 표현할 수 있다.

3.2.9. -다고 해도/-(이)라고 해도

이 절에서 논의하고자 하는 '-다고 해도/-(이)라고 해도'[66]는 전형적인 간접인용 구문에서 발화를 이끄는 쓰임[67]이 아니라, 문법화되어 마치 한 덩어리처럼 쓰이는 대상을 가리킨다. 선행어가 용언이나 시제 선어말어미일 때 '-다고 해도'가 사용되고, 선행어가 체언이나 '-이다/아니다'일 때는 '-(이)라고 해도'가 사용된다. 이와 비슷한 의미로 쓰이는 표현으로서 '-다고 하더라도/-(이)라고 하더라도'도 있는데 둘을 같은 항목으로 간주하기로 한다.

'-다고 해도/-(이)라고 해도'는 화자가 생각이나 주장을 제기할 때 주로 사용된다. 우선, 기존의 발화 내용을 후행절 내용의 조건으로 삼는 쓰임을 보자.

(139) 그러니까 되게 친절하게 대답해주더라. 그니까 화장실 물어보는 대두, 근까 일본 사람들이 되게 친절하다는 거를 그때부터 되게 알게 되는 거야. 정말 우리가 생각했던 거 하고는 정말 다르구나. 그래서 물론 겉으로만 그런다고 그럴지 모르지만, 그렇다고 해도 우리한테는 되게 너무 기분이 좋으니까, 그래서 막 경비원 아저씨

---

66) 실제 발화에서 '-고' 탈락이 일어날 수 있는데 '-고' 탈락형을 동일한 분석 대상으로 삼고 검색하여 분석하였다.

67) 분석 자료에서는 다음과 같이 전형적인 외적 인용 구문을 간주할 수 있는 발화를 발견했다. 이러한 쓰임을 이 절의 연구 대상에서 제외하기로 한다.

    예) 너희들이 뭐라고 해도 난 그 남자와 결혼하겠어.

도 되게 친절하고 웃으면서 화장실 갔다가 나오고 (후략)

위 (139)에서 '-다고 해도'는 선행 발화를 인용하여 후행절 내용의 조건으로 제시하고 있다. 이때 선·후행절의 내용은 '참'인지 '거짓' 인지가 중요하지 않고, 화자는 단지 기존의 발화 내용을 상대방에게 제시하고자 한다. 위의 발화에서 '-다고 해도'의 후행절 내용은 화자 본인만 인지하고 있는 사실이라고 볼 수 있다. 즉, 선·후행절 내용의 의미 관계는 화자의 주관적인 생각에 의해 이루어진다는 것이다. 이 렇게 실제로 일어난 발화 내용을 후행절 내용의 전제로 제기할 때 쓰이는 '-다고 해도'는 문법화되면서 화자가 가정의 상황을 만들어 후행절 내용의 전제로 제기할 수도 있게 되었다. 이때 선·후행절의 내용은 현실 상황인지 아닌지에 상관없이, 선·후행절이 이루어진 명 제는 화자의 주관적인 생각으로 간주해야 한다.

아래 (140)의 발화와 같이 '-다고 해도', '-(이)라고 해도'는 선행절 에서 화자의 생각의 내용을 제시하더라도 후행절의 내용이 선행절 내용에 영향을 받지 않음을 나타낼 수 있다. 이 때 화자가 선행절 내용에서 나타낸 명제가 '참'인지 '거짓'인지에 대해서 모르는 상태 에서도 발화할 수 있다는 특징이 있다. 즉, 화자는 그저 선행절 내용 에서 나타낸 사건 자체만 지시하고자 한다는 것이다. 이 경우에 후행 절의 내용은 일반적으로 화자의 생각이나 판단으로 나타난다.

(140) ㄱ. 우선 남북간 이데올로기적 대립이 아직도 잔존하고 있으며, 이에 따라 <u>민간단체의 대북교류 접촉에 대한 자율성이 상당 부분 개선되었다고 하더라도</u> 하지만 민간단체가 북한과 교류 하기 위해서는 여전히 많은 제약이 따르고 있음을 보여준다.
　　　ㄴ. 지금에서야 고백하는 것이지만 우리 중 어떤 친구는 상상도

할 수 없는 모욕적인 지참금의 요구조차 묵묵히 감수해가며 이른바 유능한 남자의 아내가 된 경우도 있었다. 우리의 이기적인 결혼철학에 의하면 신랑측이 요구하는 지참금이 비록 <u>참을 수 없을 만큼 혹독한 액수라고 하더라도</u> 결혼 후에 누릴 행복에 비하면 그것은 아주 당연한 투자에 속하는 것이었다.

위 (140)의 발화에서 '-다고 하더라도', '-(이)라고 하더라도'는 화자가 자신의 발화가 '양보적 의미' 관계를 지닌다고 판단해서 사용하는 양보 표현이라고 볼 수 있기 때문에 기존의 양보 표현 '-아/어도', '-더라도'에 비해 양보적 의미 관계를 표현하는 데 더 주관적이고 임의적이라고 할 수 있다. (140ㄴ)에서 '-(이)라고 하더라도'를 '-였지만'으로 발화할 수 있다는 것은 그 증거가 된다.

문법화된 '-다고 해도/-(이)라고 해도'는 같은 형태의 전형적인 간접인용 구문의 영향을 받아, 과거 시제 선어말어미에 붙어 쓸 수 있다. 미래 시제를 나타내는 '-겠-'과 결합하여 쓸 수 없다는 통사적 제한을 받지만, 의지를 나타내는 '-겠-'과는 결합하여 쓰일 수 있다. 문법화된 '-다고 해도/-(이)라고 해도'는 인칭의 사용, 부정법의 사용, 후행절에서 명령, 청유, 의지, 당위 표현의 사용 등 통사적 제약을 받지 않는다.

그러면 '-다고 해도'는 이와 관련된 양보 표현 '-아/어도', '-더라도', '-(으)ㄹ지라도' 간의 차이가 무엇일까? 앞서 언급했듯이 '-다고 해도'는 양보적 의미 관계를 나타낼 수 있는데, 선·후행절 내용이 전형적의 양보적 의미 관계를 갖는다면 '-아/어도', '-더라도', '-(으)ㄹ지라도'와 교체해도 큰 문제가 없을 것이다. 화자가 실제로 발화할 때 '-다고 해도' 중에 포함되어 있는 양보 표현 '-아/어도' 때문에 가급적 양보적 의미 관계를 지닌 내용을 발화하려고 하는 까닭에, 실제 발화 상황에서는 '-다고 해도'가 '-아/어도', '-더라도', '-(으)ㄹ지라도'와 겹치는 쓰임이 매우 많다. 굳이 '-다고 해도'와 '-아/어도', '-더라도', '-(으)ㄹ지라도' 간의 차이를 구별하자면, 화자 입장에서 선행절 내용에 대해 판단을 내렸는지의 여부가 그 미묘한 뉘앙스 차이라고 할 수 있다. '-다고 해도'는 선행절 내용에 대해 화자가 확실한 판단을 내리지 않은 중립적인 경우에 사용되며, 화자가 선행절 내용을 확실히 인지하고 있는 상황에서는 '-다고 해도'가 잘 사용되지 않는다.

(141) ㄱ. 아버지의 심정, <u>완벽하게 이해할 수 없어도</u> 용서할 수 있을 듯했다.[68]

ㄴ. 아버지의 심정, <u>완벽하게 이해할 수 없더라도</u> 용서할 수 있을 듯했다.

ㄷ. *아버지의 심정, <u>완벽하게 이해할 수 없다고 해도</u> 용서할 수 있을 듯했다.

ㄹ. 아버지의 심정, <u>완벽하게 이해한다고 해도</u> 용서할 수 있을 듯했다.

ㅁ. 아버지의 심정, <u>완벽하게 이해한다고 할 수 없어도</u> 용서할 수 있을 듯했다.

위 예문 (141ㄱ), (141ㄴ)의 맥락을 통해 아버지의 심정을 완벽하게 이해할 수 없다는 것이 '참'에 해당되는 현실 상황인 것을 알 수

---

68) 조창인(2007), 『가시고시』에서 인용함. 안근영(2018:170)에서 재인용.
안근영(2018)에서는 한국어 '-아/어도'와 중국어 '雖然', '卽使'의 의미에 대해 비교했다. 한국어 '-아/어도'는 현실 상황이나 가정 상황을 나타내는 선행절에 모두 쓸 수 있으며, 이 경우에 선·후행절은 대립적 의미 관계를 맺을 수 있다는 사실을 밝히기 위해 위의 예를 제시한 바 있다.

있다. 이때 양보 표현 '-아/어도', '-더라도'를 사용하면 발화가 자연스러운데 '-다고 해도'를 사용하면 문장이 어색해진다. 아버지의 심정을 이해한다는 것은 화자 자신의 감정이며, 그 감정은 화자 자신에게 확실히 인지되고 있는 것이기 때문에 선행절 내용에 대해 중립적 태도를 나타내는 '-다고 해도'와는 어울리지 않는다. 그러나 선행절 내용을 (141ㄹ)처럼 가정의 내용으로 만들면 발화가 자연스럽게 된다. (141ㄱ), (141ㄴ)은 (141ㅁ)으로 발화할 수도 있으나, 이때 (141ㅁ)에서 간접인용에 관련된 표현 '-다고 할 수 없다'가 이끄는 내용도 가정으로 봐야 된다. 즉, 양보 의미 표현 '-아/어도', '-더라도'가 연결되는 선행절의 내용이 '참'이라는 것을 맥락을 통해 확실히 알 수 있지만, 간접인용 구문에서는 화자가 선행절 내용이 확실히 '참'인 것으로 인증한다는 태도는 드러나기 힘들다는 것이다.

'-다고 해도'가 이끄는 내용이 화자에게 확실히 인지되고 있는 사실일 수도 있지만, 이때 화자가 이에 대해 인정하려고 하지 않는 태도가 노출될 수 있다.

(142) ㄱ. 근까 <u>아무리 고삼 때 내가 놀았다고 해두</u> 스트레스 받지 않았겠니?

ㄴ. 얼마를 배상해라 그런데, 근까 정부에서는 그건 배상할 수 없다. 왜냐면 뭐~ 담배에 폐암이 걸린다는 그런 게 충분히 있고, 근까 <u>아무리 의료 보험 혜택이 주어진다고 해도</u> 그렇게 자기가 위험을 감수하고 한 것까지 정부에서 무료로 대 줄 수는 없다.

위 (142)의 두 발화에서 '-다고 해도'가 이끄는 선행절의 내용에 대해서, 청자의 입장에서는 발화 자체를 그대로 들으면 그 내용이

'참'인 것 같기도 하지만 발화 맥락을 통해서는 아닌 것 같기도 하다는 느낌이 들 수 있다. 화자의 입장에서는 선행절의 내용이 사실인지 아닌지를 모호하게 만들어, 인정하고 싶지 않다는 태도에서 두 발화를 한 것으로 볼 수 있다. 즉, '-다고 해도'의 선행절 내용이 현실 상황에서 '참'이라도, 그 내용을 '-다고 해도'를 통해 발화하면 발화에서 드러나게 되는 선행절 내용에 대한 화자의 판단은 중화된다는 것이다.

양보 표현을 사용하는 실제적 발화 상황에서 화자는 선행절 내용에 대한 인지에 따라 후행절 내용을 고려해서 발화한다. 다시 말하면, 화자는 선행절 내용에 대해 현실 상황이나 비현실 상황으로 인지한 다음에 후행절 내용을 결정해서 발화한다는 것이다. '-아/어도', '-더라도', '-(으)ㄹ지라도'를 사용하는 발화에는 선행절 내용을 확실한 현실 상황으로 인지한다는 것이 아니라면 가정으로 인지하게 된다는 두 가지 상황만 존재한다.[69] '-다고 해도'는 선행절 내용이 '가정'인지 '현실'인지에 대해 청자의 판단을 어렵게 만드는 중간 상태에 서 있는 존재라고 할 수 있다.

'-더라도'와 '-(으)ㄹ지라도' 앞에는 모두 가정의 내용이 올 수 있지

---

[69] 최재희(1995)에서는 조건 접속문에서 화자가 전제절에서 나타내는 명제 내용에 대해서 사실임으로 받아들이는 것과 사실임을 확인할 수 없다는 두 가지 인식태도만 가질 수 있다고 제시했다. 김현지(2006)에서는 최재희(1995)의 관점을 바탕으로 조건 접속문에서의 조건화 유형을 '사실명제의 조건화', '가상명제의 조건화', '가정명제의 조건화'로 세분하였다. 그러나 가상과 가정은 시제 차이만 가질 뿐, 둘을 모두 사실로 판단할 수 없다는 점에서 두 연구는 같은 의견을 지닌다고 볼 수 있다. 안근영(2018)에서도 양보 표현 '-아/어도'의 선행절 내용에 대한 화자의 인식이 가정 상황이나 현실 상황으로 받아들이는 두 가지만 나타날 수 있다고 하였다.

만 가정 내용의 실현 가능성에 따라 두 표현을 선택하게 된다. '-더라도'는 실현 가능성이 높은 상황에 쓰인다면 '-(으)ㄹ지라도'는 실현 가능성이 희미한 상황에 쓰인다(강현화 외2016:186). '-다고 해도'는 두 상황에서 다 쓸 수 있다. 이는 '-다고 해도'가 이끄는 내용을 화자의 생각으로 볼 수 있어, 생각할 수 있는 내용이 무한한 가능성이 있기 때문인 것으로 설명할 수 있을 듯하다.

(143) ㄱ. 내일 지구가 망할지라도 나는 오늘 사과나무를 심겠다.
　　　　　(강현화 외2016:186)
　　　 ㄴ. 내일 지구가 망하더라도 나는 오늘 사과나무를 심겠다.
　　　 ㄷ. 내일 지구가 망한다고 해도 나는 오늘 사과나무를 심겠다.

위 (143)의 세 발화에서 가장 자연스러운 것은 (143ㄱ)이며, (143ㄷ)도 용인 가능한 발화로 받아들일 수 있다. 그러나 이 둘에 비해 (143ㄴ)의 용인 가능성은 3순위로 볼 수 있을 것 같다. 지구가 망한다는 일이 일어날 가능성은 매우 희박하기 때문이다.

'-다고 해도/-(이)라고 해도' 뒤에 인증의 태도를 나타내는 표현이 오면 '-다고 해도' 구문 전체는 화자의 생각 및 판단을 나타낼 수 있다. 격식적인 상황에서 많이 쓰이는 '-다고 해도 과언이 아니다', '-다고 해도 무방하다' 등은 그러한 구문이다.

(144) ㄱ. 그러나 도우사쿠에 이르러서야 비로소 그 의미가 확정되었다고 해도 과언이 아닐 것이다.
　　　 ㄴ. 그 당시 유럽 대륙 서쪽은 형편없는 미개지였고, 중국은 너무나 먼 다른 세계였으므로 그 때 문화가 발달된 모든 지방을 정복했으니, 사실상 알렉산더 대왕은 세계를 정복했다고 해

도 지나친 말은 아닐 거야.

ㄷ. 그러나 본격적으로 전사회적 이슈로 등장한 것은 김대중 정
부의 햇볕정책 실시 이후라고 해도 무방할 것이다.

위 (144)의 세 발화는 밑줄 친 부분을 통해 화자가 자신의 생각
또한 주장을 강조해서 표현한다는 것으로 볼 수 있다. '-이다/아니다'
로 끝나는 판단을 나타내는 평서문에 비해 '-다고 해도' 구문은 역시
화자의 주관적인 판단을 나타내고 있으며, [+확신]을 나타내지 못하
고 있다.

3.2.10. -다기보다/-(이)라기보다

'-다기보다/-(이)라기보다'는 문법화된 간접인용 구문에서 덩어리
로 쓰이는데 주로 격식적인 발화 상황에서 사용된다. 선행어가 용언
이나 시제 선어말어미일 때 '-다기보다'가 사용되고, 선행어가 체언
이나 '-이다/아니다'일 때 '-(이)라기보다'가 사용된다. 강조를 나타내
려면 '-는'을 붙여서 발화할 수 있다. '-다기보다/-(이)라기보다'는 화
자의 생각이나 주장을 제기할 때 주로 사용된다.

'-다기보다/-(이)라기보다'는 선행절의 내용을 완전히 부정하지 않
고 인증의 태도를 나타내면서 후행절에서 자신의 주장을 제기한다는
완곡한 주장 제기 표현이라고 볼 수 있다. '-다기보다/-(이)라기보다'
의 선·후행절이 이루어지는 명제는 화자의 주장으로 볼 수 있기 때
문에, 발화할 때 화자는 '-다기보다/-(이)라기보다' 선행절 내용이
'참'이나 '거짓'인지에 대해 판단을 내리지 않고 발화한다.

우선, '-다기보다/-(이)라기보다'의 선행절에서 기존의 발화 내용을
이끄는 경우가 있다.

(145) ㄱ. P1: 취미활동 비슷하게.

P2: 음 취미활동이라기보다, 뭐 내가 가는 사이트는 같이 술한 잔 빨아요 그러면 같이 모이고 그러더라.

ㄴ. 근데 내가 보기에도 너무 둘 다 이상해. 둘 다 이상하다기보다는 작은 엄마가 약간 쫌 사람 문제가 있는 거 같구.

(145ㄱ)에서 '-(이)라기보다'가 이끄는 내용은 상대방의 발화 내용이다. 이때 화자는 상대방이 한 발화 내용을 비교의 대상으로 삼아, 이와 다른 자신의 상황에 대해서 설명하고 있다. (145ㄴ)에서 화자는 자신이 한 발화를 수정하여 자신의 생각을 설명해 주고 있다. 이처럼 기존의 정보를 밝혀 자신의 주장을 제기하는 발화는 '간접인용'의 원형 의미를 띠는 쓰임이라고 볼 수 있다. 위의 발화에서 '-다기보다', '-(이)라기보다'가 지시하는 내용은 발화이기 때문에, '-다기보다', '-(이)라기보다'는 '-다고 하기보다', '-(이)라고 하기보다'로 이해할 수 있다.

문법화가 계속 진행되면서 선행절에서는 기존의 정보가 아닌 가정의 정보를 제기할 수 있게 되었다.

(146) ㄱ. 능률이 오르지 않는 것은 능력이 부족하다기보다는 그 사람이 게으른 탓이다. 그런 사람에게는 부지런한 친구를 소개해 준다. 이것으로 자기를 반성하게 된다.

ㄴ. 어느 나라의 신화이든 그것은 사실의 역사가 아니라 수수께끼와 같은 암호이다. 현실의 모습이라기보다는 하나의 현실 속에 담겨진 마음의 언어인 것이다.

위 (146)의 발화에서 '-다기보다', '-(이)라기보다'가 이끄는 내용은 기존의 발화 내용이 아니라 화자가 스스로 생각해 낸 내용이라고 봐야 한다. 이때 화자는 청자에게 보다 쉽게 이해시키고자 비교의 대상을 제기함으로써 비교 상황을 만들어 자신의 주장, 견해를 설명해 주고 있다. 위의 발화에서 '-다기보다', '-(이)라기보다'가 지시하는 내용은 생각의 내용이기 때문에, '-다기보다', '-(이)라기보다'는 '-다고 생각하기보다', '-(이)라고 생각하기보다'로 이해할 수 있다.

'-다기보다/-(이)라기보다'는 비교의 대상을 제기하는 '-보다'에 비해 사용 범위가 좁다. '태양이 지구보다 많이 크다'라는 명제처럼 '-보다'는 객관적인 사물을 비교의 대상으로 제기할 수도 있고, '-다기보다'와 비슷한 의미의 '-다는 것보다'라는 언어 구성에서도 쓸 수 있다. 반면, '-다기보다/-(이)라기보다'가 지시하는 대상은 현실에 있는지 여부, 또한 '참'이나 '거짓'인지에 상관없이 그저 화자 생각 가운데 한 부분일 뿐이다.

3.2.11. -다면서/-(이)라면서, -냐면서, -자면서, -(으)라면서

문법화된 '-다면서/-(이)라면서', '-냐면서', '-자면서', '-(으)라면서'는 종결어미처럼 주로 문장의 종결 위치로 온다. '-다면서'는 용언 어간 및 시제 선어말어미, '-(이)라면서'는 체언 어간 및 '-이다/아니다'에 쓰이므로 '-다면서', '-(이)라면서'는 서로의 이형태로 간주할 수 있다. 실제 발화 상황에서는 비격식적인 구어 대화에서만 사용되며 공손성을 지닌 발화가 아니다. 친한 사이의 윗사람에게 쓸 수 있으나 '-요'를 붙여 공손을 표현해야 한다. 구어에서는 '-다며', '-(이)라며', '-냐며', '-자며', '-(으)라며'로 발화하기도 하고, '-다면서', '-(이)라면서'는 '-대메', '-(이)래메'로 발화하기도 한다. 분석할 때 21

세기 세종 계획에서 '-다면서/-(이)라면서'의 발화 빈도가 제일 높았기 때문에 '-다면서/-(이)라면서'의 의미 기능에 대해 확인하는 것이 가능하였다. '-냐면서', '-자면서', '-(으)라면서'의 발화 빈도가 낮은 전형적인 간접인용 구문에서 '-냐고', '-자고', '-(으)라고'는 '-다고', '-(이)라고'에 비해 발화 빈도가 많이 낮다는 결과와 일치하며, 이는 일상 발화에서 평서문이 제일 많이 사용된다는 것과 관련된다. 본고는 간접인용 구문의 실제적 사용 양상을 보여주고자 말뭉치를 통해 도출한 분석 결과를 다음과 같이 정리하겠다.70)

a. 확인하기

화자가 알고 있는 정보를 상대방에게 확인할 때 '-다면서/-(이)라면서'로 발화할 수 있다.

(147) ㄱ. P1: 음 러쎌 크로우가
　　　　 P2: 음.
　　　　 P1: <u>연기를 잘 했다면서.</u>
　　　　 P2: 러쎌 크로우는 …
　　　　 P1: 〈vocal desc="웃음"/〉
　　　　 P2: 〈laughing〉<u>모르겠어 잘 모르겠구.</u>
　　 ㄴ. P1: 나 그거, 나 그거 만화로 봤었거든. 나는.
　　　　 P2: 진짜?
　　　　 P1: 어.

---

70) 강현화 외(2017)에서는 '-다면서/-(이)라면서'의 의미 기능을 '확인하기', '화제의 근거를 제시하기' 두 가지로 도출하였다. '화제의 근거를 제시하기' 기능은 본고에서 제시한 '반문하기', '공감 얻기' 기능을 포괄하는 쓰임이라고 볼 수 있다.

P2: 만화도 있어? <u>어 그거 만화두 있구 그게 원래 인터넷에서</u>
<u>올린 거였다며?</u>
ㄷ. P1: 고춧가루 다이어튼가
P2: 다이어트.
P1: 어.
P2: <u>그게 유행이래메요.</u>
P1: 어 어.

위 (147)의 발화에서 '-다면서/-(이)라면서'가 쓰인 발화는 화자가
알고 있는 정보를 상대방에게 확인하려고 한 발화이다. (147ㄱ), (147
ㄴ)에서 상대방의 반응을 통해 밑줄 친 발화를 한 화자는 자신이 발
화한 내용에 대해 확신이 없다는 것을 알 수 있다.

b. 반문하기

상대방이 한 발화나 행위가 자신의 생각과 다르거나, 상대방의 발
화와 행위가 다를 때 '-다면서/-(이)라면서'로 상대방에게 반문을 제
기할 수 있다.

(148) ㄱ. P1: 비디오루 찍어와〈/laughing〉
P2: 뭐야! <u>한국영화는 그렇게 보면 안된대메.</u>
P1: 왜?
P2: 한국 영환 다 걸리던데 바로 바로 고소 들어오구.
ㄴ. P1: 짜증나게〈/laughing〉 잠자리가 날아다니는 거야.
P2: 그거 <u>생리적 현상이라며.</u> 뭐.
P1: 생리적 현상 무지하게 싫어하는데.

(148ㄱ)에서 화자는 상대방이 제기한 요구가 자신이 알고 있는 규

칙에 어긋나기 때문에 상대방에게 그렇게 해도 되냐고 반문하고 있다. (148ㄴ)에서 화자는 청자도 알고 있는 것을 반문의 형식으로 그러한 현상이 정상적이라는 뜻을 표현함으로써 청자를 위로하고 있다.

밑의 (149)는 화자가 빈정거리는 듯이 상대방에게 반문하는 발화이다.

(149) ㄱ. P1: 아니 그래서 한 과목 먼저 끝났어 이제.

　　　 P2: 너 말 안 한다면서 왜 말 해. 꺼져 임마 응.

　　 ㄴ. P1: 탐구생활 한 기억이 젤 많이 남아.

　　　 P2: 미치겠네. 〈laughing〉싫대메! 너 저기 써놨잖아, 싫어?

위의 (149ㄱ)은 화자가 따지는 듯이 상대방의 발화를 반박하는 상황이다. 이럴 때 화자의 반감을 나타낼 수도 있다. (149ㄴ)에서도 화자의 반문을 나타내고 있지만, 이 경우는 화자가 장난치는 식으로 한 반문으로 이해할 수 있다. 한편, 상대방에게 반문할 때 '-자면서', '-(으)라면서'도 발화될 수 있다.

(150) ㄱ. P1: 너 토론하재메 아까. 꺼! 그만 꺼! 가자!

　　　 P2: 이거 이거 할 때, 아~ 이걸로 토론하자구?

　　　 P3: 에얼리언인데 에얼리언. 아이~

　　　 P1: 아~ 그럼, 뭐~ 토론이 아니고 잡담이네.

　　 ㄴ. P1: 그래 가지구,〈/laughing〉 재현이한테 전화를 걸었어. 야! 지금 영화관인데 오늘 총회 판 쫌 늦거나 못 뛸 거 같애 그랬드니 막, 니가 왜 영화를 보러 가네.

　　　 P2: 〈vocal desc="웃음,하하"/〉

　　　 P1: 그래서 니가 같이 놀아 주라며, 아우 내가 놀아 주라 그랬지 니가 누가 너 영화 보러 가라 그랬냐고, 그래 내가 아~

몰라 하고 끊었다?

위 (150)에서 밑줄을 친 발화는 화자가 상대방의 제안을 되물어보는 것이다. 화자는 상대방에게 자기가 한 제안을 왜 수행하지 않느냐고 따지는 듯이 발화하고 있다. 이와 비슷하게 '-냐면서'도 상대방이 한 물음을 되물을 때 사용될 수 있으리라 생각한다. 그러나 21세기 세종 계획에서는 이에 해당하는 예시를 찾지 못했다.[71]

c. 공감 얻기

확인이 아니라, 상대방에게 자신의 말에 동의를 구하기 위해 '-다면서/-(이)라면서'로 발화하는 경우가 있다. 이때 '-다면서/-(이)라면서'가 연결되는 내용은 역시 화자에게 구정보이어야 한다.

(151) ㄱ. P1: 의무적으로 다 가야 되는 거 아니죠.
P2: 〈unclear〉 내가 못 가니까.〈/laughing〉
P1: 가면 밤 새고 막 해야 될 거 같애.
P2: 많이들두 못할 거 같애 저녁에 마치고 가니까. 내일 또 오후 세 시에 한다메.

위 (151)의 밑줄 부분은 화자와 청자가 모두 알고 있는 내용이다.

---

71) 강현화 외(2016:281,354)에서는 반문 기능의 '-냐면서'에 대해 제시한 바가 있는데 참고로 다음과 같이 제시한다.

예) 가: 너 밥을 먹다 말고 어디로 가는 거야?
나: 언제 살 뺄 거냐면서.
가: 그래서, 지금 내가 그 말 했다고 삐친 거야?

화자의 발화 의도는 상대방에게 정보를 확인하는 것이 아니라 상대방이 많이 힘들겠다는 생각에 동의해서 상대방의 심정을 충분히 이해해 준다는 뜻을 표현하고자 하는 것이다.

> (152) P1: 근데 나두 감기 걸리면 거의 보리차 오렌지 쥬스랑 귤이랑 뭐~ 그런 거를 막 사다 놓구 계속 번갈아 가면서 마시는 거야. 그 뭐~ 감기 걸리면 몸에서 비타민 씨하구 수분인가? <u>그게 빠져 나간다면서</u>.
> P2: 음, 그래요?
> P1: 그렇다 그러대?
> P2: 비타민 씨가 빠져 나간다구요? 감기에 걸리면은?

위 (152)에서 밑줄 친 발화는 화자가 상대방에게 확인하려고 한 것이 아니라 상대방의 공감 또는 인증을 얻으려고 한 발화이다. 후행 발화에서 상대방이 자신의 발화 내용에 동의하지 않아도 계속 자신의 관점을 믿는다는 것을 통해 이 판단을 도출할 수 있다.

3.2.12. -다니까/-(이)라니까, -냐니까, -자니까, -(으)라니까

문법화된 '-다니까/-(이)라니까', '-냐니까', '-자니까', '-(으)라니까'는 종결어미처럼 주로 문장의 종결 위치에 온다. '-다니까'는 용언 어간 및 시제 선어말어미, '-(이)라니까'는 체언 어간, '-이다/아니다'에 쓰이므로 '-다니까', '-(이)라니까'는 서로의 이형태로 간주할 수 있다. 이 계열의 문법 항목들은 비격식적인 구어 대화에서만 사용되며 공손성을 지니지 않는다. 친한 사이의 윗사람에게 사용할 수 있으나 '-요'를 붙여 공손을 표현해야 한다. 구어에서 '-다니까', '-(이)라

니까'는 '-대니까', '-(이)래니까'로 발화하기도 하고, 강조를 더 나타
내려면 '-다니깐', '-(이)라니깐'으로 발화하기도 한다. 21세기 세종
계획에서 '-다니까', '-(이)라니까'의 발화 빈도가 제일 높았다. '-냐니
까', '-자니까', '-(으)라니까'의 출현 빈도가 매우 낮기 때문에 주로
'-다니까/-(이)라니까'의 의미 기능에 대해 확인이 가능하였다. 문법
화된 '-다니까/-(이)라니까', '-냐니까', '-자니까', '-(으)라니까'는 모
두 선행 내용을 강조하게 만드는 기능을 할 수 있다. 21세기 세종
계획에서 도출한 분석 결과는 다음과 같다.[72]

첫째, 자신의 생각, 느낌 또는 알고 있는 정보를 강조해서 상대방에
게 전달할 때는 주로 '-다니까/-(이)라니까'를 사용하여 발화한다. 화
자의 어이없거나 짜증이 나거나 놀랍다는 감정이 늘 수반된다.

> (153) ㄱ. P1: 집에 전화해 가지구 붙었나 떨어졌나 그니까 집에서. 아
> 　　　　재학이는 나보다 못 하는데 붙었구.
> 　　　P2: 〈vocal desc="웃음"/〉
> 　　　P1: 난 쟤보다 잘 하는데 떨어졌다니까. 걔네 엄마 하는 말이
> 　　　　걸작이야. 재학이는 잘 했으니까 붙었겠지. 〈vocal desc="
> 　　　　웃음"/〉
> 　　ㄴ. P1: 이 자식 사람을 만나더니 거기서 맨날 산다니까.
> 　　　P2: 어디서?
> 　　　P1: 뭐야 청담동.
> 　　ㄷ. P1: 저번 학기에 피엘에이트랑 피이피 있잖아요. 임용고사 공
> 　　　　부하는 거 그~, 그 과목 두 개 다 개설됐었거든요. 그래

---

72) 강현화 외(2017)에서는 '-다니까/-(이)라니까'의 의미 기능을 '발화를 강조해
서 표현하기', '상대방의 말을 반발하기' 두 가지로 제시하였다. 본고에서는
이 두 가기 의미 기능 외에 '변명하기' 기능도 도출하였다.

가지구 두 개 다 들었거든요.

P2: 아마 그때 못 들을 수 있어 난. <u>그까 그게 제일 문제라니까.</u>

(153ㄱ)에서 밑줄 친 발화는 화자가 어이없다는 감정을 나타내면서 자신의 생각을 상대방에게 전달해 주고 있는 것이다. (153ㄴ), (153ㄷ)에서도 '-다니까', '-(이)라니까'는 화자의 부정적인 감정을 적극적으로 표현하고 있다. (153ㄴ)에서는 화자가 들었던 것을 상대방에게 전달하고 있는데 발화에서 반감하는 태도를 나타내고 있다.

'-냐니까', '-자니까', '-(으)라니까'는 출현 빈도가 낮았지만 마찬가지로 화자의 생각을 강조해서 표현할 때 발화될 수 있다.

(154) ㄱ. P1: 나도 그럼 〈unclear〉〈unclear〉나가 볼까?〈/unclear〉

　　　 P2: 너 휴학하<u>지 말라니까</u>, 아이.

　　 ㄴ. P1: 괜찮아. 나중에 다시 바꾼다 그래도 상관 없는데 뭘.

　　　 P2: 그러니까 내 생각에 나는 이걸 <u>왜 썼냐니까.</u> 여기다 이렇게 놀랬어 이렇게.

　　 ㄷ73). P1: 연정아, 쉬는 시간에 우리 뭐 좀 먹을까?

　　　 P2: 나 별로 배 안 고픈데?

　　　 P1: 글쎄, <u>그래도 뭐 좀 먹자니까.</u>

(154ㄱ)에서는 화자가 꾸짖으면서 상대방에게 한 권유, 또는 명령의 내용을 강조해서 발화하고 있다. 맥락을 통해 화자 P2가 이미 사

---

73) 21세기 세종 계획에서 강조 기능의 '-자니까'에 해당하는 발화를 찾지 못했다. 그래서 강현화 외(2016:391)에서 가져온 예문을 제시했다. 강조 기능의 '-자니까'에 대해서 강현화 외(2016:391)에서는 자신이 한 제안을 다시 말하여 그 제안은 강조해서 표현한다고 기술하고 있다.

전에 명령의 내용을 발화한 적이 있다는 사실을 판단할 수 있다. (154
ㄴ)에서 '-냐니까'는 화자가 스스로 자신한테 물어보는 듯이 후회의
감정을 나타내고 있다.[74] (154ㄷ)에서 화자는 상대방에게 자신의 제
안을 받아들이도록 적극적으로 요청하고 있다.

둘째, 상대방의 생각과 다를 때 이미 한 발화를 다시 말하여 자신
의 생각을 강조해서 표현할 경우에는 '-다니까/-(이)라니까'를 사용할
수 있다. 이 상황에서는 방금 한 발화에 대한 반복을 통해 '-다니까/-
(이)라니까'의 강조 기능을 더 살릴 수 있다.

(155) ㄱ. P1: 그거 2학기 거야, 이 책이?
　　　　 P2: 아니 이학기 거 어딨어. <u>아 2학기 때 있다구?</u> 어 어. <u>전번
　　　　　　 학기에 있다니까.</u>
　　 ㄴ. P1: 너 되게 잘 썼다.
　　　　 P2: <u>나 그거 뭐 좀 베낀 거야.</u> 적합한지 좀 봐죠. 그 항목에
　　　　　　 똑같은 말이 계속 반복돼서.
　　　　 P1: 웅, 그래도 되게 잘 썼다.
　　　　 P2: <u>뭐 베꼈다니까.</u>
　　 ㄷ. P1: 너는 막 겁나 암울하겠다.
　　　　 P2: 공군이잖아 공군.
　　　　 P1: 공군 씨. 공군도 암울하지.
　　　　 P2: 아니야.
　　　　 P1: 새 쫓는 거 아니야, 위이.

---

74) '-냐니까'의 강조적 쓰임에 대해 강현화 외(2016:280)는 '자신이 한 질문을 다
　　 시 한 번 물어봐서 상대방의 대답을 재촉하기'라고 설명한 바도 있다.
　　 예) 가: 채린아, 숙제 다 했어?
　　　 나: 엄마, 저 지금 책 읽고 있어요.
　　　 가: <u>숙제 다 했냐니까?</u>

P2: 의무병이라니까.

(155ㄱ)에서 화자가 처음에 상대방의 발화를 잘못 이해하다가 이해하게 된 후 앞의 잘못된 대답을 고치려고 정답의 내용을 '-다니까'로 강조해서 발화하고 있다. (155ㄴ)에서 밑줄 친 발화는 화자 P2가 이미 한 번 한 발화 내용을 다시 강조해서 발화하는 것이다. (155ㄷ)은 화자 P2가 화자 P1의 발화에 동의하지 않아 '-(이)라니까'로 자신의 발화를 강조해서 표현하는 것이다.

셋째, 위 상황과 비슷하게 변명할 때도 '-다니까/-(이)라니까'로 발화할 수 있다.

(156) ㄱ. P1: 아까 그 오빠랑 네시 반에.
　　　　 P2: 아니, 애인도 아니면서 밤새 전화를 하고 그래?
　　　　 P3: 야야.
　　　　 P1: 분위기가.〈/laughing〉 다 사귀기 위한 다 작전으로 해서.
　　　　 P2: 어.
　　　　 P1: 여자 친구 있다니까. 결혼 결혼, 결혼할 사람.
　　　 ㄴ. P1: 아무래도 바람났구만 둘 다.
　　　　 P2: 아이 아니라니까 그거는.
　　　　 P1: 야 강한 부정은 강한 긍정이라구 얘기했어.

위 (156)의 두 발화 상황에서 밑줄 친 부분은 화자가 변명하기 위해 한 발화로 볼 수 있다. 이때 화자가 상대방을 설득하려고 자신의 생각을 강조해서 표현하고 있다.

3.2.13. -다니/-(이)라니

문법화된 간접인용 구문에서 '-다니/-(이)라니'는 주로 문장 종결 위치에 오며 간접인용 구조 '-다고 하니', '-(이)라고 하니'로 환원할 수 없다. '-다니'는 용언 어간 및 시제 선어말어미, '-(이)라니'는 체언 어간 및 '-이다/아니다'에 쓰여 서로는 이형태로 간주할 수 있다. '-다니/-(이)라니'는 주로 비격식적인 구어 대화에 쓰이며 공손을 표현할 수 있는 문법 항목이 아니다. 친한 사이의 윗사람에게 쓰려면 '-요'를 붙여 발화해야 한다. '-다니/-(이)라니'의 사용 양상 및 의미 기능은 다음과 같이 정리할 수 있다.

a. 놀라움 표현하기

화자가 뜻밖의 발화 내용을 들었을 때 방금 들은 내용을 '-다니/-(이)라니'로 다시 발화하여 믿기 어렵거나 놀랍다는 태도를 표현할 수 있다.

(157) ㄱ. P1: 아 조선일보가 광고가 많아서 그렇구나.
　　　　　 P2: <u>조선일보가 광고가 많다니</u>? 그거 무슨 소리야.
　　　　　 P1: 조선일보가 광고가 많아.
　　　 ㄴ. P1: <u>생전 결혼식 한 번 갈려구 경주까지 가다니</u>,⟨/laughing⟩
　　　　　　 야 근데 왜 경주에서 결혼해?
　　　　　 P2: 포항이랑 강원도랑 중간 지점 같던데.
　　　 ㄷ. P1: 요즘에 뭐 아헿헿헿 그런 거는.
　　　　　 P2: 봤냐?
　　　　　 P1: 보긴 봤는데 그게 뭐 외계어 비슷한 거야? 그렇게 쓴 다
　　　　　　 는 게 유행이야 요즘?
　　　　　 P2: 아해⟨/trunc⟩ 아헿헿 많이 봤냐?

P1: 어. 그리고 〈unclear〉김풍만화,〈/unclear〉

P2: 〈unclear〉김풍만화〈/unclear〉<u>라니?</u>

(157ㄱ)에서 밑줄 친 발화는 화자가 상대방의 발화 내용을 믿지 못해 그 발화 내용을 다시 한 번 발화하여 상대방에게 확인하려는 것이다. (157ㄴ)에서 밑줄 친 발화는 화자 P1이 결혼식을 경주까지 간다는 일에 놀라서 놀랍다는 감정을 표현하면서 한 발화이다. (157ㄷ)에서 화자 P2가 뜻밖의 발화 내용을 들었기 때문에 놀라서 그 발화 내용을 다시 한 번 상대방에게 확인하고 있다.

b. 의혹 표현하기

화자가 들은 발화 내용에 대해 파악하지 못했을 때 '-다니/-(이)라니'로 다시 발화하여 자신의 의혹을 표현할 수 있다.

(158) ㄱ. P1: 군대 그거 날짜, 아. 그러면 우린 별 소용없네.

P2: 아냐 우리도 약간 혜택이 있어.

P1: 약간 혜택 무슨 혜택인데.

P1: 그니까 남은 개월 수에서 계산 이 이 개월만큼 이케 계산해 주는 거지.

P2: <u>남은 개월 수에서 이 개월만큼 계산해 주다니.</u>

P1: 그니까 총 계산식으로 할 때.

P2: 어.

P1: 남은 개월 곱하기.

ㄴ. P1: 필기하구 기능은 다 한 번에 붙었는데 도로 주행에서 세 번 떨어졌잖아.

P2: 뭐야~. 그럼 얼마까진 괜찮아?

P1: <u>얼마라니?</u>

P2: 근까 기능 시험 보구 나서 도로 주행 볼 수 있는.
P1: 일 년.

위 (158)의 두 발화 상항에서 밑줄 친 발화는 화자가 상대방이 한 발화 내용을 이해하지 못하여 그 발화 내용을 반복해서 말하여 확인하는 것이다. '-다니', '-(이)라니'는 발화에서 화자의 약간의 놀라움 및 의혹을 나타내고 있다.

제4장 한국어 교재에서의 간접인용 구문

　전체적으로 전형적인 간접인용 구문은 한국어교육에서 중요시를 받고 있는 반면, 문법화된 간접인용 구문에 대해서 각 교육 기관은 상이한 관점을 갖고 있다. 전형적인 간접인용 구문의 문법 항목 선정에 있어서 각 교육 기관들은 비교적 일치한 관점을 갖고 있으나 문법화된 간접인용 구문의 문법 항목 선정에는 표준화된 규칙이 없다. 그리고 문법화된 간접인용 구문의 문법 항목에서 중요한 교육적 지위를 갖고 있는 것은 '-다는', '-다면서'처럼 평서형 피인용문에 쓰이는 '-다고/-(이)라고'와 관련된 문법 항목들이다. 이는 실제 발화 상황에서 평서문의 발화 빈도가 제일 높다는 것과 관련된다고 추정된다. 다음으로는 한국어 교재에서 간접인용 구문 문법 항목의 제시 양상에 대해서 유형별로 분석할 것이다.

4.1. 전형적인 간접인용 구문

4.1.1. 문법 항목 선정

전형적인 간접인용 구문의 문법 항목들은 한 계열의 문법 항목으로 간주할 수 있어, '-다고', '-(이)라고', '-냐고', '-자고', '-(으)라고'는 모든 교재에서 문법 항목으로 제시되어 있다.[1] 그리고 3장에서 분석한 바와 같이 간접인용 구문이 실제 발화 상황에서 여러 기능을 할 수 있는데, 각 한국어교재에서 '전달하기' 기능은 주요한 교육 내용이다.[2] 이는 전형적인 간접인용 구문 교육에 있어서 '전달하기' 기능이

---

1) '-달라고'를 문법 항목으로 제시하는 교재는 연세대 교재밖에 없다. 본고는 '-달라고'의 교육 필요성을 인증하는 태도를 갖고 있으며 이에 대한 분석은 추후 따로 상술할 것이다.

2) 전형적인 간접인용 구문 계열의 '-다고', '-(이)라고', '-냐고', '-자고', '-(으)라고'의 기능에 대해서 모든 교재는 '전달하기' 기능으로 제시하고 있다. 그러나 '-다고', '-(이)라고'가 내적 인용에서의 '생각, 주장 제기' 기능에 대한 구체적인 제시 유무에 있어서 각 교재는 차이가 난다. 이에 대한 분석은 조금 후에 진행할 것이다.

'전달하기' 기능의 '-다고', '-(이)라고', '-냐고', '-자고', '-(으)라고'와 관련된 문법 항목을 제시할 때 인용술어의 선정은 각 교재에서 약간의 차이를 보인다. 모든 교재는 '인용표지+인용술어'의 형식으로 문법 항목을 제시했는데 인용술어를 모두 '하다'로 선정하였다. 유독 서울대 교재는 '-다고' 관련 문법 항목을 '-다고 하다', '-다고 들었다' 두 가지, 그리고 '-냐고' 관련 문법 항목의 인용술어를 '하다'와 '묻다' 두 가지로 제시했다. 인용 술어를 '하다'로 선정하는 이유는 문법 생산성을 위함이라고 본다.

한편, 중앙대 교재는 문법 항목 '-자고 하다', '-(으)라고 하다'를 제시할 때 부정 형태의 '-지 말자고', '-지 말라고'도 함께 제시했다. 통사 정보 범주에 속하는 부정 형태를 표준 문법 항목으로 제시한다는 것은 한국어교육에서 전형적인 간접인용 구문 문법 항목의 표준 형태 선정에 통일성이 없다는 것을 반영하고 있다.

주된 교육 내용이라는 것을 시사하고 있다.

'전달하기' 기능의 간접인용 구문 문법 항목 중 '-고 하-' 축약형 문법 항목은 서울대 교재를 제외한 4종의 교재에서 제시되었다.3) 축약형 문법을 전체적으로 제시하거나 표준 문법 항목을 선정해서 제시하는지에 대해 각 교재는 상이한 태도를 갖고 있다.4) 실제 교육 상황에서는 모든 형태의 축약형 문법 항목을 제시할 필요가 없고, 사용 빈도가 높은 대표 항목을 선정하여 교육하는 것이 더 효율적일 수 있다.

내적 인용에서 '-다고/-(이)라고'5)는 주요한 문법 항목으로 제시되고 있다. 내적 인용 문법 항목이 한국어 교재에서의 제시 양상은 다음의 [표 13]과 같다.

---

3) 여기서는 한국어 종결법을 반영하는 종결어미와 형성되는 '전달하기' 기능의 가장 기초적인 축약형을 선정하여 분석한 것이다. '-대', '-대요'와 같은 축약형은 실제 발화에서 제일 높은 빈도로 사용되는 축약형이기도 하다.

4) '-고 하-' 축약형 문법 항목이 한국어 교재에서의 제시 양상은 다음의 [표 12]와 같이 정리한다.

[표 12] 한국어 교재에서 '-고 하-' 축약형 문법 항목의 제시 양상

교육 기관	문법 항목	급별
중앙대	-대	5급
서울대	없음	
이화여대	-대요, -내요, -재요, -(으)래요	3급 하
경희대	-대요, -내요, -재요, (으)래요	3급
	-대/대요/답니다, -래/래요/랍니다, -내요/냅니다, -재요/잽니다, -(으)래요/랍니다	5급
연세대	-답니다/이랍니다	3급 상

5) 한국어 교재에서 표준 문법 항목을 제시할 때 '-다고'만 제시하고, '-(이)라고'를 문법 기술에서 형태 정보로 처리하는 경우가 있다. 본고는 특정 대상 지시 기능 '-(이)라고'를 제외하고, '-다고'와 같은 의미 기능을 할 때의 '-(이)라고'를 '-다고'의 이형태로 간주해야 한다고 주장한다. 그러므로 표준 문법 항목 제시에서도 이 정보를 반영할 필요가 있다고 본다. 이에 대해 5장에서도 제안할 것이다.

[표 13] 한국어 교재에서 내적 인용 구문 문법 항목의 제시 양상

교육 기관	생각, 주장 표현하기	급별
중앙대	-다고 치다	6급
서울대	-다고 보다	4급 상
	-다고 치다	6급 하
	-다고 할 것까지는	6급 하
이화여대	없음	
경희대	없음	
연세대	-다고 보다	3급 상
	-다고 할 수 있다	3급 하
	-다고도 할 수 있다(후회)	5급 하

    내적 인용 문법 항목 선정에 있어서 각 교재는 상당한 차이를 보이고 있다. 그리고 '간접인용'의 원형 의미에 가장 가까운 '생각을 표현하기' 기능보다 난이도가 더 높은 기능의 문법 항목들은 위주로 제시되고 있다. 그러나 더 기초적인 기능을 체계적으로 교육하지 않고 직접 고급적 쓰임으로 넘어가는 것은 문제라고 본다. 따라서 내적 인용의 표준 교육 문법에 대한 선정이 필요하다.

    앞의 3장에서 분석한 '발화 내용 이끌어내기'와 '지식 공유하기' 기능의 문법 항목은 연세대 교재에서만 다루어지고 있다.6) 이는 두

---

6) '발화 내용 이끌어내기', '지식 공유하기' 기능 문법 항목들이 연세대 교재에서의 양상은 다음 [표 14]와 같다.

[표 14] '발화 내용 이끌어내기', '지식 공유하기' 기능의 제시 양상

기능	문법 항목	급별
발화 내용 이끌어내기	-다고 하던데(연결형)	3급 상
지식 공유하기	-다고들 하다	4급 상

가지 의미 기능이 간접인용의 원형적 의미에서 발전하게 된 것이므로 체계적인 교육을 다루지 않아도 학습자들이 언어 발달에 따라 스스로 습득할 수 있다는 점과 관련된 결과로 본다.

'특정 대상 지시하기' 기능의 '-(이)라고'는 서울대, 이화여대 교재에서 제시되었는데, 주로 '이름 소개하기' 기능으로 제시되었다. 『이화한국어 2-1』에서는 '-(이)라고'의 '이름 소개하기' 기능을 문법 기술 및 예문 제시에서 명확히 밝혔다. 『서울대 한국어 2A』에서는 '전달하기' 기능의 '-(이)라고'를 문법 항목으로 제시하고 있지만, 예문 제시에서는 '-(이)라고'의 '이름 소개' 기능을 강조하고 있다. 또한, 『서울대 한국어 3A』에서 '-(이)라고'를 '-다고'의 이형태로 중복적으로 제시했다. 이 두 교재를 제외한 다른 교재는 '-(이)라고'를 단독의 문법 항목으로 설정하지 않았다. 3장에서는 '특정 대상 지시하기'의 '-(이)라고'의 세부 기능을 '특정 대상 지시하기' 및 '정의 내리기' 두 가지로 분석했는데, 이 두 가지 기능은 모두 한국어교육에서 중요시를 못 받고 있다는 사실을 알 수 있다.

'-달라고'형 문법 항목은 연세대 교재에서만 제시되었다. 서울대 교재는 '-달라고'형 문법 항목을 독립된 문법 항목으로 제시하지 않았으나 '-(으)라고 하다'의 기술 부분에서 이에 대해 설명하였다. 두 교재는 모두 '-아/어 달라고'를 '-아/어 주라고'와 비교해서 제시했다. 이러한 제시는 학습자에게 '-아/어 달라고'의 의미 전달 방향성을 파악하는 데에 도움을 주고자 하는 데에서 출발한 것으로 판단될 수 있다. 대체로 '-달라고'는 한국어교육에서 문법 항목으로서의 자격을 얻지 못하고 있다.

4.1.2. 교육 순서

전형적인 간접인용 구문의 문법 항목들이 한국어 교재에서의 제시 순서는 대체로 다음과 같이 4가지로 정리할 수 있다.

첫째, 일반적으로 '이름 소개하기' 기능의 '-(이)라고'는 '전달하기' 기능의 '-(이)라고'를 먼저 제시한다. 둘째, '이름 소개하기' 기능의 '-(이)라고'를 제외하고, 전형적인 간접인용 구문이 실현 가능한 모든 기능에서 '전달하기' 기능은 가정 먼저 다루게 된다. 셋째, '전달하기' 기능의 '-고 하-' 형태 항목들은 축약형 항목들에 비해 먼저 교육한다. 넷째, 내적 인용의 문법 항목들은 상대적으로 더 추상적인 내용으로 선정되었기 때문에 '전달하기' 기능에 비해 더 후차적으로 교육한다.

'전달하기' 기능의 '-다고', '-(이)라고', '-냐고', '-자고', '-(으)라고' 는 연세대 교재의 2급에서 제시되었는데 다른 교재에서는 모두 3급 문법으로 제시되었다. 이는 전형적인 간접인용 구문 항목들이 비슷한 난이도를 가지며 주로 3급에서 교육한다는 사실을 보여주고 있다. 그리고 '전달하기' 기능의 축약형 문법 항목도 마찬가지로 주로 3급에서 다루어진다.

내적 인용의 문법 항목들은 3급에서 6급까지 모두 제시되어 있으며, 같은 문법 항목임에도 불구하고 다른 교재에서 상이한 등급으로 처리되는 경우가 있다. 그러나 확인할 수 있는 점은 '주장 제기', '가정하기' 기능의 내적 인용 문법 항목들이 '전달하기' 기능의 외적 인용 문법 항목들에 비해 난이도가 더 높다는 것이다. 이렇듯 내적 인용의 문법 항목에 대해서 표준화된 문법 항목을 선정하고 등급화할 필요가 있다는 사실을 알 수 있다.

4.1.3. 문법 기술

'전달하기' 기능은 모든 교재에서 제시되었기 때문에 분석의 효율성을 위해 이 기능의 '-다고'형 문법 항목을 대표로 선정하여 분석하고자 한다. 각 교재에서 제시한 문법 기술은 다음 [표 15]와 같이 정리한다.

[표 15] '전달하기' 기능 '-다고'의 기술 양상[7]

교육 기관	전달하기	문법 기술
중앙대	-다고 하다	없음[8]
서울대	-다고 하다	다른 사람이나 매체를 통해 알게 된 내용을 <u>옮겨 전달</u>할 때 사용한다.
	-다고 들었다	다른 사람이나 매체를 통해 들은 내용을 <u>옮겨 전달할</u> 때 사용한다.
이화여대	-다고 하다	듣거나 읽은 내용을 간접적으로 <u>옮겨 말함</u>을 나타낸다.
경희대	-다고 하다	다른 사람에게 듣거나 책에서 읽은 것을 <u>전달할 때</u> 사용한다.
연세대	-다고 하다	간접인용

서울대와 이화여대 교재는 간접인용의 '옮겨 전달하기'라는 형식적 특징을 문법 기술에서 제시하고 있다. 이는 간접인용과 직접인용 간의 차이를 밝히고 간접인용 구문의 전형적인 쓰임을 설명하는 데에 유용하다. 그러나 전달하고자 하는 정보를 얻는 경로에 대한 기술에 있어서 불일치를 보여주고 있다. 연세대 교재에서는 그저 '간접인용'이라

---

7) 분석의 편의를 위해 상세한 형태 정보를 제거한 문법 항목의 근간 부분만을 제시하기로 한다.
8) 중앙대 교재는 초·중급에서 문법 기술을 제시하지 않고 고급에서만 제시한다.

고 기술했는데 이러한 기술은 외국인 학습자에게 모호하고 추상적인 개념이 될 수 있다. 이는 외국인 학습자들에게 간접인용 구문 체계를 이해시키기 위해서는 문법 항목의 의미 기능은 물론이고, '간접인용'의 개념적 지식9)에 대한 교육도 필요하다는 것을 시사하고 있다.

4.1.4. 예문 제시

지금 한국어교육에서 전형적인 간접인용 구문에 대한 교육은 주로 형태 중심으로 다루고 있다. 예문의 제시 유형은 대체로 문장형과 대화형 두 가지로 나눠지는데, 일반적으로 대화형 예문은 언어가 맥락 속의 쓰임을 잘 반영해 주는 의사소통 중심 교육에서 잘 활용하는 예문 제시 방식임에도 불구하고, 전형적인 간접인용 구문에 대한 예문 제시는 역시 기존의 발화 내용을 '간접인용' 구문의 문장 틀에 넣어준다는 식으로 다루고 있다. 그러나 이화여대 교재에서의 예문 제시는 다른 교재에 비해 간접인용 구문이 실제 의사소통 상황에서의 사용 양상을 비교적 잘 보여주고 있다고 할 수 있다. 아래 (159)는 이화여대 교재에서 제시한 예문 형식이고 다른 교재는 주로 (160)과 같이 예문을 제시하고 있다.

(159) A: 수진 씨, 제이슨 씨도 같이 점심 먹으러 가요?

---

9) '간접인용'이라는 개념은 언어 사용의 기능과 형식을 모두 포괄하는 개념이다. '기존의 정보를 전달하기'는 간접인용 구문의 발화 목적 중의 하나라면, 간접인용 구문이 어떠한 형식적 특징을 갖는지, 어떠한 의미적 특징을 가는지는 '간접인용'의 개념적 지식이 될 수 있다. 지금 한국어 교재에서 전달하기 기능의 문법 항목들에 대한 기술은 개념적 지식과 의미·기능적 지식을 모두 다루고 있다고 할 수 있다.

B: 아니요, 제이슨 씨는 속이 안 좋아서 점심 안 먹는다고 했어요.[10]

(160) 올가: 칼리드 씨, 무선 계절을 좋아해요?

　→ 올가가 칼리드에게 무슨 계절을 좋아하냐고 했다.[11]

한편, 간접인용 구문을 문장에서 내포문으로 제시하는 것보다 독립된 한 문장으로 제시하는 것이 바람직하다. 즉, 처음에 간접인용 구문을 교육할 때 간접인용 구조의 사용을 부각시키기 위해 문법 항목의 대표적이고 전형적인 쓰임을 보여주는 것이 좋다.[12] 외국인 학습자들이 형태·구조적 지식을 어느 정도 숙련하게 되면 복잡한 구조의 문장들을 본문이나 활용 부분에서 노출시키는 것도 필요하다.

4.1.5. 본문 제시

본문 부분이 없는 경희대 교재를 제외하고, 나머지 4종 교재는 사적인 발화 상황에서 쓰이는 간접인용 구문을 본문에서 제시하였다. 각 교재에서 제시한 간접인용 구문들은 완벽한 간접인용 구조를 가진다. 현실 발화 상황에서 많이 일어나는 인용술어 탈락 현상과 연속된 발화를 인용하는 쓰임은 제시되지 않았다.

각 교재의 본문에서 간접인용 구문을 추출하여 다음 [표 16]과 같이 제시할 수 있다.

---

10) 『이화 한국어3-1』(2012), Epress, p.118.

11) 『바로 한국어3』(2019), Hawoo Publishing Inc, P.91.

12) 이화여재 교재에서는 '머리가 많이 아프<u>다고 하면서</u> 일찍 집에 갔어요.'와 같은 접속문 형식의 예문을 제시하고 있다. 처음에 한국어 간접인용 구문을 배우는 외국인 학습자에게 간접인용 구문 구조 자체에 대한 파악을 중점적으로 지도해야 하므로, 예문 제시에서는 이러한 복문을 피하는 것이 좋다.

[표 16] 한국어 교재 본문에서 간접인용 구문의 제시 양상

교육 기관	기능	예시
연세대	기존의 발화 내용 물어보기, 전달하기	제임스: <u>뭐라고 해?</u> 웨이: 일이 밀려서 조금 늦게 <u>온다고 해요.</u>
	발화 내용 이끌어내기	벌써 30분이 지났으니까 전화해서 어디에 <u>있냐고 물어봐야겠다.</u>
서울대	발화 내용 이끌어내기	선배가 외국어 수업을 하나쯤 들으면 <u>좋다고 해서</u> 난 중국어를 들어 볼까 해.
중앙대	발화 내용 이끌어내기	정상까지 함께 <u>가자고 한</u> 성주 씨 말을 듣기를 정말 잘했네요.
이화여대	기존의 발화 내용 물어보기, 전달하기, 발화 내용 이끌어내기	다음 주에 자기 딸 돌잔치를 하는데 우리를 초대하고 <u>싶다고 해요.</u> 흐엉 씨도 올 수 <u>있냐고 물어보던데</u> 같이 갈 거죠?/ 그런데 돌잔치는 언제 <u>한다고 해요?</u>

위의 [표 16]을 통해 본문 부분에서는 예문 부분과 달리 간접인용 구문의 다양한 문장 구조와 기능을 제시하고 있음을 알 수 있다. 맥락 속의 언어 쓰임을 보여준다는 점에서 교육적 의의가 있다. 그러나 위의 표에서 제시한 간접인용 구문들의 의미·기능은 인용 구조가 문장에서의 출현 위치 차이로 일어난 결과로 볼 수 있으므로 역시 '전달하기' 기능에서 발전하게 된 쓰임이라고 할 수 있다. 즉, 본문 부분에서는 전형적인 간접인용 구문의 화용적 쓰임을 제시하지 못했다는 것이다.

간접인용 구문 교육은 기존의 발화 내용을 어떻게 인용하는지에 주목하여 다루어 왔는데 기존의 발화 내용에 대해 어떻게 물어봐야 하는지에 대해서는 간과하고 있다. 유일하게 연세대 교재에서만 기존의 발화 내용에 대해 물어볼 때 쓰이는 '뭐라고 해?'라는 발화를

제시하고 있다.

4.1.6. 활용 연습

전형적인 간접인용 구문에 대한 활용 연습은 한국어 교재에서 주로 형태 중심으로 다루고 있다. 학습자의 의사소통 능력을 향상시키기 위해 다양한 의사소통 상황을 나타내는 활용 연습을 제시했는데, 거의 다 기존의 발화 내용을 주고 간접인용 구문의 문형으로 대치하여 발화하도록 하는 연습을 위주로 다루고 있다는 공통점이 있다. 이러한 활용 연습은 언어 사용의 정확성에만 주목하는 것이며 실제적 언어 생산 능력의 향상에 있어서 교육적 효과가 떨어진다고 볼 수 있다.

연세대, 경희대 교재에서 제시한 활용 연습은 간접인용 구문의 '전달하기' 기능을 반영하지 못했으며, 간접인용 형식을 갖는 문장의 생산만 유도했기 때문에 의사소통 중심의 교육 내용이라고 하기는 어렵다. 이화여대 교재는 간접인용의 '전달하기' 기능을 부각시키려고 대화형 간접인용 구문을 생산하도록 하는 연습 항목을 제시하고 있는데 역시 형태 중심의 틀에서 벗어나지 못한다고 할 수 있다. 중앙대 교재는 맥락 속의 간접인용 구문의 생산을 위한 연습 항목을 구축하고자 했지만, 간접인용 구문의 위치에 들어갈 정보 및 담화 속의 간접인용 구문 발화의 틀을 제공했기 때문에 역시 교체 연습의 틀에서 크게 벗어나지 못하고 있다고 본다. 서울대 교재에서 제시한 활용 연습은 학습자에게 아는 정보를 활용하여 스스로 문장을 구축하게 하고 결속성이 있는 발화를 생산하도록 하므로 다른 교재에서 제시한 교체 연습에 비해 학습자의 언어 생산 능력과 실제적 의사소통 능력을 신장할 수 있는 연습 유형이라고 할 수 있다.

4.2. 문법화된 간접인용 구문

문법화된 간접인용 구문의 문법 항목들은 각각 독립된 문법이기 때문에, 이에 대한 분석 방법은 전형적인 간접인용 구문처럼 한 가지 문법 체계에 대한 분석 방법과 차별되어야 한다.[13] 이 절에서는 현재 한국어교육에서 문법화된 문법 항목들의 교육 내용이 체계적으로 구축되어 있는지에 대해 분석할 것인데 주로 문법 항목 선정, 교육 순서 배열, 문법 기술 3가지 측면에서 진행할 것이다. 문법 항목의 정체성을 확인하지 못한 상태에서 구축한 문법 항목의 활용 연습에 대한 분석은 의미가 크지 않으므로 이 부분에 대한 분석은 생략할 것이다.

4.2.1. -다고, -(이)라고, -냐고, -자고, -(으)라고

5가지 한국어 교재에서는 문법화된 '-다고', '-(이)라고', '-(으)라고'만을 문법 항목으로 제시했는데 제시 양상은 다음 [표 17]과 같이 정리한다.

---

13) 현재 한국어교육에서는 높임법, 사동·피동을 한 가지 세부 문법 체계로 규정하여 교육하고 있는데, 전형적인 간접인용 구문에 대해서도 '간접인용법'의 한 가지 문법 체계로 규정하여 교육할 필요가 있다고 주장한다. 전형적인 간접인용 구문들은 피인용문(원발화)의 서법에 의해 의미적 차이를 가지고 있을 뿐, 유사한 통사적, 형태적, 의미·기능적 특징을 지닌다는 점에서 '간접인용'도 역시 한 가지 문법 체계로 볼 수 있을 것이다. 목정수(2016)에서는 간접인용 형식에 쓰이는 평서문의 '-(는)다', 의문문의 '-(느)냐', 청유문의 '-자', 명령문/감탄문의 '-(으)라', 의도문의 '-(으)려'를 유사한 통사적·형태적 특징을 지닌다는 점에서 인용형 첨사 '-고'와 결합할 수 있는 한국어 '인용·접속법' 범주로 설정하였다. 이는 '간접인용'에 대해서도 문법 체계의 범주로 다룰 수 있다는 사실을 알려주고 있다.

[표 17] 문법화된 '−다고', '−(이)라고', '−(으)라고'의 제시 양상14)

교육 기관	문법 항목	기능	급별
서울대	-다고(요)/-(이)라고요(종결형)	확인하기	3급 상
		대답하기	3급 상
중앙대	-(이)라고(종결형)	강조하기	6급
	-(으)라고(종결형)	강조하기, 확인하기	6급
연세대	-다고/-(이)라고 (연결형)	근거 제시 (속담 인용)	4급 하
	-다고(연결형)	원인, 이유	5급 상
	-(으)라고(연결형)	의도, 목적 표현하기	4급 하

위의 [표 17]에서 보여주듯이 문법화된 '-다고', '-(이)라고', '-냐고', '-자고', '-(으)라고' 중 교육 문법 항목의 선정, 연결형과 종결형 쓰임의 여러 기능 중 교육 내용의 선정에 대해 각 교재는 상이한 태도를 갖고 있다. 중앙대 교재에서 '-(이)라고'와 '-(으)라고'가 묶여서 제시된 것과 연세대 교재에서 연결형 '-다고'에 대한 중복된 제시는 이러한 증거가 된다.

문법화된 '-다고', '-(이)라고', '-냐고', '-자고', '-(으)라고'의 문법 항목들도 현행 한국어교육에서 제시되는 순서에 혼란스러운 양상을 보이고 있다. 문법 형태가 동일하지만 의미 기능이 달라지면 한국어 교육에서의 제시 순서도 달라지는 현상이 있다. 이는 문법 항목 등급 화에 통일성이 없다는 것이다.

---

14) 문법 항목의 기능 표기는 해당 교재에서 제공한 문법 기술 및 예문을 참고하 였다. 후술 내용에서는 따로 추가 설명이 없으면 여전히 이 방법을 사용할 것이다.

한편, 현행 한국어 교재에서 문법화된 인용표지의 통사 정보, 의미·기능 정보, 형태 정보, 화용 정도에 대한 기술은 통일성이 없다는 사실을 알 수 있다. 즉, 문법 항목의 언어 정보에 대한 체계적인 정리가 되어 있지 않고, 각 정보를 어느 정도 제시해야 하는지에 대한 기준도 없다는 것이다.

우선, 통사·형태적 정보에 대해서 비교적 상세하게 밝힌 교재는 서울대와 연세대 교재가 있다. 그러나 연세대 교재는 연결형 '-다고/-(이)라고'의 통사·형태적 정보를 상세히 제시했으나, 연결형 '-(으)라고'에 대해서는 통사·형태적 정보가 아닌 구조적 정보만을 제시하고 있다는 점에서 통사·형태적 정보에 대한 기술에 일관성이 결여된다고 할 수 있다. 그리고 서울대 교재는 종결형 '-다고/-(이)라고'가 평서형 발화에 쓰인다는 통사적 정보를 제공하지 않았으며, '-(으)라고(요), -자고(요), -(으)냐고(요), -느냐고(요)'의 경우에도 이러한 통사적 정보를 밝히지 않았다.

의미·기능 정보에 대한 기술은 교재마다 상이하다. 각 교재는 문법화된 인용표지의 주요한 의미·기능, 즉 확인 기능 및 이유 표현 기능에 대해 기술할 때 대체로 일치한 관점을 보이지만, 사용 맥락에 대한 설명에 있어서는 매우 큰 차이를 보여주고 있다. 그리고 문법 항목의 사용 맥락에 대한 설명은 본고 3장에서 도출한 분석 결과의 일부만을 반영하고 있다. 예를 들면, 연세대 교재는 이유를 나타내는 연결형 '-다고/-(이)라고'가 주로 다른 사람의 말이나 속담, 사자성어 등에 쓰인다고 기술하고 있는데, 이 기술은 일면적인 기술이라고 할 수 있다. 한편, 중앙대 교재에서 제시한 종결형 '-(으)라고'의 문법 기술이 부적절하다고 본다. 종결형 '-(으)라고'에 대해서는 사람의 생각이나 주장을 강조한다기보다, 화자의 요구나 명령에 대한 강조로 설명하는 것이 적절하기 때문이다. 또한, 중앙대 교재는 강조 기능을 하는 종결형 '-(이)라고'의 문법 기술 부분에서 이와 다른 의미의 종결형 '-다고'를 제시하고 있다. 이는 종결형 '-다고/-(이)라고'의 의미·기능에 대해 체계적인 판단 및 정리가 결여된 결과라고 본다.

화용적 정보에 대해서 연세대 교재는 제시하지 않았다. 서울대와 중앙대 교재 는 문법 항목에서 화용 정보의 일부분만을 제시하고 있다. 예를 들면, 중앙대 교재는 종결형 '-다고/-(이)라고'에 상대 높임을 나타내는 '-요'를 붙여 쓸 수 있다는 화용 정보를 제시하지 않고 있다.

4.2.2. -다는/-(이)라는

문법화된 '-다는/-(이)라는'에 대한 한국어 교재에서의 제시 양상은 아래 [표 18]과 같이 정리할 수 있다.

[표 18] 문법화된 '-다는/-(이)라는'의 제시 양상[15]

교육 기관	문법 항목	기능	급별
중앙대	-다는, -(이)라는	말, 생각 지시	4급 하
	-다는 것이	생각 지시(의도에 어긋난 행동, 상황 제시)	5급

---

15) 본고에서 분석하게 된 '-다는/-(이)라는'의 의미 기능이 어떻게 교육 내용으로 선정되었는지를 관찰하기 위해 이 표에서는 한국어 교재에서 제시한 해당 기능을 제시하였다. 문법 항목의 형태에 의해 기능을 판단하기 어려울 경우 그 기능을 괄호로 설명하였다.

교육 기관	문법 항목	기능	급별
서울대	N은 -다는 것이다	생각 강조	4급 상
	-다는	말, 생각 지시	4급 상
	-다는 것은 N에서/N으로 알 수 있다	사건 자체 지시	4급 하
	-다는 점이 특징(적)이다	사건 자체 지시	5급 상
	-다는 지적이 있다, -다는 점을 지적하다	말 지시, 사건 자체 지시	5급 하
	-다는 점을 인정하다[부인할 수 없다]	사건 자체 지시	5급 하
이화여대	-다는	말, 생각, 사건 자체 지시(추상화된 정보 지시)	6급
경희대	-다는	말, 생각 지시	6급
	-다는 듯(이)	생각 지시	6급
연세대	-다는 것이	생각 지시(의도에 어긋난 행동, 상황 제시)	3급 하
	-다는 듯이	생각 지시	6급 하
	-다는 점에서	사건 자체 지시	6급 하

위의 [표 18]을 통해 알 수 있듯이, '-다는/-(이)라는'의 '생각 지시' 및 '발화 지시' 기능은 주된 교육 내용이고, 실제 언어 사용에서 높은 빈도로 발화되었음에도 불구하고 '사건 자체 지시' 기능은 교육 내용에서 빠져 있다. 그리고 '-다는', '-(이)라는'을 서로의 이형태로 제시해야 할지에 대해서 각 교재의 태도도 상이하다. 또한, 핵심적 언어 구성인 '-다는/-(이)라는' 혹은 '-다는/-(이)라는'이 다른 언어 구성과의 복합 형태를 교육 항목으로 선정해야 할지에 대해서 각 교재는

각자의 직관을 갖고 있다. 물론 각 교재는 교수요목에 따라 문법 항목을 선정하지만, 각 교재에서 제시한 복합 형태의 문법 항목들은 차이가 많이 나기 때문에 이는 한국어교육에서 '-다는/-(이)라는'에 관련된 문법 항목의 선정에 양적인 분석이 부족한 결과라고 본다.

현재 문법화된 '-다는/-(이)라는'은 전체적으로 중·고급 단계에서 제시되지만 세부 등급화를 보면 각 교재는 차이를 갖는다는 사실을 알 수 있다. 형태 및 기능이 동일한 문법 항목이더라도 각 교재에서의 제시 순서가 다르다. 이는 '-다는/-(이)라는'의 등급화에 대한 표준적 기준이 없다는 사실을 보여주고 있다.

'-다는/-(이)라는'의 통사·형태적 정보, 의미·기능 정보에 대한 기술은 각 교재에서 상이하게 제시되고 있다. 우선, 통사·형태적 정보에 대한 기술에 있어서, 서울대 교재는 문법 항목을 통해 통사·형태적 정보만을 노출하고 있는데 이화여대 교재에서는 비교적 상세히 밝히고 있다. 더구나 경희대 교재에서는 '-다는' 앞에 동사만 온다는 기술을 제시하고 있으므로 부적절한 제시를 하고 있다고 본다.

문법화된 '-다는/-(이)라는'의 기술 부분에서는 의미·기능 정보 및 유사 문법과의 변별 정보에 대한 기술이 가장 큰 문제라고 본다. '말, 생각' 등의 의미 자질을 갖는 단어에 쓰인다는 의미·기능적 특징은 서울대, 경희대 교재에서 제시되었지만, 이화여대 교재에서는 그저 '추상화된 정보와 함께 쓰인다'라고 기술되어 있다. 외국인 학습자들이 비교적 추상적인 의미를 갖는 '-다는/-(이)라는'을 정확하게 구사하도록 유사 문법과의 변별 정보를 통해 측면적으로 목표 문법의 특징을 설명해 주는 방법도 있는데, 경희대 교재에서는 '-다는'과 관형사 어미 '-ㄴ/는/(으)ㄹ' 간의 변별 정보 제시를 시도하고는 있으나 두 문법 간의 차이를 체계적으로 밝혀 주지는 못했다.

4.2.3. -다고 해서/-(이)라고 해서

문법화된 '-다고 해서/-(이)라고 해서'에 대한 한국어교육에서의 제시 양상은 다음 [표 19]와 같이 정리한다.

[표 19] 문법화된 '-다고 해서/-(이)라고 해서'의 제시 양상[16]

교육 기관	문법 항목	기능(문법 기술)	급별
중앙대	없음		
서울대	없음		
이화여대	-다고 해서, -이라고 해서	앞의 상황이 항상 뒤의 상황을 가져오는 것은 아님을 말할 때 사용한다. 주로 뒤 문장은 '-(으)ㄴ/는 것은 아니다'라는 부정 표현을 사용한다.	4급
경희대	없음		
연세대	-다고 해서	다른 사람의 이유나 근거에 대한 이야기를 듣고 그에 대해 반박을 하거나 반대의 의견을 나타낼 때 쓴다.	4급 상

이화여대 교재와 연세대 교재만 문법화된 '-다고 해서/-(이)라고 해서'를 교육 내용으로 다루므로, '-다고 해서/-(이)라고 해서'의 교육 필요성에 대해서는 재검토할 필요가 있다. 그리고 두 교재는 서로 이형태가 되는 '-다고 해서', '-(이)라고 해서'를 함께 문법 항목으로 제시해야 할 것인지에 대해 상이한 관점을 갖고 있다. 그러나 외국인 학습자들이 문법화된 '-다고 해서/-(이)라고 해서'를 정확하게 파악하

---

16) 경희대, 연세대 교재에서는 전형적인 간접인용 구문에 쓰이는 '-다고 해서/-(이)라고 해서'를 문법 항목으로 제시하고 있다. 이 절에서는 문법화된 대상만을 분석할 것이므로 이를 분석 대상에서 제외했다.

도록 이형태를 묶어서 제시하는 것이 좋다. 또한, 두 교재는 모두 문법화된 '-다고 해서/-(이)라고 해서'를 4급에서 제시했는데, 제시 교재의 수가 적다는 사실을 고려하여 이 등급화 결과에 대해서는 재검토할 필요가 있다.

문법 기술의 측면에서 두 교재는 모두 '-다고 해서/-(이)라고 해서'의 기본적인 통사·형태적 정보만을 제공하고 있는데 본고의 3장에서 도출한 후행절이 명령, 청유, 의지 표현의 사용에 제한을 받는다는 통사적 정보는 반영되지 못했다. 그리고 의미·기능의 기술에 있어서 이화여대 교재에서 제시한 기술은 본고에서 도출한 결과와 비교적 부합한다고 보는데, 연세대 교재에서 제시한 반박 기능에 관한 기술은 부적절하다고 본다. 두 교재는 문법화된 '-다고 해서/-(이)라고 해서'의 화용 정보와 유사 문법과의 변별 정보에 대해서는 제시하지 않고 있다.

4.2.4. -다고 해도/ -(이)라고 해도

문법화된 '-다고 해도/-(이)라고 해도'에 대한 한국어교육에서의 제시 양상은 다음 [표 20]과 같이 정리한다.

[표 20] 문법화된 '-다고 해도/-(이)라고 해도'의 제시 양상

교육 기관	문법 항목	교재에서 제시한 기능	급별
중앙대	-다고 해도 과언이 아니다	강조 표현	5급
서울대	-다고 해도 과언이 아니다	문법 기술 없음[17]	5급 하
이화여대	-다고 하더라도	가정 표현	5급
경희대	-다고 해도	가정 표현	4급
연세대	-다고 해도	주장 제기	4급 상

문법 항목 선정에 있어서, 경희대 교재는 전형적인 간접인용 구문과 문법화된 간접인용 구문에서의 '-다고 해도'를 구별하지 않고 모두 예문에서 제시하였다. 그리고 문법 기술에서는 '-냐고 해도', '-자고 해도', '-(으)라고 해도'를 보충 내용으로 제시했다. 그러나 '-냐고 해도', '-자고 해도', '-(으)라고 해도'는 전형적인 간접인용 구문에서만 사용될 수 있다. 또한, 핵심적 언어 구성인 '-다고 해도/-(이)라고 해도' 혹은 구 형태의 '-다고 해도 과언이 아니다'를 문법 항목으로 선정해야 할지에 대해서 각 교재는 불일치를 보여주고 있다. 그리고 '-다고 해도'와 이형태 '-(이)라고 해도'의 제시에도 통일성이 없다.

문법화된 '-다고 해도'는 각 교재의 4-5급에서 제시되고 있다. 이러한 교육 순서는 문법화된 '-다고 해도'에 대한 등급화에 참고를 줄 수 있다.

문법 기술에서 문법화된 '-다고 해도/-(이)라고 해도'의 통사·형태, 의미·기능 정보에 대한 제시는 체계화할 필요가 있다.

우선, 경희대 교재에서 제시한 문법화된 '-다고 해도'가 동사와 결합하여 사용된다는 형태적 정보는 적절하지 않다. 그리고 미래를 나타내는 '-겠-'과 결합할 수 없다는 통사적 정보는 각 교재에서 반영되지 못했다.

의미·기능에 대한 기술에 있어서도 이화여대 교재와 경희대 교재는 '가정'의 의미·기능을 부각시키고 있는 반면, 연세대 교재는 '주장 제기'의 의미·기능을 강조하고 있다. 그러나 본고의 3장에서 분석한 바와 같이 문법화된 '-다고 해도' 구문에서 '가정'이 적용되는 부분은

---

17) 서울대 교재는 초·중급에서만 문법 기술을 제공하고 고급에서는 제공하지 않는다.

선행절 내용이 아니라, 선·후행절의 관계이므로 연세대 교재에서 제시한 기술은 본고에서 도출한 분석 결과에 가까운 것이라고 볼 수 있다. 또한, 각 교재에서 문법화된 '-다고 해도'의 화용 정보, 유사 문법 '-아/어도', '-더라도'와의 변별 정보에 대한 제시도 결여되어 있다.

4.2.5. -다기보다/-(이)라기보다

'-다기보다/-(이)라기보다'에 대한 한국어 교재에서의 제시 양상은 다음 [표 21]과 같이 정리한다.

[표 21] '-다기보다/-(이)라기보다'의 제시 양상

교육 기관	문법 항목	기능	급별
중앙대	-다기보다(는)/ -(이)라기보다(는)	앞의 내용보다 뒤의 내용이 더 적절하다는 뜻을 나타낸다.	6급
서울대	-다기보다(는)		4급 하
이화여대	-다기보다(는)		5급
경희대	없음		
연세대	-다기보다(는)/ -(이)라기보다(는)		5급 하

'-다기보다/-(이)라기보다'는 4종의 한국어 교재에서 제시되었는데 주로 이형태의 처리에서 차이가 나타난다. 한편, '-다기보다/-(이)라기보다'는 주로 고급에서 다루는 문법임을 위의 표를 통해 알 수 있다.

의미·기능 정보의 기술에 대해서 각 교재는 비슷하지만 서울대 교재에서만 화자가 생각이나 주장을 제기할 때 사용된다는 맥락적

특징을 드러내어 제시했다. 그러나 화용적 정보에 대해서 밝힌 교재가 없고, 유사 문법 '-보다'와의 변별 정보를 제시한 교재도 없다. 따라서 문법화된 '-다기보다/-(이)라기보다'에 대해서 화용 정보, 유사 문법과의 변별 정보를 보완하여 교육 내용을 구축할 필요가 있다.

4.2.6. -다니까/-(이)라니까, -냐니까, -자니까, -(으)라니까

문법화된 '-다니까/-(이)라니까', '냐니까', '-자니까', '-(으)라니까' 계열의 문법 항목을 다루는 교재는 중앙대 교재밖에 없다. 현행 한국어 교재에서는 문법화된 '-다니까/-(이)라니까' 계열 문법 항목에 대한 체계화된 교육 내용이 구축되어 있지 않다. 이는 문법화된 '-다니까/-(이)라니까' 계열 문법 항목들의 교육 필요성에 대해 재검토할 필요가 있다는 것을 시사한다. 아울러 표준 문법 항목 선정, 등급화, 또한 통사 정보, 형태 정보, 화용 정보를 포함하는 체계적인 교육 내용에 대한 구축도 필요하다.

4.2.7. -다면서/-(이)라면서, -냐면서, -자면서, -(으)라면서

문법화된 '-다면서/-(이)라면서', '-냐면서', '-자면서', '-(으)라면서' 중에서는 '-다면서/-(이)라면서'만 교육 항목으로 선정되어 있다. 이는 현실 상황에서의 발화 빈도를 고려한 선정 결과로 볼 수 있다. '-다면서/-(이)라면서'에 대한 한국어교육에서의 제시 양상은 다음 [표 22]와 같이 정리한다.

[표 22] 문법화된 '-다면서/-(이)라면서'의 제시 양상[18]

교육 기관	문법 항목	기능(문법 기술)	급별
중앙대	없음		
서울대	-다면서요?	확인하기	4급 상
이화여대	-다면서요?, -(이)라면서요?	확인하기	3급 상
경희대	-다면서(요)?	확인하기	3급
연세대	-다면서요?, -(이)라면서요?	확인하기	3급 상

3장에서 도출한 분석 결과에 의해 문법화된 '-다면서/-(이)라면서'는 '확인하기', '반문하기', '공감 얻기' 3가지 기능을 지니는데 '확인하기' 기능만 교육 내용으로 선정되었다. 그리고 표준 문법 항목의 이형태 처리에 있어서 각 교재는 불일치를 보인다. 한편, 문법화된 '-다면서/-(이)라면서'는 4가지 교재에서 모두 중급 단계에서 제시되었는데 구체적인 등급화에는 차이가 있다.

'-다면서/-(이)라면서'의 '확인하기' 기능에 대한 기술에서 확인하고자 하는 정보를 얻는 경로에 대한 설명을 네 가지 교재에서는 서로 상이하게 다루고 있다. 3장에서 도출한 분석 결과에 의해 그 중에서 서울대에서 제시한 '이미 알고 있거나 들은 사실'이라는 기술이 가장 적절하다고 본다. 문법화된 '-다면서/-(이)라면서'의 화용 정보는 유독 경희대 교재에서만 밝히고 있다. 그리고 '-다면서/-(이)라면서'는 상대 높임을 나타내는 '-요'를 붙여 발화할 수도 있고 생략하여 발화

---

18) 중앙대 교재에서는 전형적인 인용구문에서 쓰이는 '-다고 하면서'의 축약 형태 '-다면서'를 문법 항목으로 제시하고 있는데 이 항목을 분석 대상에서 제외했다.

할 수도 있다는 화용 정보도 경희대 교재에서만 반영되고 있다. 뿐만 아니라, '-다면서/-(이)라면서'는 실제 발화 상황에서 '-다며/-(이)라며' 또한 '-대메/-(이)래메'로 발화될 수 있다는 형태적 정보도 경희대 교재에서만 제시되었다. 이렇듯, 현재 한국어교육에서 문법화된 '-다면서/-(이)라면서'의 통사적, 형태적, 화용적 정보에 대한 제시가 부족하다는 사실은 확인하게 되었다.

4.2.9. -다니/-(이)라니

'-다니/-(이)라니'에 대한 각 교재에서의 제시 양상은 다음 [표 23]과 같다.

[표 23] 문법화된 '-다니/-(이)라니'의 제시 양상

교육 기관	문법 항목	기능	급별
중앙대	-다니요?/-(이)라니요?	없음	4급 상
서울대	없음		
이화여대	-다니	놀라움 표현하기	3급 하
경희대	-다니(요)?	의혹 표현하기	3급
연세대	-다니요?/-이라니요?	놀라움 표현하기	3급 하
	-다니/-이라니(연결형)	놀라움 표현하기	3급 하

현재 한국어교육에서는 주로 '-다니/-(이)라니'의 '놀라움 표현하기' 기능만을 다루고 있는데 '의혹 표현하기' 기능은 간과되고 있다. 연세대 교재는 의문문과 평서문에 쓰이는 같은 기능의 문법 항목을 중복적으로 제시하고 있다. 문법화된 '-다니/-(이)라니'도 다른 문법 항목처럼 이형태의 제시에서 불일치의 문제점을 갖고 있다. 한편, 문

법화된 '-다니/-(이)라니'는 분석된 교재에서 모두 중급으로 배열되는데 세부적인 등급화에는 약간의 차이가 있다.

각 교재는 문법화된 '-다니/-(이)라니'에 대한 문법 기술을 다르게 다루고 있다. 중앙대 교재에 문법 기술이 없으므로 의미·기능 정보에 대한 설명은 한국어 교사의 몫이 된다. 경희대, 연세대 교재는 문법 기술에서 '상대방의 발화 내용을 믿지 않아 확인할 때 사용한다.'와 비슷한 내용을 제시하고 있다. 그러나 여기서 '믿지 않다'라는 주관적인 기술보다 알게 된 내용이 자신의 생각과 다르므로 놀라는 상황을 나타내는 '믿지 못하다'로 기술하는 것이 더 적절하다고 본다. 결국, 화자가 못 믿는 상황에서 수행한 '확인하기' 기능의 발화는 의문의 형식으로 발화되더라도 역시 '놀라움 표현' 기능을 한다고 보는 것이 적절하다. 또한, 화용 정보에 대해서는 경희대 교재에서만 제시하고 있다. 화용 요소에 해당하는 상대 높임을 나타내는 '-요'의 제시도 경희대 교재에서만 반영되었다.

문법화된 간접인용 구문이 한국어 교재에서의 제시 양상에 대한 분석을 통해 주로 3가지 문제점을 도출하였다. 첫째, 문법화된 간접인용 구문이 실제 발화 상황에서 실현하게 된 다양한 기능 중에서 어느 기능을 문법 항목으로 선정해야 하는지에 대해서는 재검토해야 한다. 그리고 한 계열에 속한 여러 문법 항목 중에서 표준 문법 항목을 선정하는 작업도 필요하다. 둘째, 대부분의 문법 항목은 교재에 따라 다른 교육 순서로 제시되고 있으므로 문법 항목에 대한 전체적인 등급화가 필요하다. 셋째, 각 교재에서 제시한 문법적 정보에 대한 기술은 다소 차이를 지니므로 목표 항목의 언어 정보에 대한 기술은 체계화시켜야 한다.

제5장 간접인용 구문의 교육 내용

5.1. 문법 항목 선정 및 등급화

5.1.1. 문법 항목 선정

한국어교육에서 문법 지식은 문법 항목을 통해 교육한다.[1] 교육용 문법 항목을 교육함으로써 학습자들이 관련된 문법 지식을 스스로 습득하도록 하는 것은 문법 교육의 일반적인 방식이다.[2] 앞의 분석 내용을 통해 알 수 있듯이 전형적인 간접인용 구문과 문법화된 간접인용 구문은 두 가지의 다른 체계라고 볼 수 있다. 4장에서의 교재 분석 결과에 의해, 현재 한국어교육에서 전형적인 간접인용 구문의

---

1) 현재 한국어교육에서 '교육 내용' 선정은 곧 '문법 항목'의 선정으로 다루어 왔다. 문법 항목이 어떤 목적으로 활용되는지에 따라 선정 기준 및 제시 양상 이 다르다. 본고는 한국어교육 현장에서 교육 자료로 활용할 수 있는 간접인 용 구문 문법 항목을 선정하고자 한다.

2) Krashen(1985)에서 제시한 제2언어 습득의 입력 가설에 의하면 학습자가 가 진 언어 지식에 비해 난이도가 약간 더 높은 정도(i+1)의 입력을 충분히 제공 한다면 학습자가 제공된 입력을 스스로 습득할 수 있다고 했다.

외적 인용 문법 항목은 이미 어느 정도 확정되었지만, 추가 항목3)과 내적 인용 문법 항목에 대한 선정이 필요하다. 한편, 문법화된 간접인용 구문의 경우, 표준 문법 항목의 선정4)이 필요하다.

간접인용 구문 교육 문법 항목의 선정 기준을 마련하기 위해 먼저 한국어교육에서 문법 항목 선정에 관한 기존 논의에 대해 살펴본다. 선행 연구에서 제시한 문법 항목의 선정 기준은 다음 [표 24]와 같다.

[표 24] 선행 연구에서의 문법 항목 선정 기준

김유정 (1998)	• 기존의 국어 문법 구조 기반 • 사전, 문법서, 실제 자료에 의한 조사 • 빈도 • 언어학적 지식 기반의 경험 및 직관
이해영 (2003)	• 빈도 • 분포 범위 • 학습의 용이성 • 학습의 필요성

---

3) 여기서 추가 항목은 '-달라고'형 문법 항목과 '특정 대상 지시' 기능의 '-(이)라고'를 가리킨다.

4) 표준 문법 항목의 선정도 크게 두 유형의 작업으로 나눌 수 있다. 하나는 비슷한 의미 기능의 문법 중에서 교육 가치가 있는 대상을 선정하고 배열하는 것이다. 이 작업을 진행할 때 목표 항목이 실제 언어 자료에서의 사용 빈도 및 문법 자체의 난이도가 주로 참고 요인이 된다. 다른 하나는 여러 의미 기능을 가진 문법 항목에 대해 교육 내용으로 적절한 의미 기능을 선정하는 것이다. 이럴 때 문법 항목의 의미 기능은 난이도, 교수·학습의 용이성 등의 요인에 직접적인 영향을 주기 때문에 빈도와 못지않게 중요한 참고 요인이 된다. 앞서 3, 4장의 분석 내용을 통해 알 수 있듯이 문법화된 간접인용 구문 문법 항목의 선정은 두 가지 유형의 작업을 모두 적용할 필요가 있다.

방성원 (2004)	• 실용성, 실제 언어 자료에서의 빈도와 교육 자료에서의 중복성 • 의미의 원형성 • 문법 항목 형태의 대표성 • 문법 체계의 균형성
이미혜 (2005)	• 문법 내용의 핵심적인 것 • 문법 항목 구성의 필수적인 요소 • 보편성, 실용성 • 교육의 용이성, 생산성
장채린·강현화 (2013)	• 문법 항목의 세부 유형 • 빈도, 사전, 한국어 교재, 말뭉치와의 중복도 • 복잡도

위의 [표 24]를 통해 한국어교육의 문법 항목 선정에 있어서 실용성(빈도), 난이도가 주요한 고려 요인임을 알 수 있다. 본고에서 재검토하고자 하는 간접인용 구문 문법 항목들은 교재 및 문법서에 대한 중복도 조사를 거쳐 산출한 것이고, 간접인용 구문이 발화 상황에 따라 사용 양상 및 의미 기능이 다르므로 말뭉치의 불균형 문제로 빈도수에 의해 기능을 선정하는 것이 적절하지 않기 때문에, 본고는 문법 항목 자체의 언어적 특징을 주요한 선정 기준으로 적용시킬 것이다. 빈도수에 대한 조사 및 논증은 더 규모의 균형 말뭉치 구축을 통해 보완할 것이다.

한편, 문법화된 간접인용 구문의 문법 항목들은 문법화 정도가 다르므로 독립된 문법 항목으로서의 문법적 자립성 및 의미적 투명성도 선정 기준으로 고려할 것이다.

선행 연구를 참고하여, 그리고 간접인용 구문의 특징을 고려하여 간접인용 구문 문법 항목 선정을 위한 기준은 다음 [표 25]와 같이 밝히고자 한다.

[표 25] 한국어교육에서 간접인용 구문 문법 항목의 선정 기준

기준	세부 사항
빈도	• 말뭉치에서의 출현 빈도가 높은 것 • 한국어교육 자료와의 중복도가 높은 것 • 분포 범위가 넓은 것
의미 기능	• 의미·기능이 명확한 것 • '간접인용' 원형 의미에 가까운 것(기존 언어 지식과의 연계 관련)
문법화 정도	• 문법화 정도가 높은 것
대표성	• 유사 문법과의 연계성 높은 것
생산성	• 생산성이 강한 것

위의 [표 25]에서 제시한 기준을 적용하여 간접인용 구문의 표준 문법 항목 선정에 대해서는 유형별로 논의할 것이다.

5.1.1.1. 전형적인 간접인용 구문

이 절에서는 먼저 전형적인 간접인용 구문이 실제 발화 상황에서 할 수 있는 여러 의미 기능 중 교육 내용으로 다룰 필요가 있는 것을 선정할 것이다. 원형성, 대표성, 의미·기능의 명확성, 교재와의 중복을 고려하여, 전형적인 간접인용 구문의 교육 내용이 될 수 있는 의미 기능은 다음과 같이 선정할 수 있다.

(1) 구어: 외적/내적 인용

　　ㄱ. 실제로 발화된 내용을 전달하기.

　　ㄴ. 알고 있는 지식을 공식적인 상황에서 발표하기.

　　ㄷ. 타인 또는 자신의 생각 말하기.

(2) 문어: 외적/내적 인용

    ㄱ. 주장 제기하기.

    ㄴ. 자신의 관점을 증명하기 위해 기존의 발화, 생각 내용 인용하기.

    ㄷ. 자신의 주장에 어긋난 관점을 인용하여 반박하기.

    ㄹ. 기존의 정보 제시하기.

(3) 확장적 쓰임: '-(이)라고'의 특정 대상 지시 기능[5]

그러면 위에서 제시한 의미 기능을 구어에서의 쓰임 아니면 문어에서의 쓰임을 문법 항목으로 선정해야 할 것인가? 이에 대해서는 각 의미 기능의 사용역 및 한국어 교재에서의 분포를 통해 답을 찾을 수 있을 것이다.

위에서 선정된 후보 의미 기능이 구어 및 문어에서의 분포 양상은 다음과 같다.

(1) 구어: 외적 인용 > 내적 인용

(2) 문어: 내적 인용 > 외적 인용

위의 결과는 언어 사용의 목적과 관련된다. 즉, 문어는 필자가 독자에게 전달하고자 하는 내용이며 전달하고자 하는 내용은 곧 필자의 생각으로 볼 수 있다. 그 중에서 인용의 내용이 물론 있지만 표절이

---

5) 특정 대상 지시 기능의 '-(이)라고'는 명확한 의미·기능을 지니며, 실용성 및 교재에서의 제시 현황을 고려하여 이 의미·기능도 교육 항목의 후보로 선정하고자 한다. 외적 인용, 내적 인용과 발화 양상이 다르다는 점을 고려하여 이를 따로 하나의 유형으로 설정한다.

아니라면 필자 자신의 주장이 제일 많은 비중을 차지할 수밖에 없다. 구어에서 외적 인용의 비율이 높다는 것은 말뭉치에 대한 분석 결과와 같이 상호 의사소통 상황에서 기존의 발화 내용을 전달할 때 간접 인용 구문을 많이 사용한다는 결과와 관련된다. 위의 결과는 구어 및 문어에서 인용술어의 사용 빈도를 통해서도 확인할 수 있다. 구어 및 문어에서, 공통적으로 인용술어로 출현하는 빈도가 제일 높은 '하다'를 제외하고 출현 빈도가 제일 높은 인용술어는 각각 발화 인용에 많이 쓰이는 '그러다'와 생각 인용에 주로 쓰이는 '생각하다'이다.

외적 인용은 '간접인용'의 원형적 의미를 잘 나타내는 쓰임이지만 내적 인용은 보다 추상적인 쓰임이 될 수 있다. 특히, 자신의 주장을 제기할 때의 간접인용 구문은 명확한 과거 시에 일어난 타인이나 자신의 생각을 제시하는 간접인용 구문보다 더 추상적인 쓰임이 될 수 있다. 따라서 내적 인용 구문에 대한 교육은 두 단계로 진행할 필요가 있으며, 더 기초적인 쓰임 '타인이나 자신의 기존의 생각 표현하기' 및 더 추상적인 쓰임 '화자 자신의 주장 제기하기' 두 유형으로 나눌 수 있을 것이다.

이상의 정보를 종합적으로 고려하여 한국어교육에서 교수되어야 할 전형적인 간접인용 구문의 기능은 다음 [표 26]과 같이 선정할 수 있다.

[표 26] 한국어교육에서 전형적인 간접인용 구문의 기능 선정

구어: 외적 인용 → 실제로 발화된 내용을 전달하기 문어: 내적 인용 → 타인 혹은 자신의 생각 표현하기 자신의 주장 제기하기 확장적 쓰임: '-(이)라고'의 특정 대상 지시 기능

위 [표 26]의 내용을 반대 방향으로 보면 목표 항목의 사용 맥락을 알 수 있다. 즉, 외국인 학습자들이 목표 항목을 정확하게 인지하고 실제 언어생활에서 적절히 활용할 수 있도록 외적 인용에 대한 교육은 구어에서의 사용을 중요시해야 하고, 내적 인용에 대한 교육은 문어에서의 사용, 또한 격식적인 발화 상황에서의 사용을 중요시해야 한다는 것이다. 다음으로는 표준 문법 항목을 선정하기 위해 항목별로 논의할 것이다.

1) 외적 인용

지금 한국어교육에서 '전달하기' 기능의 전형적인 간접인용 구문 문법 항목은 '-다고/-(이)라고', '-냐고', '-자고', '-(으)라고' 및 '-고 하-' 축약형 항목이 있다. 우선, 본고는 '-달라고'를 추가 항목으로 선정한다.

현행 한국어교재나 문법서에서는 '-달라고'를 독립된 문법 항목으로 제시하지 않는다. 그 이유는 '-달라고'가 의존성이 높은 다른 인용표지와 달리, 기본형 '달다'가 하나의 독립된 단어라는 점으로 짐작할 수 있다. 그러나 간접인용 구문에 쓰이는 '달다'는 주로 보조동사로서 '-아/어 달라고'라는 형태로 사용되며 구조상으로는 '-아/어 주다'와 비슷하기 때문에 '달다'를 어휘 교육의 내용으로 처리하기보다 문법적 층위에서 교육하는 것이 바람직하다.『표준국어대사전』에서 제시한 '달다'의 표제항도 본고의 주장을 지시해 주는 논거가 될 수 있다.『표준국어대사전』에서 '달다'의 표제항은 다음과 같이 제시한다.

(161) 보조동사 (동사 뒤에서 '-어 달라', '-어 다오' 구성으로 쓰여)『 말
    하는 이가 듣는 이에게 앞말이 뜻하는 행동을 해 줄 것을 요구하
    는 말.
    예) 일자리를 <u>구해 달라고 부탁하다.</u>
        책을 빌려 <u>달라고 간청하다.</u>
        친구에게 와 <u>달라고 전화를 했다.</u>
        형 대신 이 일을 <u>해 다오.</u>

『표준국어대사전』에서 제시한 예문을 통해 현대적인 쓰임에서 보
조동사로 쓰이는 '-아/어 달라고'가 후행 술어를 가진다는 특징을 알
수 있다. 이때 후행 술어는 곧 인용술어이며 '-아/어 달라고'는 간접
인용의 구조적 특징을 갖게 된 것이다. 또한, 『표준국어대사전』에서
는 '달라다'에 대해서 '달라고 하다'가 줄어든 말이라고 풀이하고 있
다. 이는 '-달라고 하다'가 마치 고정된 구성이라는 것을 의미한다는
것이다. 따라서 다른 인용표지와의 구조적 유사성을 고려하여 '-달라
고'도 인용표지처럼 교육 내용으로 선정할 수 있을 것이다.

한편, 한국어교육에서 남을 위해 어떤 일을 해 주는 의미를 나타내
는 보조동사 '-아/어 주다'는 필수적인 교육 항목이다. 현실 발화 상
황에서 화자가 남에게 어떤 일을 하도록 할 때 공손을 표현하기 위해
'-아/어 주다'를 사용하지만 직접적으로 요구를 제기하는 명령형 표
현 '-(으)세요'도 있는데, 두 표현의 의미 차이 때문에 '-아/어 주다'는
외국인 학습자에게 이해하기 어려운 문법이 될 수도 있다[6]. 따라서

---

6) 노채환(2006)에서는 화용적 측면으로 '-아/어 주다'의 방향성 및 전달성 특징
   에 대해 분석했는데 담화 참여자의 관계 및 발화 맥락에 따라 '-아/어 주다'
   는 '공손', '친근감' 등 화용적 의미를 표현할 수 있다고 밝혔다. 그리고 '선생
   님, 여지 앉아 주세요.'라는 발화처럼 '-아/어 주다'는 한국인의 문화적 요소

'-아/어 주세요'의 간접인용 표현으로 쓸 수 있는 '-아/어 달라고'는 '-아/어 주다'에 비해 난이도가 더 높은 문법이 될 것이다. 또한, '-아/어 주세요'뿐만 아니라 화용적 청유문에서도 '-아/어 달라고'가 사용된다. 의미 기능의 실용성 면에서도 '-아/어 달라고'는 교육 항목이 될 수 있다.

외국인 학습자에게 문법 항목의 정확한 쓰임을 쉽게 파악하도록 문법 항목의 형태를 제시할 때 '달다'의 보조동사로서의 특징을 보여 줄 수 있는 '-아/어 달라고'라는 형태를 제시하는 것이 바람직하다.[7]

외적 인용 문법 항목의 표준 형태를 규정할 때 생산성 및 같은 계열의 문법 항목 간 연계성을 고려하여 인용술어를 모든 인용 구문에 쓸 수 있는 포괄 동사 '하다'로 통일하는 것을 제안하고자 한다.[8]

가 담긴 표현이라고 지적했다. 이렇듯, '-아/어 주다'는 주로 초급에서 다루는 문법 항목이지만 통사·의미적 층위에서만 가르치기 힘든 대상이다. '-아/어 주다'가 지닌 화용적 기능에다 '간접인용'이라는 기능도 추가하게 되면 '-아/어 달라고'는 외국인 학습자가 스스로 습득하기가 힘든 문법 항목으로 판단된다.

7) '-아/어 달라고'도 다른 인용표지처럼 체계적인 통사·형태적 정보를 갖는 문법 항목이 될 수 있으며, 관련된 교육 내용은 다음 [표 27]과 같이 제시할 수 있다.

[표 27] '-아/어 달라고'의 통사·형태적 정보

선행어		형태
v.	양성 모음	-아 달라고
	음성 모음	-어 달라고
	하다	-여 달라고
비고: '-았/었/였-', '-겠-'에 사용이 불가하다. 부정형은 인용술어에 '-지 않-' 부정형을 사용한다.		

8) 구어에서 '-다고', '-(이)라고'의 인용술어는 출현 빈도에 따라 앞의 3순위가 각각 '그러다, 하다, 생각하다', '하다, 생각하다, 쓰다'로 통계되었다. 이렇게

한편, '-고 하-' 축약형 문법 항목의 경우, 대표적인 항목을 배우면 음운적 규칙을 통해 다른 것을 저절로 습득할 수 있기 때문에 모두를 교육 내용으로 다루는 것이 비효율적이므로 말뭉치에서 출현 빈도수가 가장 높은 '-대(요)'를 대표 항목으로 선정할 것이다. 또한, 한국어에 높임법이 있다는 문화적 요인을 고려하여 상대 높임을 나타내는 '-요'를 괄호로 표시하는 것이 낫다.

상술 내용을 정리하여 외적 인용 구문의 문법 항목은 유형별로 다음 [표 28]과 같이 정리할 수 있다.

[표 28] 외적 인용 구문의 문법 항목

ㄱ. 평서형 간접인용 구문: -다고/-(이)라고 하다
ㄴ. 의문형 간접인용 구문: -냐고 하다
ㄷ. 청유형 간접인용 구문: -자고 하다
ㄹ. 명령형 간접인용 구문: -(으)라고 하다
ㅁ. '-아/어 주다'형 간접인용 구문: -달라고 하다
ㅂ. '-고 하-' 축약형 간접인용 구문: -대(요)/-(이)래(요)

2) 내적 인용

a. 타인 혹은 자신의 생각 표현하기

'타인 혹은 자신의 생각 내용 표현하기' 기능의 간접인용 구문 중에서 어느 것을 확장적 쓰임의 습득을 위한 기초적인 쓰임으로 선정해야 하는지는 문법 항목의 표준 형태 선정과 관련된 문제이다. 21세기 세종 계획 구어 자료 및 문어 자료에서 내적 인용의 의미를 나타

다양한 인용술어를 가질 수 있다는 통사·의미적 정보를 문법 기술이나 본문에서 노출하는 것도 좋은 방법이 될 수 있다.

내는 인용술어는 모두 '생각하다'가 1위로 뽑혔다.[9] '생각하다'는 '보다', '말할 수 있다'에 비해 직시 의미를 나타내는 용언이고 초급 수준의 단어라는 점에서 문법 항목의 표준 형태로 선정하기에 적절할 것이다. 따라서 '타인 혹은 자신의 생각 내용 표현하기' 기능의 간접인용 구문에 관한 교육 내용은 '-다고/(이)라고 생각하다'라는 문형을 통해 다룰 수 있을 것 같다.

b. 자신의 주장 제기하기

'화자 자신의 주장 제기하기' 기능의 간접인용 구문은 다양한 인용술어로 실현될 수 있다. 그러나 이 모든 쓰임을 교육 내용으로 다룰 수는 없고, 본고는 화용적 지식도 포함되는 우회적으로 주장을 제기하는 간접인용 구문을 교육 문법으로 선정하고자 한다. 서울대, 연세대 교재에서는 직시 의미를 나타내지 않는 동사 '보다'를 문법 항목의 대표 형태로 선정하였으나 외국인 학습자가 '-다고 생각하다' 류의 간접인용 구문을 습득하게 되었다면 '보다', '여기다', '주장하다' 등 인용술어를 사용하는 구문들을 기존의 언어 지식을 통해 스스로 습득할 수 있기 때문에 본고는 이 방안을 취하지 않고자 한다. 우회적으로 주장을 제기하는 인용술어에서 '할 수 있다'는 출현 빈도가 1위이며, 직시 의미도 나타내지 않기 때문에 교육적 가치가 있는 항목으로 선정할 것이다. 즉, '자신의 주장 제기하기' 기능의 간접인용 구문에 대해서는 '-다고/(이)라고 할 수 있다'라는 문형을 통해 교육

---

9) 21세기 세종 계획에서 '생각하다'는 내적 인용 구문의 인용술어로서 사용 빈도 1위로 통계되었으나 '혹 아직도 믿지 못하겠다고 생각하는 독자들이 있다면 다음 내용을 눈여겨보자.'라는 발화처럼 누군가의 생각을 언급할 때는 주된 사용 맥락이다.

할 수 있을 것이다.

3) 특정 대상 지시 기능의 '-(이)라고'

21세 세종 계획에 대한 분석을 통해 '특정 대상 지시' 기능의 '-(이)라고'는 '특정 대상 지시하기', '정의 내리기', '특정 대상 부각시키기' 세 가지 세부 기능을 지닌다는 결과를 도출했다. '특정 대상 부각시키기' 기능의 '-(이)라고'는 아직 문법화 과정을 밟고 있어 문법적 자립성이 결여되므로 이 쓰임을 교육 내용으로 선정하기 부적절하다고 판단된다. 비격식적인 발화에서 인용술어가 탈락된 쓰임은 '-(이)라고'의 문법화된 쓰임으로 간주할 수도 있기 때문에, 나머지 두 기능은 격식적인 쓰임이 비격식적인 쓰임에 비해 더 전형적이라고 할 수 있다.

한국어교육 자료에서는 '이름 소개하기' 기능을 독립된 문법 항목으로 설정하고 있다. '이름 소개하기' 기능이 문법 항목으로 선정된 이유는 이때 '-(이)라고' 구문이 전형적인 간접인용 구조 '-고 하-'를 가지기 때문이라고 짐작된다. 본고는 '이름 소개하기' 기능을 '특정 대상 지시하기' 기능의 하위 기능으로 보고자 하며, 그 이유는 외국인 학습자들이 똑같이 간접인용 구조를 가진 '특정 대상 지시하기' 기능의 구문을 습득한다면 '이름 소개하기' 기능의 구문도 저절로 습득할 수 있으나, 교육 순서를 반대로 다루게 되면 같은 효과를 얻을 수 없기 때문이다. 이는 '이름 소개하기' 기능의 발화는 문장 구조가 더 간단하고 주제가 외국인 학습자에게 더 친숙하기 때문일 것이다. 그러므로 난이도가 더 높은 '특정한 대상 지시하기' 기능에 대해 중점적으로 교육하는 것이 더 효율적이라고 할 수 있겠다. '이름 소

개하기' 기능을 '정의 내리기' 기능의 교육 내용에 포함시키는 방법
도 있다.

외국인 학습자가 해당 기능의 '-(이)라고'를 실제적 발화 상황에서
활용할 수 있도록 사용 가능한 인용술어에 대한 설명도 교육 내용에
포함시켜야 한다. '이름 소개하기' 기능의 간접인용 구문은 한국어교
육에서 마치 고정된 문형처럼 '저는 XXX라고 합니다.'라고 발화된
다.[10] '특정 대상 지시하기' 기능의 '-(이)라고' 구문에서는 인용술어
'하다'만 사용된다. 그러나 '정의 내리기' 기능을 할 때 인용술어는
'하다, 부르다, 명명하다, 정의하다' 등을 쓸 수 있다. 사용 빈도, 생산
성, 연계성을 고려하면 동일하게 인용술어를 '하다'로 제시하는 것이
바람직하다. '정의 내리기' 기능을 '특정 대상 지시하기' 기능과 구별
하고자 하면 구어 및 문어에서 모두 사용하는 인용술어 '부르다'도
함께 제시할 수 있을 것이다.

이상의 분석 내용을 정리하여 '-(이)라고'의 교육용 문법 항목을
다음 [표 29]와 같이 제시할 수 있다.

---

[10] 이미혜(2005:47)에서는 고정 표현 및 준 고정 표현을 한국어교육에서 문법 교
육의 범주로 다룰 수 있다고 제시했다. 고정 표현은 짧은 일상적 구어 표현을
가리키며 주로 인사말이나 상투적 표현들이 해당된다고 설명했다. 고정 표현
및 준 고정 표현에 대해서 다음과 같은 예시를 제시한 바가 있다.

• 고정 표현: 처음 뵙겠습니다; 잠깐만 기다리세요; 물론 그렇지요
• 준 고정 표현: 죄송하지만 ~ 아/어 주시겠어요?; 전혀 ~지 않습니다

본고에서 제기한 '저는 XXX라고 합니다.' 구문은 일상적 구어 표현의 준 고정
표현으로 볼 수 있을 것이다.

[표 29] '-(이)라고'의 문법 항목[11]

기능	맥락	문장 구조	세부 기능/예시		인용술어
특정 대상 지시하기	격식	N₁이 N₂라고 하다	이름소개	저는 김철수라고 합니다.	하다
			지시하기	우리나라에서 제일 유명한 게 상주 곶감이라고 하네요.	
정의 내리기	격식	N₁을 N₂라고 하다	외국에서 사는 한국 사람을 교포라고 한다.		하다/ 부르다

5.1.1.2. 문법화된 간접인용 구문

교재 분석 결과에 의해 각 교재는 '-다기보다/-(이)라기보다'의 문법 항목 선정에 대해 비교적 일치하는 관점을 갖고 있다. 따라서 본고는 이를 문법화된 간접인용 구문의 필수 항목으로 선정하고 따로 논의하지 않을 것이다. 이 절에서는 주로 간접인용 구문의 다른 문법들에 대해 표준 항목을 선정할 것이다. 교육의 효율성을 고려하여 구체적인 논의는 문법 항목의 계열별로 진행할 것이다.

1) -다고, -(이)라고, -냐고, -자고, -(으)라고, -달라고

a. 연결형

앞서 3장의 분석 결과에 의해, 연결형 '-다고', '-(이)라고', '-냐고', '-자고', '-(으)라고', '-달라고'의 공통 의미·기능은 '이유 표현' 기능

---

11) 외적 인용 및 내적 인용 문법 항목 구축의 목적이 구체적인 문법 항목을 통해 한국어 간접인용의 체계를 가르치는 것이라면, 특정 대상 지시 기능의 '-(이)라고'의 문법 항목 구축은 이에 관한 통사적, 형태적, 의미·기능적 지식을 체계화하는 것이라고 할 수 있다. 따라서 '-(이)라고'의 문법 항목은 곧 교육 내용으로 볼 수 있다.

이다. 대표형 문법 항목을 배우고 나서 유추를 통해 다른 문법 항목에 대한 학습이 가능하므로, 실제 발화 상황에서 출현 빈도가 가장 높은 '-다고/-(이)라고'를 교육 항목으로 선정할 것이다. 또한, '이유 표현' 기능의 '-다고', '-(이)라고'는 세부 쓰임도 가지는데, 그 중에서 교육 내용으로 다루기 적절한 쓰임을 선정해야 한다.

　'이유 표현' 기능의 '-다고', '-(이)라고'가 가지는 세부 쓰임은 완전히 겹치는 것이 아니므로 여기서는 공통적으로 쓰이는 교육 내용을 선정할 것이다. 첫째, '-다고/-(이)라고'의 선·후행절 내용 전체가 인용된 기존의 발화인 경우가 있는데, 이 유형은 전형적인 간접인용 구문으로 처리할 수 있으므로 교육 내용으로 선정하지 않기로 한다. 둘째, 발화의 주체가 실제로 했던 생각이나 느낌을 근거의 내용으로 삼는 유형이 있는데, 이때 '-다고/-(이)라고'의 선행절 내용은 의미적 중의 현상이 일어날 수 있을 뿐만 아니라, 선·후행절은 인과 관계, 조건 관계 등을 가질 수 있어 의미적 관계가 불투명하므로 이 유형을 교육 문법으로 선정하지 않을 것이다. 셋째, 기존의 발화 내용을 현실 상황의 이유, 근거로 제시하는 경우가 있는데, 이때 '-다고/-(이)라고' 구문은 격식, 비격식적인 발화 상황에서 모두 쓰일 수 있으며 의미적, 통사적 특징도 분명하므로 후보 항목으로 선정할 것이다. 이 유형에서 '-다고/-(이)라고'가 이끄는 내용이 기존의 발화 내용이기 때문에 '간접인용'의 원형 의미도 나타낸다. 교수-학습의 용이성이라는 점에서도 이 유형의 쓰임은 적절한 교육 문법이 될 수 있을 것이다.[12]

---

12) 문법화된 연결형 '-냐고', '-자고', '-(으)라고', '-달라고'도 이유 표현 기능을 수행할 수 있는데, 이때 선행절에서는 기존의 발화 내용만을 이끌어낼 수 있으며 선정된 '-다고/-(이)라고'의 쓰임과 중복된다. 따라서 '-냐고', '-자고', '-(으)라고', '-달라고'를 참고 정보로 제시하는 것이 바람직하다.

한편, 연결형 '-다고', '-(이)라고'는 '조건 표현' 기능도 할 수 있는데 문법화된 '-다고/-(이)라고 해서'의 의미·기능과 중복되므로, 이 쓰임을 '-다고/-(이)라고 해서'와 같은 문법 항목으로 처리할 것이다. 또한, '-다고', '-자고', '-(으)라고'는 '의도, 목적 표현' 기능을 할 수 있다. '-다고'는 의도, 목적을 표현할 때 의지를 나타내는 '-겠-'을 취하는 쓰임 및 취하지 않는 쓰임이 모두 있어 일정한 형태를 못 가진다는 문법화가 덜 된 것으로 판단되기 때문에 문법 항목으로 선정하지 않는다. 의도, 목적 표현 기능의 '-자고'는 출현 빈도가 5번밖에 통계되지 않았기 때문에 교육 항목으로 선정하기에 적절하지 않은 것으로 판단된다. '의도, 목적 표현' 기능을 하는 '-(으)라고'는 구어에서 사용하는 '-(으)려고'와 명확하게 구별되지 못한다는 문제점으로 인해 적절한 교육 항목으로 볼 수 없다.

'특정 대상 지시하기' 기능의 '-(이)라고'는 문법화가 일어난 후 비격식적인 발화 상황에서만 사용될 수 있다. 종결형 쓰임은 '강조' 기능의 '-(이)라고'와 중복되므로 여기서는 연결형의 쓰임만을 논의하기로 한다. 연결형 쓰임은 일정한 형태를 가지지 않고, 분명한 통사적, 의미적 특징도 형성하지 못했기 때문에 아직 문법화 과정을 밟고 있다는 것으로 판단되어 교육 내용에서 배제하기로 한다.

b. 종결형

종결형 '-다고', '-(이)라고', '-냐고', '-자고', '-(으)라고', '-달라고'가 공통적으로 가진 의미·기능은 '대답하기', '확인하기', '강조하기' 기능이다. 대표성, 빈도를 고려하여 실제 발화 상황에서 출현 빈도가 가장 높은 '-다고/-(이)라고'를 대표 문법 항목으로 선정하고자 한다.

일상 언어 사용의 실용성, 의미·기능의 원형성, 문법화 정도를 고려하여 '대답하기', '확인하기' 기능은 간접인용 구문의 교육 내용으로 선정하기 적절하다고 판단된다. '확인하기' 기능의 구문은 의문문으로 발화되며 '대답하기' 기능의 구문은 평서문으로 발화되는데, 두 기능의 구문은 같은 문장 구조를 가지며 단지 서법의 사용에서만 차이가 나타난다. 따라서 두 기능을 하나의 문법 항목이 가진 두 가지 세부 기능으로 교육하면 더 효율적일 것이다. '대답하기', '확인하기' 기능을 하는 문법화된 '-냐고', '-자고', '-(으)라고', '-달라고'에 대해서는 참고 정보로 다룰 수 있다.[13]

'강조하기' 기능의 문법화된 간접인용 구문에서 '-다고' 구문의 사용 양상이 제일 복잡하다.[14] '강조하기' 기능의 세부 유형에서 '기존

---

13) 각 인용표지는 문법화 과정을 밟기 전의 쓰임에 영향을 받아 약간의 의미 차이를 갖는데 주로 선행절의 서법 유형에서 차이가 나타난다. 해당 정보는 3장을 참고한다.

14) 분석의 명확성을 위해 '강조하기' 기능을 하는 '-다고' 구문의 쓰임을 아래 [표 30]과 같이 정리한다.

[표 30] '강조하기' 기능 '–다고'의 쓰임

기능	세부 유형	서법	주요한 맥락 (구어)	문장 구조 (화용 정보)	화용 정보
강조하기	기존의 발화 반복	평서문	비격식	-다고(요)	기존 발화를 그대로/ 정보만 반복하기
	생각, 느낌 강조 표현	평서문	비격식	-다고(요)	
	생각 가볍게 알려주기	평서문	비격식	-다고(요)	
	반어적 표현	반문식 평서문	비격식	의문사 + 다고(요)	'자랑', '빈정거리기', '겸손' 등 표현하기
	깨달음 표현	평서문	비격식	나 + 또 + v./adj + –다고	

의 발화 반복하기' 유형은 '간접인용'의 원형 의미를 띠고 있는 쓰임이라고 볼 수 있다. 원형 의미, 실용성을 고려하여 이 유형의 '강조하기' 기능도 문법화된 간접인용 구문의 후보 교육 항목으로 선정하고자 한다. 한편, '강조하기' 기능에서 '생각, 느낌 강조 표현'이라는 세부 쓰임은 특정한 문장 구조 및 명확한 의미를 가지므로 이 경우에 쓰이는 '-다고'는 문법화 정도가 높은 문법으로서 교육 문법으로 삼을 자격이 충분하다고 판정된다. 그러나 '강조하기' 기능의 세부 유형인 '생각 가볍게 알려주기' 유형은 음성 언어 자료를 활용하여 정체성에 대한 심층 연구가 필요하므로 교육 내용에서 배제할 것이다. 그리고 '반어적 표현' 및 '깨달음 표현' 유형은 실제 발화 자료에서의 발화 빈도가 상대적으로 많이 낮기 때문에 선택적 교육 내용으로 다루는 것이 바람직하다. 따라서 '강조하기' 기능에 대해서는 '자신의 발화 반복' 및 '생각, 느낌 강조 표현' 두 가지 세부 유형을 후보 항목으로 선정할 것이다.[15)

2) -다는/-(이)라는

본고는 문법화된 간접인용 구문에서 다루는 '-다는/-(이)라는'의 의미·기능을 대체로 '생각 지시', '발화 지시', '사건 자체 지시'로 규정

문법화된 '-(이)라고'도 '강조기능'을 할 수 있는데, '생각을 가볍게 알려주기'의 세부 사용 양상을 지니지는 않는다. 단, 다른 세부 유형의 '강조하기' 기능에서 '-(이)라고'는 '-다고'의 이형태로 볼 수 있다.

15) 문법화된 '-냐고', '-자고', '-(으)라고', '-달라고'도 '강조기능' 기능을 할 수 있는데 주로 '자신의 발화 반복'과 '생각, 느낌 강조 표현' 두 가지 방식으로 실현된다. 이는 선정된 '-다고/-(이)라고'의 세부 쓰임과 일치하므로 교육 내용에서 참고 정보로 다룰 수 있다.

했다. '생각 지시', '발화 지시' 기능은 '간접인용'의 원형적 의미를 띠고 한국어 교재에서 많이 제시되므로 교육 내용으로 선정할 것이다. 한편, '사건 자체 지시하기' 기능은 보다 추상적이라고 할 수 있다. '-다는', '-(이)라는'은 '생각 지시', '발화 지시' 기능을 할 때 통사적, 의미적, 화용적 특징이 유사하므로 서로의 이형태로 볼 수 있지만, '사건 자체 지시하기' 기능을 할 때 통사적, 의미적, 화용적 특징에 있어서 차이가 존재하므로, 세 기능을 두 단계로 나눠 교육하는 것이 효과적일 것이다. 즉, '생각 지시', '발화 지시' 기능을 상대적으로 구상적이고 이해하기 쉬운 1단계의 교육 내용으로, '사건 자체 지시하기' 기능을 추상적이고 이해하기가 상대적으로 어려운 2단계의 교육 내용으로 설정하고자 한다.

한국어 교재에서는 '-다는/-(이)라는'에 관한 문법 항목들을 '-다는 것이', '-다는 점에서', 'N은 -다는 것이다' 등 다양하게 제시하고 있다. 21세기 계종 계획에서 '-다는/-(이)라는'의 후행어로서 '-것'이 제일 높은 빈도로 출현되었는데, '-다는'을 예로 들자면, 문어의 경우[16] '-다는 것'의 출현 빈도(2016번)는 '-다는'의 전체 출현 빈도(4150번)의 48.6%를 차지했다. 빈도만 고려하면 '-다는 것'을 문법 항목으로 설정할 수 있겠지만, 이때 지시 대상의 정체성을 명확하게 드러낼 수 없다는 교수-학습의 부담을 가져올 수도 있다. 따라서 문법 항목

---

16) 비격식적인 발화 상황에서 발화 수정 현상 및 개인의 발화 습관 때문에 '-다는/-(이)라는'의 비규칙적인 쓰임도 발견되었다. 분석 결과의 정확성을 확보하기 위해 여기서는 문어에서의 출현 빈도만을 통계했다. '-다는/-(이)라는'은 문어에서의 출현 빈도가 상당히 높으며, 분석 자료는 인문 사회, 과학, 예술 등 영역에 관한 글을 골고루 포함했기 때문에, 신뢰도가 있는 분석 결과로 볼 수 있다.

의 생산성을 고려하여 '-다는/-(이)라는' 자체를 표준 문법 항목 형태로 선정하는 것이 합리적일 것이다.

3장의 분석 결과에 의하면 '-다는/-(이)라는'은 실제 발화 상황에서 '-다는/-(이)라는 것이다' 형태의 강조적 쓰임도 갖는다. 문어 자료에 대한 분석 결과만으로, 강조적 쓰임의 '-다는 것이다'의 출현 빈도(462번)는 '-다는'의 전체 출현 빈도(4150번)의 11.1%만 조사되었다.17) 그러나 '-다는/-(이)라는' 후행어의 단독 출현 빈도를 보면, '-것이다'는 출현 빈도가 상당히 높은 표현이라는 점에서 강조적 쓰임도 '-다는/-(이)라는'의 보충 내용으로 다룰 수도 있을 것이다.

3) -다고 해서/-(이)라고 해서

본고는 문법화된 '-다고 해서/-(이)라고 해서'의 의미·기능을 대체로 '근거 제시'로 규정했으며 이 의미·기능의 대한 이해는 교육의 중점이 될 것이다. 대부분 상황에서 '-다고 해서/-(이)라고 해서'의 후행절에는 부정문이 결합되지만 항상 그렇지는 않다. 따라서 문법 항목의 생산성을 고려하여 문법 항목의 표준 형태를 '-다고 해서/-(이)라고 해서' 자체로 선정하고자 한다.

현행 한국어 교재에서 '-다고 해서/-(이)라고 해서'는 간과되고 있지만 본고는 이를 필요한 교육 내용으로 본다. 본고는 말뭉치의 문어 자료18)에서 '-다고 해서/-(이)라고 해서' 및 '-다고 해도/-(이)라고 해

---

17) 강조적 쓰임은 '-다는 점이다'도 있다. '-다는 점이다'는 문어 자료에서의 출현 빈도가 149번이며, '-다는' 전체 출현 빈도의 3.6%를 차지했다. '-다는 점이다'는 '-다는 것이다'에 비해 발화 빈도가 월등히 낮았다.

18) 두 문법은 격식적인 발화 상황에서 주로 사용되기 때문에 문어 자료에서의 출현 빈도수만 참고하기로 한다.

도'19)의 총 출현 빈도에 대해 통계해 봤는데, 통계된 총 발화 빈도, '-다고 해서/-(이)라고 해서'는 79번, '-다고 해도/-(이)라고 해도'는 96번으로 나타났다. 문법화된 '-다고 해도/-(이)라고 해도'는 본고가 분석한 5종 한국어 교재에서 모두 교육 문법으로 선정되었으므로, 실제적 발화 자료에서 발화 빈도의 유사성을 근거로 '-다고 해서/-(이)라고 해서'도 교육 내용으로 선정할 수 있다. 한편, '-다고 해서/-(이)라고 해서'는 문법화 발전 과정, 형태·구조적 특징 그리고 의미 자질의 면에서 문법화된 '-다고 해도/-(이)라고 해도'와 비슷한 층위의 문법으로 볼 수 있다는 것도 교육의 적절성을 방증한다.

4) -다고 해도/-(이)라고 해도

본고는 문법화된 '-다고 해도/-(이)라고 해도'의 의미·기능을 대체로 '주관적인 양보 관계 제시'로 규정했으며 이 의미·기능은 주요한 교육 내용이 될 것이다.

'-다고 해도/-(이)라고 해도'는 '-다고 하더라도/-(이)라고 하더라도' 혹은 '-다고 할지라도/-(이)라고 할지라도'로 발화될 수도 있지만, 문어 분석 자료에서 '-다고 해도', '-다고 하더라도'의 발화 빈도는 각각 20번, 25번이며, '-(이)라고 해도', '-(이)라고 하더라도'의 출현 빈도는 각각 19번, 15번이다. 그리고 앞의 논의에서 분석했듯이 '-다고 해도/-(이)라고 해도'와 '-다고 하더라도/-(이)라고 하더라도'는 의미적 차이가 거의 없어 서로 교체하여 쓸 수 있으므로, 두 세트는 같은 문법 항목으로 간주하여 교육할 수 있다. 단, 실제로 교육할 때 만약 '-더라도'는 '-다고 하더라도/-(이)라고 하더라도'보다 차후에 교

---

19) '-다고 하더라도/-(이)라고 하더라도'의 출현 빈도도 함께 포함하였다.

육하는 문법이라면 표준 형태는 '-다고 해도/-(이)라고 해도'를 사용해야 한다. '-다고 할지라도/-(이)라고 할지라도'는 분석 자료에서 발화 빈도가 상당히 낮으므로 교육 내용에서 제외하기로 한다.

한국어 교재에서 문법화된 '-다고 해도'에 대해 '-다고 해도 과언이 아니다'를 표준 항목으로 선정하는 상황도 있는데, 이는 교재의 교수 요목에 따른 문법 선정이라고 볼 수 있다. 문법 항목의 생산성을 고려하여 문법 항목의 최소 형태를 표준 형태로 다루고자 한다. '-다고 해도 과언이 아니다'와 비슷한 표현은 강조적인 쓰임으로 볼 수 있으며, '-다고 해도' 구문 전체 출현 빈도의 17.7%를 차지했으므로 보충적 교육 내용으로 제시할 수 있다.[20)]

5) -다면서/-(이)라면서, -냐면서, -자면서, -(으)라면서

3장의 분석 결과에 의하면 문법화된 '-다면서/-(이)라면서', '-냐면서', '-자면서', '-(으)라면서'는 모두 '반문하기' 기능을 할 수 있는데, '확인하기' 및 '공감 얻기' 기능은 '-다면서/-(이)라면서'만 할 수 있다. 발화 빈도 및 대표성을 고려하여 '-다면서/-(이)라면서'를 대표 항목으로 뽑아 교육하고, '-냐면서', '-자면서', '-(으)라면서'를 보충 내용으로 교육하는 것이 효율적이다.

분석 자료에서 '확인하기' 및 '반문하기' 기능의 발화는 빈도가 상

---

20) 문어 자료에서 '-다고 해도/-(이)라고 해도'에 부정문을 사용하는 강조적인 쓰임이 빈번하게 일어났다. 통계 결과에 의하면, '-다고 해도 과언이 아니다'(8번), '-다고 해도 지나친 말이 아니다'(2번), '-다고 해도 틀림이 없다'(3번), '-다고 해도 무방하다'(2번), '-다고 해도 틀린 이야기가 아니다'(1번), '-다고 해도 잘못된 인식이 아니다'(1번)가 발화되었다.

대적으로 높으며 '간접인용'의 원형적 의미를 보유하는 쓰임으로 볼 수 있다. 21세기 세종 계획에서 문법화된 '-다면서/-(이)라면서'가 나타난 사적인 대화 자료는 일상대화, 주제대화, 전화대화를 포함하여 총 어절수가 383,184에 불과하다는 사실을 고려하여 이 상황에서 빈도수만 믿고 교육 내용을 선정하는 것이 합리적이지 않다고 판단된다. 빈도수 부족에 관한 문제는 더 큰 규모의 말뭉치 구축을 통해 해결할 필요가 있겠지만, 여기서는 외국인 학습자가 문법화된 '-다면서/-(이)라면서'의 전체적인 쓰임을 보다 잘 파악하도록 3가지 의미 기능을 모두 교육 내용으로 제시하고자 한다. 이렇게 교육 내용을 선정하는 또 하나의 이유는 이 3가지 의미 기능의 난이도가 비슷하다고 볼 수 있기 때문이다.

6) -다니까/-(이)라니까, -냐니까, -자니까, -(으)라니까

문법화된 '-다니까/-(이)라니까', '-냐니까', '-자니까', '-(으)라니까'의 의미 기능은 주로 '강조하기'로 분석되었다. 앞에서도 언급했듯이 사적인 대화 말뭉치의 규모가 크지 않으므로 발화 빈도에 의해 문법 항목을 선정하는 것은 무리가 있다. '-다니까/-(이)라니까' 계열과 '-다면서/-(이)라면서' 계열의 문법들은 화자가 자신의 감정을 살려 표현할 수 있다는 유사점을 가지며 문장 구조도 비슷하다. 기존의 발화를 다시 한 번 발화하여 강조할 때 쓰이는 '-다니까/-(이)라니까' 계열 구문은 '간접인용'의 원형 의미를 띤다고 볼 수도 있다. 그러므로 본고는 '-다니까/-(이)라니까' 계열도 간접인용 구문의 교육 항목으로 선정하고자 한다. 분석 자료에서 '-냐니까', '-자니까', '-(으)라니까'의 발화 빈도가 매우 낮으므로 이를 참고 정보로 처리하고, '-다니까/-

(이)라니까'를 대표 항목으로 교육하기로 한다.

7) -다니/-(이)라니

문법화된 간접인용 구문에서 '-다니/-(이)라니'는 주로 문장의 종결 위치에 쓰여 '놀라움' 및 '의혹'을 표현한다. '-다니/-(이)라니'는 주로 이미 한 발화에 대한 중복을 통해 감정을 표현하기 때문에 '간접인 용'의 원형 의미를 반영한다고 할 수 있다. 놀라움 및 의혹 표현 기능 은 실제 발화 상황에서 골고루 사용되며, 외국인 학습자에게 '-다니 /-(이)라니'의 용법을 전반적으로 이해시키기 위해 이 두 기능을 모두 교육 내용으로 선정할 수 있다.

상술 분석 내용을 정리하여 간접인용 구문의 교육 항목은 다음 [표 31]과 같이 선정할 수 있다.

[표 31] 간접인용 구문의 교육 항목[21]

범주[22]	문법 항목[23]	기능
표현	-다고 하다/-(이)라고 하다[1]	간접인용 (외적 인용)
표현	-냐고 하다	간접인용 (외적 인용)
표현	-자고 하다	간접인용 (외적 인용)
표현	-(으)라고 하다	간접인용 (외적 인용)
표현	-달라고 하다	간접인용 (외적 인용)
표현	-대(요)/-(이)래(요)	간접인용 (외적 인용)
표현	-다고/-(이)라고 생각하다	간접인용 (내적 인용)
표현	-다고/-(이)라고 할 수 있다	주장 제기 (내적 인용)

---

[21] 형태가 동일하지만 의미 기능이 다른 문법 항목을 구별하기 위해 아래 첨자로 표시했다.

범주[22]	문법 항목[23]	기능
표현	-(이)라고 하다$_2$	특정 대상 지시하기
연결 표현	-다고/-(이)라고	이유 표현하기
종결 표현	-다고(요)/-(이)라고(요)$_1$	대답하기, 확인하기
종결 표현	-다고(요)/-(이)라고(요)$_2$	강조하기
연결 표현	-다는/-(이)라는$_1$	발화, 생각 지시하기
연결 표현	-다는/-(이)라는$_2$	사건 자체 지시하기
연결 표현	-다고 해서/-(이)라고 해서	주관적 인과 관계 제시하기
연결 표현	-다고 해도/-(이)라고 해도	주관적 양보 관계 제시하기
연결 표현	-다기보다(는)/ -(이)라기보다는(는)	주관적 비교 대상 제기하기
종결 표현	-다면서(요)/-(이)라면서(요)	확인하기, 반문하기, 공감 얻기
종결 표현	-다니까(요)/-(이)라니까(요)	강조하기
종결 표현	-다니(요)/-(이)라니(요)	놀라움, 의혹 표현하기

5.1.2. 문법 항목의 등급화

간접인용 구문의 문법 항목들을 등급화하기 위해 먼저 선행 연구에서 제기한 문법 항목 배열 기준을 살펴보자. 선행 연구에서 제시한 문법 항목 배열 기준은 다음 [표 32]와 같이 정리할 수 있다.

---

22) 문법화된 간접인용 구문의 문법 항목에서 연결형으로 쓰이는 언어 구성을 '연결 표현'으로 표시하고, 종결형으로 쓰이는 언어 구성을 '종결 표현'으로 표시할 것이다. 전형적인 간접인용 구문의 문법 항목들은 문장의 중간 위치 및 종결 위치에 모두 쓸 수 있으므로 '표현'으로 표시하고자 한다.
23) 논의의 편의를 위해 여기서는 선정된 문법 항목의 표준 형태만 제시한다.

[표 32] 선행 연구에서의 문법 항목 배열 기준

김유정 (1998)	• 사용 빈도 • 일반화 가능성	• 난이도 • 학습자의 기대 문법
이해영 (2003)	• 비도 • 학습의 용이성	• 분포 범위 • 학습자의 필요
이미혜 (2005)	• 기능 • 용이성	• 빈도
장채린·강현화 (2013)	• 복잡도24)	

빈도가 문법 항목 배열에서 중요한 기준임에도 불구하고 본고는 '간접인용'의 원형적 의미 자질을 가장 중요한 기준으로 삼고자 한다. 그 이유는 21세기 세종 계획 구어 자료의 균형성 문제 및 규모 문제로 인해, 빈도에 의해 문법을 배열하는 데에 한계가 있기 때문이다. 간접인용 구문 문법 항목의 교수-학습에 있어서 가장 중요한 점은 문법 항목의 의미 기능이 '간접인용'의 원형 의미와의 연관성이다. 이는 전형적인 간접인용 구문과 문법화된 간접인용 구문을 구별하는 중요한 실마리이자, 문법화된 간접인용 구문을 보다 수월하게 이해할 수 있는 관건이기 때문이다. 따라서 문법 항목의 배열에 대해 '간접인용'의 원형 의미가 얼마나 반영되었는지를 1차적 배열 기준으로 선정할 것이다.25)

---

24) 복잡도(complexity)란 문법 자체 언어적 특징의 복잡성을 말하는 개념이다. 즉, 통사적, 형태적, 의미적, 담화·화용적, 그리고 억양 등 담화적 특징을 얼마나 갖는지, 제약을 얼마나 받는지와 관련된 개념이라고 이해할 수 있다. 이는 학습자의 언어 수준 및 언어적 배경을 떠나 언어 자체에만 초점을 둔다는 난이도 측정 방법이라고 하겠다.

25) 이미혜(2005:82)에서도 의사소통 기능 중심의 복합 교수요목에서 문법 항목의 기능은 1차적인 배열 기준으로 삼아야 한다고 주장했다. 유사한 기능을

'간접인용'의 원형 의미를 비슷한 정도로 나타내는 문법 항목들에 대해서는 의미 기능의 투명성을 2차적 배열 기준으로 삼고자 한다. 예를 들면 '-다고 해서'는 원인을 나타내지만 '-(으)니까', '-아/어서'처럼 명확한 인과 관계에 쓰이는 표현이 아니라, 화자의 주관적 판단 속에서 쓰이는 것이므로 의미 기능을 [-투명성]으로 판단할 수 있다.

3차적 배열 기준은 통사적, 화용적 복잡성으로 선정할 것이다. 통사적 제약은 문법 배열의 일반적인 기준이다. 간접인용 구문의 문법 항목들은 담화 상황에 영향을 많이 받는 편이므로 화용적 제약 및 담화적 기능은 문법 항목의 난이도를 결정하는 중요한 기준이 될 수 있다.

선행 연구 및 간접인용 구문 자체의 언어적 특징을 고려하여 간접인용 구문 문법 항목의 배열 기준을 다음 [표 33]과 같이 제시한다.

[표 33] 한국어교육에서 간접인용 구문 문법 항목의 배열 기준

기준	세부 사항
원형 의미의 명확성	'간접인용'의 원형적 의미가 명확하게 나타날수록 이해하기 쉬운 문법으로 선정한다.
의미 기능의 투명성	유사한 문법과 혼동하기 쉬운 것을 난이가 높은 문법으로 선정한다.
복잡성26)	통사적, 화용적 제약이 많을수록 난이도가 높은 문법으로 선정한다. 의미 기능의 수가 많을수록 난이도가 높은 문법으로 선정한다.

지닌 문법들을 배열할 때 실제적 언어에서의 사용 빈도를 2차적 배열 기준으로 고려해야 한다고 밝혔다.

26) 여기서 형태적 복잡도를 산정 기준에 적용하지 않을 것이다. 간접인용 구문의 각 문법 항목은 비슷한 형태적 특징을 지니는데 주로 선행어의 품사 및 마지막 음절의 음운적 특징에 의해 이형태가 실현된다. 따라서 형태적 특징은 문

문법화된 간접인용 구문에서 기존의 발화 내용을 이끌어내어 담화 기능을 수행하는 문법 항목이 있는데, 이러한 문법 항목들은 '간접인용'의 원형적 의미를 잘 반영한 것으로 판단할 수 있다. 예를 들면, '-다고/-(이)라고(요)₁', '-다면서(요)/-(이)라면서(요)' 등은 '간접인용'의 원형적 의미를 잘 띠는 문법으로 볼 수 있다. 기존의 발화 내용이 아니라, 화자의 가정이나 생각에 직접 쓰여 담화 기능을 하는 쓰임은 '간접인용'의 원형적 의미를 잘 반영하지 못하는 것으로 볼 수 있다. 예를 들면, 화자의 주장 제기에 쓰이는 '-다고 해서', '-다고 해도' 등은 이 유형으로 규정할 수 있다. 따라서 '간접인용'의 원형적 의미와의 연관성을 단계화하고 문법 항목들에 대해 분류하자면 다음 [표 34]와 같이 제시할 수 있다.

[표 34] 간접인용 구문 문법 항목들의 원형 의미적 자질[27)]

원형적 → 추상적		
0단계	1단계	2단계
-다고 하다/ -(이)라고 하다₁	-(이)라고 하다₂	-다고 할 수 있다
-냐고 하다	-다고/-(이)라고	-다고(요)/-(이)라고(요)₂
-자고 하다	-다고(요)/-(이)라고(요)₁	-다는/-(이)라는₂
-(으)라고 하다	-다는/-(이)라는₁	-다고 해서/-(이)라고 해서
-달라고 하다	-다면서(요)/-(이)라면서(요)	-다고 해도/-(이)라고 해도
-다고/-(이)라고 생각하다	-다니까(요)/-(이)라니까(요)	-다기보다(는)/ -(이)라기보다는(는)
-대(요)/-(이)래(요)	-다니(요)/-(이)라니(요)	

법 항목의 난이도에 큰 영향을 끼치는 기준으로 보기 어렵다.

위의 표에서 '0단계'로 제시한 문법 항목들은 '간접인용'의 원형적 의미를 잘 띠는 문법 항목으로서 비슷한 통사적, 형태적, 화용적 특징을 지니므로 동일한 등급의 문법으로 규정할 수 있을 것이다. '-대요/-(이)래요'는 '-다고 하다/-(이)라고 하다'와 언어 구성에만 차이가 있기 때문에 문법 간의 연결을 고려하여 두 문법을 동일 등급으로 처리하기로 한다. '1단계'로 제시한 문법 항목들은 '간접인용'의 원형 의미를 잘 띠면서 새로운 의미 기능도 하게 되는 문법 항목들이다. 이 문법 항목들은 실제적 발화 상황에서 분명한 의미 기능을 수행하며, 유사한 문법과 혼동하여 쓰일 우려도 희박하기 때문에 '간접인용'의 원형 의미만 나타내는 문법 항목들에 비해 난이도가 한층 더 높은 문법으로 판단될 수 있다. 그리고 '1단계' 단계에 속한 문법 항목들이 지니는 의미 기능의 수, 통사적, 화용적 제약의 수가 비슷하므로 같은 등급의 문법 항목으로 규정해도 무방할 것이다. '2단계'에 속한 문법 항목들은 주로 화자의 주관적 생각을 제기할 때 쓰이며 '간접인용'의 원형적 의미를 잘 띠지 않는 쓰임으로 볼 수 있다. '2단계'의 문법 항목들은 실제 발화 상화에서 추상적인 의미 기능을 수행하므로, '간접인용'의 원형 의미만을 나타내는 쓰임에 비해 난이도가 2 단계로 한층 더 높은 문법으로 볼 수 있다. 통사적 제약 및 의미 기능의 투명성을 고려하면 '-다고 할 수 있다', '-다고/-(이)라고(요)$_2$'는 상대적으로 난이도가 낮은 문법으로 판단될 수 있다. '-다고 할 수 있다', '-다고/-(이)라고(요)$_2$'는 실제 발화 상황에서 명확한 의미 기능을 수행하며, 의미·통사적 제약이 많지 않아서 유

---

27) [표 34]에서 사용한 어깨번호는 [표 31]에서 사용한 것과 동일하다. 뒤에서 제시할 [표 35]도 마찬가지이다.

사한 문법과 혼동할 우려도 잘 없기 때문이다. 그러나 '2단계'의 다른 문법 항목들은 '-다고 할 수 있다', '-다고/-(이)라고(요)$_2$'에 비해 의미 기능의 투명성이 떨어지고, 추상적인 문법적 변별 정보도 많이 지니므로 상대적으로 난이도가 더 높은 문법으로 규정할 수 있다. 뿐만 아니라, 이 문법 항목들은 통사적 제약도 더 많이 받는다. 따라서 한국어 간접인용 구문의 문법 항목들에 대해서는 4 단계로 등급화할 수 있을 것이다. 한국어 교재에 의하면 '간접인용'의 원형 의미만 나타내는 전형적인 간접인용 구문은 주로 3급에서 다루어지고 있다. 이를 참고하여 위의 표에서 '-다고 하다/-(이)라고 하다'와 같은 '0단계'의 문법 항목들을 3급 수준의 문법 항목으로 규정할 수 있다. 이상의 논의를 토대로 하여 간접인용 구문의 문법 항목들은 아래 [표 35]와 같이 등급화할 수 있을 것이다.

[표 35] 간접인용 구문 문법 항목의 등급화

급별	문법 항목
3급	-다고 하다/-(이)라고 하다$_1$; -냐고 하다; -자고 하다; -(으)라고 하다; -달라고 하다; -대(요)/-(이)래(요); -다고/-(이)라고 생각하다
4급	-(이)라고 하다$_2$; -다고/-(이)라고; -다고(요)/-(이)라고(요)$_1$; -다는/-(이)라는$_1$; -다면서(요)/-(이)라면서(요); -다니까(요)/-(이)라니까(요); -다니(요)/-(이)라니(요)
5급	-다고 할 수 있다; -다고(요)/-(이)라고(요)$_2$
6급	-다는/-(이)라는$_2$; -다고 해서/-(이)라고 해서; -다고 해도/-(이)라고 해도; -다기보다(는)/-(이)라기보다는(는)

252

5.2. 간접인용 구문의 교육 내용

5.2.1. 전형적인 간접인용 구문

이 절에서는 전형적인 간접인용 구문의 교육 내용에 대해서 형태 중심이 아닌 담화 층위의 교육 내용으로 보완 점을 제안하고자 한다. 교육 항목으로 선정된 인용 구문의 담화 맥락, 사용 양상, 의미 기능, 그리고 교재 분석의 결과를 고려하여 교육 내용을 개념적 지식, 의미·기능적 지식, 화용적 지식, 문장 구조적 지식, 문화적 지식으로 규정해 보고자 한다.

5.2.1.1. 외적 인용

외적 인용 구문 문법 항목들의 통사·형태적 정보는 이미 기존의 교육 내용에서 잘 구축되었기 때문에 이에 대해서 본고는 따로 제시하지 않을 것이다.

a. 개념적 지식

외국인 학습자들이 처음 간접인용 구문을 배울 때 목표 항목의 의미 기능 '실제로 발화된 내용 전달하기'에 대한 학습보다 한국어 '간접인용'이라는 개념을 이해하는 것이 더 중요할 수 있다. 전달하기 기능의 목표 항목에 대한 학습은 '간접인용'이라는 언어적 기능의 수행을 위함이라고 할 수 있기 때문이다. 현재 한국어교육에서는 이러한 개념적 정보를 그저 '간접인용'이라는 학습자들이 스스로 이해하기 어려운 개념으로 제시하고 있으며 개념에 대한 설명은 교사가 담당해야 할 몫이 되고 있다. '간접인용'의 개념은 '간접인용'이 무엇인지, 언어 사용에서 왜 필요한지, 어떤 상황에서 사용하는지와 관련된 담화 기능 지식을 고려하여 '타인 혹은 자신이 한 말이나 쓴 글의 내용을 자신의 말로 표현하기'라고 규정할 수 있을 것이다.

b. 의미·기능적 지식

목표 항목의 기본 의미·기능에 대한 교육은 문법 기술, 예문 제시, 활용 연습 등 일련의 영역과 관련된다. '실제로 발화된 내용 전달하기' 기능의 핵심 기능은 '전달'인데, 간접인용 구문의 실제적 쓰임을 보여줄 수 있도록 '옮겨서 전달하기'라는 점을 부각하여 문법 기술, 예문 제시, 활용 연습을 구축할 필요가 있다.

전형적인 간접인용 구문은 기존의 발화 내용에 대해 물어볼 때도 사용되며, 또한 구어에서의 의사소통은 주로 주고받는 식으로 이루어진다는 점에서 간접인용 구문의 '물어보기' 기능도 교육 내용으로 제시할 필요가 있다. '물어보기' 기능의 실제적인 예시는 다음(162), (163)과 같이 제시할 수 있다.

(162) P1: 마이크 씨 만났어요? 오늘 <u>몸이 좀 괜찮아진다고 했어요?</u>
　　　 P2: 네, 약을 먹고 자니까 오늘은 <u>많이 좋아졌대요.</u>

(163) P1: 죄송한데 회의 장소가 <u>어디라고 하셨죠?</u>
　　　 P2: 3층 회의실이에요.

c. 화용적 지식

간접인용 구문은 화용적 층위에서 교육할 필요가 있다. 이는 한국인 모어 화자의 언어 습관을 인지하고 습득하는 데에 중요하다. 예를 들면, 다음의 (164)와 같이 전달하고자 하는 내용을 상세히 밝히기 힘들 때 '뭐라고'라는 발화를 쓰는 것과 (165)와 같이 기존의 발화 내용에 대해 요약해서 발화하는 방식을 교육 내용으로 제시할 수 있다.

(164) 마이크 씨가 지금 <u>뭐라고 하고 있어요</u>. 그런데 저는 독일어를 몰라요.

(165) 마이크: 한국 요리는 너무 맛있어요. 저는 김치를 진짜 잘 먹어요. 특히 삼계탕을 가장 좋아해요.
　　　→ 마이크 씨는 한국 요리가 맛있다고 해요.

위의 예와 같이 발화 내용을 완벽하게 인용하는 것이 아니라 화자의 이해를 첨가하여 간접인용 구문을 생산하는 것은 화용적 층위의 간접인용 구문 교육에서 기초적이고 실제적인 교육 내용이 될 수 있다. 그리고 다음(166)처럼 상대방의 발화 의도를 파악하고 간접인용 구문을 발화하는 경우도 있는데 이는 난이도가 더 높은 정도의 교육 내용이 될 수 있다.

(166) 아들: 엄마, 밥은?
　　　엄마: 오랜만에 치킨 먹을까?
　　　아들: <u>아빠, 엄마가 오늘 치킨을 시킨대요.</u>

기존의 형태 중심의 교수-학습은 언어 사용의 정확성을 높이는 데에 효과적이지만 실제적인 언어 구사 능력 향상에 효과가 떨어질 것이다. 기존의 발화 내용을 간접인용이라는 틀에 넣는 식으로 교육 내용을 제시하는 것이 아니라 현실 상황과 연결하여 간접인용 구문의 생산 방식을 보여줄 필요가 있다. 물론, 처음으로 간접인용 구문을 가르칠 때 화용적 층위에서의 교육 내용을 다루기는 힘들겠지만 학

습자의 언어 숙달도가 높아짐에 따라 간접인용 구문의 확장적 내용
으로 가르치기는 가능할 것이다.

d. 문장 구조적 지식

지금 한국어교육에서는 인용 구조 사용의 정확성을 고려하여 예문
이나 본문의 발화 상황이 격식인지 여부에 상관없이 완전한 '피인용
문+인용표지+인용술어' 구조를 가진 문장만을 제시하고 있다. 간접
인용 구문 생성 과정에 대한 일반적인 관점은 다음과 같이 정리할
수 있다.

> 엄마가 지금 비가 온다고 하셨어요.
> → 엄마가 ①지금 비가 오+②-ㄴ+③-다고 하셨어요.[28]

위에서 제시한 간접인용 구문의 교육 방식은 피인용문의 서법에
따른 인용표지의 선택, 음운적 제약에 따른 이형태의 선택에 중점을
두고 있다고 할 수 있다. 결국 기존의 문장 구조에 '간접인용'이라는
옷을 입힌다는 형태 중심의 교육에서 벗어나지 못한다고 할 수 있다.
이러한 형태 중심 교육의 중요성을 부인할 수 없으나 학습자들의 간
접인용 구문 구사 숙련도가 어느 정도 발달되면 실제적 언어 사용에
서의 문형 제시도 필요하다. 간접인용 구조의 담화적 층위의 교육
내용은 주로 발화 맥락에 따라 인용술어의 탈락 및 '-고 하-'의 탈락
과 관련하여 제시할 수 있다. 이 부분의 교육 내용은 아래 [표 36]과
같이 정리할 수 있다.

---

28) 고경태(2014:153)에서 인용한다.

[표 36] 담화 층위의 외적 인용 구문 문장 구조 교육 내용

기능	발화 상황	인용술어 탈락 여부	인용술어의 위치	'-고 하-' 탈락 여부
실제로 발화된 내용 전달하기	비격식적	가능	자유	가능
	격식적	불가	상대 고정	가능

한편, 연속된 간접인용 구문을 구사할 때도 발화 맥락에 따라 문형
이 다르게 실현된다. 해당 교육 내용은 다음 [표 37]과 같이 제시할
수 있다.

[표 37] 연속된 간접인용 구문 생산의 교육 내용

비격식적인 발화 상황:

• 문형 특징: 마지막 피인용문의 인용술어만 보유하고 나머지는 탈락시킨다.
  예) 엄마가 친척들 모였는데 아휴 우리 딸이 큰일 났<u>다고,</u> 쟤가 방학을 했는
  데 피아노는 안 배우고 태권도를 배우겠<u>다고</u> 난리라<u>고</u> <u>그러는데</u>.

격식적인 발화 상황:

• 문형 특징: 인용할 발화 간의 의미 관계에 상관없이 인용술어에 나열을 나타
  내는 '-면서'를 붙여 발화 내용을 연결한다.
  예) 동생이 오늘 먹은 케이크가 맛있<u>다고 하면서</u> 다음에 또 먹자고 했다.

※ 인과 관계를 가진 발화 내용 전달하기:

• 원인을 나타내는 어미를 사용하지 않고 대신에 '-다고'로 발화한다.
  예) 너무 가까워. (택시) 안 타.
     → 너무 가깝<u>다고</u> 안 탄다고 그랬다는 거야.

e. 문화적 지식[29)]

언어 사용의 필요성을 고려하여, 상대방의 발화 내용을 잘못 들었

을 때 그 발화를 다시 요청하는 발화 방식과 상대방에게 제3자의 발화 내용에 대해 물어보는 발화 방식은 간접인용 구문의 교육 내용에 포함시킬 필요가 있다. 이 부분의 교육 내용은 상대 높임의 필요성에 따라 다음 [표 38]과 같이 제시할 수 있다.

[표 38] 외적 인용 구문의 문화적 지식 교육 내용

공손 정도	발화 다시 요청하기	제3자의 발화 내용 물어보기
+공손	죄송한데 다시 말씀해 주시겠어요?	선생님께서 어떻게 말씀하셨어요?
공손	뭐라고 하셨어요?	선생님이 뭐라고 하셨어요?
-공손	뭐라고(요)?	선생님이 뭐래(요)?

위의 [표 38]에서 제시한 내용은 예문이나 본문 부분에서 담화 정보로 노출하는 것이 효과적이며, 독립된 문장보다 담화 맥락을 보여주는 대화형 예문을 제시하는 것이 바람직하다. 구체적인 예시는 다음과 같이 제시할 수 있다.

(167) 발화 다시 요청하기
    P1: 마이크 씨가 내일 고향에 간다고 해요. 내일 파티에 못 올 같아요.
    P2: 죄송한데 잘 안 들려요. 방금 뭐라고 하셨어요?

---

29) 교재 분석 결과에 의해, 현재 한국어교육에서는 기존의 발화를 다시 요청하거나 발화 내용을 물어보는 발화 방식에 대한 교육 내용이 결여되어 있다. 본고는 이 부분을 문화적 지식의 교육 내용으로 규정하고자 한다. 기존의 발화를 다시 요청하거나 발화 내용에 대해 물어볼 때 담화 참여자 간의 사이에 따라 물음을 나타내는 발화가 다르므로, 이 발화 방식에는 언어 문화적 요소가 담겨 있다고 할 수 있기 때문이다.

P1: 마이크 씨가 우리의 파티에 못 <u>온대요.</u>

(168) 제3자의 발화 내용 물어보기
　　P1: 교수님 만났어요? <u>어떻게 말씀하셨어요?</u>
　　P2: 이번에 우리가 정말 잘했<u>다고 칭찬하셨어요.</u>

5.2.1.2. 내적 인용

내적 인용 구문의 교육 내용을 구축할 때 문어의 맥락을 고려한다
기보다 발화 상황의 격식성을 중요시해야 한다. 다음으로 유형별로
담화 층위의 교육 내용을 제안해 볼 것이다.

1) 타인 혹은 자신의 생각 표현하기

a. 개념적 지식

내적 인용의 개념은 '생각 내용 표현하기'라고 할 수 있다. 내적
인용 구문에 쓰이는 대부분 인용술어는 목적어를 가질 수 있는데,
외국인 학습자가 목적어를 가지는 쓰임과 간접인용 구문 차원에서의
쓰임을 혼동하지 않도록, 두 쓰임 간의 차이점, 즉 생각의 대상이 아
니라 내용을 표현한다는 것을 개념적 지식으로 제시할 수 있다. '간
접인용'의 특징을 나타내기 위해, 그리고 외국인 학습자가 쉽게 이해
하도록 이러한 개념적 지식을 '누군가의 생각을 자신의 말로 표현하
기'라고 규정할 수 있다.

b. 의미·기능적 지식

과거 시에 누가 했던 생각을 인용하는 것은 가장 원형적인 쓰임이

지만 실제 의사소통 상황에는 현재 시의 내적 인용 쓰임도 많다. 현재 시를 먼저 교육하고 과거 시를 나중에 교육하는 것은 외국어 교육의 일반적인 과정이므로 '간접인용'의 원형 의미에 가까운 쓰임을 대표적인 교육 내용으로 다루기 힘들 것이다. 한편, 내적 인용 구문에 대한 학습에서 외국인 학습자에게 제일 혼란스러운 것은 생각의 내용이 생산되는 시점과 발화 시점 간에 시간적 간격이 뚜렷하지 않다는 점일 것이다. 그러므로 내적 인용 구문을 교육할 때 '간접인용'의 원형 의미와 관련된 개념적 설명을 피하는 것이 좋으며, '생각의 내용 표현하기'라는 기능을 이해시키는 데에 전념해야 한다. 이는 또한 해당 기능의 내적 인용 구문을 외적 인용 구문과 구별하여 따로 문법 항목으로 선정해야 하는 이유가 된다.

내적 인용 구문의 이러한 의미·기능적 정보는 문법 기술 및 예문을 통해서 노출할 수 있다. 독립된 문장보다 맥락 속의 대화를 통해 제시하는 것이 효율적이다. 다음 (169), (170)과 같이 생각에 대해 얘기하는 맥락에서 한 발화를 교육 내용으로 제시할 수 있을 것이다.

(169) P1: 한국어 공부가 재미있어요?
    P2: 한국어가 너무 어려워요. 마이크씨도 한국어가 어렵<u>다고 생각해요.</u>

(170) P1: 어느 색깔이 더 예뻐요? 저는 블루 색이 마음에 들어요.
    P2: 저는 하얀 색이 더 <u>낫다고 생각해요</u>.

위의 교육 내용에 이어서 다음 (171)과 같이 '간접인용'의 원형 의미에 가까운 과거 시에 일어난 발화도 교육 내용에서 제시할 수 있다.

(171) P1: 마이크 씨, 지금 한국어를 정말 잘하시네요.

P2: 사실 처음에는 정말 어렵<u>다고 생각했어요</u>. 덕분에 한국 친구
들이 많이 도와줬어요.

c. 화용적 지식

내적 인용 구문은 기존의 정보 내용을 그대로 완벽하게 인용하는
것이 아니라 화자가 자신의 이해를 첨가하여 발화하는 것이다. 간접
인용의 이러한 특징을 드러내는 화용적 지식에 대해서는 다음 (172)
와 같이 교육 내용을 구축해 볼 수 있다.

(172) 마이크: 저는 한국어를 배운 지 이미 1년이 됐어요. 한국어가 참
　　　　어려워요. 단어를 외우면 금방 잊어버려요. 문법도 잘 이해하
　　　　지 못해요. 문장도 길게 못 써요. 참 걱정이 되네요.
　　→ 마이크 씨는 한국어가 어렵<u>다고 생각해요</u>. 한국어의 단어와
　　　　문법이 모두 어렵<u>다고 생각해요</u>.

위의 예시는 남의 생각을 이해하고 요약해서 발화하는 것이며 가
장 기초적인 화용적 층위의 제시라고 할 수 있다. 다음 (173), (174)와
같이 상대방의 발화 의도를 파악하고 수행한 발화 및 일정한 발화
효과를 얻기 위해 수행한 발화를 심층적인 화용적 교육 내용으로 제
시할 수 있다.

(173) P1: 마이크 씨, 유학 생활은 어때요?
　　　 P2: 저는 아직도 젓가락을 잘 못 써요.
　　　 P1: 아, 아직 힘들<u>다고 느끼시는군요</u>.

(174) 현실 상황: 지난주에 소개팅을 갔어요. 소개를 받은 남자랑 하루

종일 역사박물관을 다녔어요. 사실 저는 역사를 잘 모르니까 지루
한 하루였어요.
P1: 소미 씨, 제가 소재해 준 그 남자 어때요?
P2: 괜찮은데 제가 더 많이 부족하<u>다고 생각해요.</u>

d. 문장 구조적 지식

내적 인용 구문의 대표적인 문형은 격식적인 외적 인용 구문과 일
치하는 '피인용문+인용표지+인용술어'이다. 내적 인용 구문의 생산
과정은 외적 인용 구문과 비슷하게 다음과 같이 제시할 수 있다.

철수는 열심히 공부해야 한다고 생각해요.
→ 철수는 ①<u>열심히 공부해야 하</u>+②-ㄴ+③-다고 생각해요.

e. 문화적 지식

현재 한국어교육에서 '타인 혹은 자신의 생각 내용 표현하기' 기능
의 간접인용 구문에 대한 교육 내용이 제대로 규정되어 있지 않으므
로 생각을 물어보는 발화 방식은 주로 학습자들이 스스로 터득할 수
밖에 없다. 타인의 생각을 물어보는 방식은 한국어에서 특정한 발화
양상으로 나타나므로 이 부분의 내용은 문화적 지식으로 처리할 수
있다. 발화 내용을 물어보는 방식과 달리, 청자나 제3자의 생각을 물
어볼 때는 같은 방식으로 발화된다. 담화 참여자 간의 친소 관계를
고려하여 내적 인용 구문의 문화적 지식은 다음 [표 39]와 같이 제시
할 수 있다.

[표 39] 내적 인용 구문의 문화적 지식 교육 내용

공손 정도	타인의 생각을 물어보기
+공손	선생님께서 어떻게 생각하세요?
공손	철수 씨 생각은 어때요?
-공손	무슨 생각을 하고 있어요? 무슨 생각을 했어요?

위에서 제시한 문화적 지식은 본문이나 예문을 통해 노출할 수도 있는데 다음과 같은 예문을 구축해 볼 수 있다.

(175) P1: 저는 한국 음식에서 삼계탕이 제일 맛있어요. <u>마이크 씨는요?</u>
     P2: 저는 냉면이 가장 맛있<u>다고 생각해요.</u>

(176) P1: 우리는 주말에 등산을 가려고 해요. <u>마이크 씨 생각은 어때요?</u>
     P2: 저도 바쁘지 않<u>다고 생각해요.</u>

2) 자신의 주장 제기하기

'자신의 주장 제기하기' 기능의 간접인용 구문은 '타인 혹은 자신의 생각 내용 표현하기' 기능의 간접인용 구문의 하위 유형으로 간주할 수 있으며, 두 유형은 같은 개념적 지식, 문장 구조를 공유하기 때문에 여기서는 주로 의미·기능적 지식, 화용적 지식에 대해서 논의할 것이다.

a. 의미·기능적 지식

'자신의 주장 제기하기' 기능은 '타인 혹은 자신의 생각의 내용 표현하기' 기능과 구별하여 의미·기능적 지식을 교육할 필요가 있다.

우선, 타인 혹은 자신의 생각 내용을 표현할 경우, 표현하고자 하는 내용은 일상적이고 수의적인 내용이 일반적이며, 화자 자신의 생각을 즉시 표현하는 경우를 제외하고 피인용문의 내용에 대해서는 화자가 판단을 내리지 않는다. 그러나 자신의 주장 제기 기능의 발화는 주로 발표나 강연, 격식적인 글쓰기에서 사용되며, 화자가 판단을 내려서 내용을 전달한다. 또한, 이러한 판단은 화자의 주관이며, 근거 유무에 따라 신뢰도가 달라지므로 이러한 맥락적 특징을 고려하여 교육 내용을 구축할 필요가 있다.

b. 화용적 지식

'자신의 주장 제기하기' 기능의 간접인용 구문은 '-다고 할 수 있다'라는 문형을 통해 가르치는데 주장 제기 전략과 관련된 화용적 지식도 교육 내용에 포함시킬 필요가 있다. 이러한 화용적 지식은 주로 직접적인 주장 제기 방법과 우회적인 주장 제기 방법을 가리키는데, 교육 내용은 다음 (177ㄱ), (177ㄴ,ㄷ)과 같이 제시할 수 있다.

(177) ㄱ. 저는 지금 당장 해결해야 할 문제가 축제 주제 선정<u>이라고</u>
　　　　<u>봅니다.</u>
　　　ㄴ. 이번의 행사를 통해 양국 간의 관계가 증진했<u>다고 할 수 있습</u>
　　　　<u>니다.</u>
　　　ㄷ. 우리 학교의 연극학과는 전국 최고<u>라고 하겠다.</u>

한편, 주장 제기 방식은 화자의 확신에 크게 관련되는데 해당 인용 술어의 선택은 다음 [표 40]을 참고할 수 있다.

[표 40] '주장 제기' 기능 간접인용 구문의 인용술어[30]

제기 방식	확신 정도	인용술어
직접적	+확신	생각하다, 보다, 느끼다, 비판하다, 결론을 짓다, 판단하다, 믿다, 주장하다, 확신하다, 여기다, 인정하다 …
우회적	−확신	볼 수 있다/없다, 할 수 있다/없다, 생각할 수 있다, 말할 수 있다, 얘기할 수 있다, 하겠다, 보겠다, 하지 않을 수 없다, 보아도 무리가 아니다, 볼 수밖에 없다, 해석할 수 있다, 될 일이 아니다 …

5.2.2. 문법화된 간접인용 구문

4장의 교재 분석을 통해 현재 한국어교육에서 문법화된 간접인용 구문은 체계화된 교육 내용이 구축되지 못했다는 현황을 파악하게

---

30) 표에서 제시한 '확신+/-'은 상대적 자질이며, 모든 인용술어는 21세기 세종 계획에서 추출한 것이다. 격식적인 발화 상황에서 쓰이는 '주장 제기' 기능의 간접인용 구문을 보여주기 위해 문어 자료에서 출현한 인용술어를 추출하였다. 담화 전략을 관찰하기 위해 인용술어의 선정 기준을 양태적 의미 단위로 적용하였다. 예를 들면, '-다고 하는', '-다고 하는데'와 같이 인용술어 '하다'에 붙는 연결어미는 양태를 나타낼 수 없으므로 인용술어를 '하다'로 선정했다. 그러나 '-다고 할 수 있다', '-다고 하겠다'와 같이 양태 표현이 붙는 경우, 인용술어와 이에 붙는 양태 표현을 함께 한 의미 단위로 선정하였다. 그러나 '소득은 아무래도 불안하다. 그러나 만약의 경우 5년 이내에 명퇴를 하더라도 퇴직금과 명퇴위로금까지 합하여 목표자금을 마련하는 데에는 문제가 없어 보인다. 물론 저축을 더 많이 해야겠다고 다짐을 할 것이다.'와 같은 발화도 있는데, 이럴 때는 화자가 타인의 행동에 대해 추측하고 있다고 봐야 한다. 비록 양태를 나타내는 인용술어를 사용했지만 이러한 발화들을 '주장 제기' 기능의 간접인용 구문으로 간주하지 않았다.
한편, 이 절에서는 완전한 간접 인용 구조를 가진 전형적인 간접인용 구문에 대해서만 다룰 것이며, '-다고 해도 과언이 아니다', '-다는 것이다' 등 양태를 나타낼 수 있는 표현에 대해서는 문법화된 간접인용 구문의 범주 안에서 논의할 것이다.

되었다. 이 문제점을 해결하기 위해 항목별로 상세한 교육 내용을 구축할 필요가 있으며 교육 내용은 통사적, 형태적, 의미·기능적, 화용적 정보로 상세화할 수 있다. 한편, 이미혜(2005:101)에서는 교육 문법을 기술할 때 기능이 유사한 문법과의 차이점도 밝혀야 한다고 주장하였는데 본고는 이 주장을 참고하여 유사 문법과의 변별 정보도 교육 내용에서 제시할 것이다. 다음으로는 앞의 분석 내용을 정리하여 교육 항목으로 선정된 문법 항목들의 교육 내용을 이 다섯 가지 방면으로 구축해 볼 것이다.

5.2.2.1. -다고/-(이)라고

1) 연결형

연결형 '-다고/-(이)라고'의 교육 내용은 다음 [표 41]과 같이 구축해 볼 수 있다.

[표 41] 연결형 인용표지의 교육 내용

문법 항목	-다고/-(이)라고
의미·기능	기존의 평서문 발화 내용을 이끌어 후행절의 근거로 제시한다. 예) 동생이 많이 좋아한다고 생일 선물로 해 줬어.
형태 정보	v./adj.+-다고, n.+이다/아니다+(이)라고
통사 정보	연결형 표현 1. 선·후행절 주어가 다를 수 있다. 2. 후행절에는 명령, 청유, 의지 표현이 올 수 있다. 3. 시제 선어말어미에 연결될 수 있다.
화용 정보	비격식인 발화 상황에서 사용된다.
참고 정보	-냐고, -자고, -(으)라고, -달라고

2) 종결형

'강조하기' 기능의 세부 유형인 '자신의 발화 반복하기' 기능과 '대답하기', '확인하기' 기능은 기존의 발화 내용을 반복한다는 공통점을 갖는다. 그러나 후자 두 기능의 발화는 발화 재요청의 상황에서 수행한 발화이며, 전자는 화자가 주동적으로 다시 발화를 한다는 것이다. 이러한 변별적 정보는 교육 내용에서 반영할 것이다.

본고의 분석 내용에 의하여 종결형 '-다고/-(이)라고'의 교육 내용은 다음 [표 42], [표 43]과 같이 제시할 수 있다.

[표 42] '대답하기', '확인하기' 기능 간접인용 구문의 교육 내용

문법 항목	-다고(요)/-(이)라고(요)
의미·기능	1. 상대방의 물음에 기존의 평서문 발화 내용을 다시 말하여 대답한다. 　예) P1: 우리 언제 밥 먹을 거야? 　　　P2: 뭐라고? 　　　P1: 배고프다고. 2. 기존의 평서문 발화 내용에 대해 다시 물어본다. 　예) P1: 난 이번 시험 100점 받았어. 　　　P2: 100점 받았다고?
형태정보	v./adj.+-다고(요), n.+이다/아니다+(이)라고(요)
통사정보	종결형 표현 시제 선어말어미와 결합할 수 있다.
화용정보	1. 기존의 발화를 그대로 반복해서 대답하거나 발화 내용의 정보만 반복해서 대답할 수 있다. 2. 대답이 되는 발화는 억양에 의해 강조를 나타낼 수 있다. 질문의 발화는 억양에 의해 놀람을 표현할 수 있다. 3. 주로 비격식적인 구어에서 사용된다. 4. 친한 사이의 윗사람에게 쓸 수 있지만 존대를 나타내는 '-요'를 붙여 발화해야 한다.

문법 항목	-다고(요)/-(이)라고(요)
	5. '대답하기' 기능을 할 때는 평서문으로 발화되며, '확인하기' 기능을 할 때는 의문문으로 발화된다.
참고 정보	-냐고(요), -자고(요), -(으)라고(요), -달라고(요)

[표 43] '강조하기' 기능 문법화된 간접인용 구문의 교육 내용

문법 항목	-다고(요)/-(이)라고(요)
의미· 기능	1. 자신이 한 말을 다시 한 번 말하여 생각을 강조해서 표현한다. 　예) 지금 갈게. 지금 간다고. 2. 반복이 아니라, 하고 싶은 말에 직접 '-다고/-(이)라고'를 붙여 생각을 강조해서 표현한다. 　예) 이번 시험은 진짜 어렵다고. 장난 아니야.
형태 정보	v./adj.+-다고(요), n.+이다/아니다+(이)라고(요)
통사 정보	종결형 표현 시제 선어말어미와 결합할 수 있다.
화용 정보	1. 기존의 발화를 그대로 반복해서 물어보거나 발화 내용의 정보만 반복해서 발화할 수 있다. 2. 주로 비격식적인 구어에서 사용된다. 3. 친한 사이의 윗사람에게 쓸 수 있지만 존대를 나타내는 '-요'를 붙여 발화해야 한다.
유사 문법 변별 정보	'대답하기', '확인하기' 기능의 '-다고(요)/-(이)라고(요)'는 발화 재요청의 상황에서 쓰이는 것이며, 발화에 대한 반복을 통해 실현된 '강조하기' 기능의 '-다고(요)/-(이)라고(요)'는 화자가 주동적으로 이미 한 발화를 다시 할 때 쓰이는 것이다.
참고 정보	-냐고(요), -자고(요), -(으)라고(요), -달라고(요)

5.2.2.2. -다는/-(이)라는

문법화된 '-다는/-(이)라는'은 관형사 어미처럼 쓰이지만, 선행절에서는 평서형 '해라체' 종결어미를 보유한다는 간접인용 구문의 구조적 특징을 갖는다. 따라서 외국인 학습자가 '-다는/-(이)라는'의 정체성을 파악하도록 기존의 관형사 어미와의 변별 정보를 제시하는 것이 중요하다. 앞의 분석 내용에 의해 문법화된 '-다는/-(이)라는'의 교육 내용은 단계별로 다음 [표 44], [표 45]와 같이 제시할 수 있다.

[표 44] '생각 지시', '발화 지시' 기능 '-다는/-(이)라는'의 교육 내용

문법 항목	-다는/-(이)라는
의미·기능	1. 발화의 내용을 이끌어내어 '말', '얘기', '내용' 등 발화를 지시하는 후행어를 수식한다. 예) 내일 휴강이라는 말 들어봤어? 2. 생각의 내용을 이끌어내어 '생각', '느낌', '주장' 등 생각을 지시하는 후행어를 수식한다. 예) 이번 시험이 참 쉽다는 생각이 들었어요.
형태 정보	v./adj.+-다는, n.+이다/아니다+(이)라는
통사 정보	연결 표현 시제 선어말어미와 결합할 수 있다.
화용 정보	발화 혹은 생각의 내용을 상대방에게 강조해서 전달할 때 '-다는/-(이)라는 것이다'의 형식으로 발화할 수 있다. 예) 들어봤어? 이번 콘서트는 완전히 재미있었다는 거야. 　　내가 보기엔 영화는 영화고, 현실과 다르다는 거야.

문법 항목	-다는/-(이)라는		
유사 문법 변별 정보	'-ㄴ/은/는/ㄹ/을/었던'과 '-다는/-(이)라는' 간의 차이점:		

	-ㄴ/은/는/ㄹ/을/었던	-다는/-(이)라는
시제 선어말어미와의 결합	X	O
선행절 내용에 대한 화자의 태도	[+확실함] [-주관적]	[-확실함] [+주관적]
선행절의 의미 자질	[대상 지향성]	[내용 지향성]

예) 광고를 보니까 이 상품이 비싸겠다는 생각이 들었다. (O)
　　광고를 보니까 이 상품이 비싼 생각이 들었다. (X)

[표 45] '사건 자체 지시' 기능 '-다는/-(이)라는'의 교육 내용

문법 항목	-다는/-(이)라는
의미· 기능	1. 진위 여부에 상관없이, 사건 자체만 지시하여 후행어를 수식한다. 　예) 선행님이랑 이야기한다는 것은 되게 재미있었다. 2. '-(이)라는'은 속성 표현이나 명칭을 이끌어내어 후행 명사를 수식할 수 　있다. 　예) 화용론이라는 수업이 되게 어렵다.
형태 정보	v./adj.+-다는, n.+이다/아니다+(이)라는
통사 정보	연결 표현 시제 선어말어미와 결합할 수 있다.
화용 정보	1. 화자가 봤던, 경험했던 일을 강조해서 전달할 때는 '-다는 것이다' 　의 형식으로 발화할 수 있다. 　예) 어제 나는 유진이랑 둘이서 맥주를 먹었다는 거야. 2. 구어 발화에서 'N-(이)라는 것'의 형식으로 지시하고자 하는 대상 　을 발화 내용에서 강조해서 표현할 수 있다. 　예) 제가 국어 선생님이니까 국어라는 것에 당연히 관심이 많죠.

270

<table>
<tr><td rowspan="7">유사 문법
변별 정보</td><td colspan="3">1. '-ㄴ/은/는/ㄹ/을/었던'과 '-다는/-(이)라는' 간의 차이점:</td></tr>
</table>

	-ㄴ/은/는/ㄹ/을/었던	-다는/-(이)라는
시제 선어말어미와의 결합	X	O
시제의 실현	시제를 나타내는 다양한 형태로 실현된다.	'-았/었/였-'에 의해 실현된다.
시제의 사용	사건의 상태에 따른 개별 시제를 사용한다.	사건의 상태와 상관없이 모두 현재시로 표현할 수 있다. 단, 사건의 특정한 상태를 지시할 때 대응하는 시제를 사용해야 한다.
선행절의 의미 자질	[현실 지향성]	[사전 지향성]
교체 조건	사건 자체를 지시할 때, 그리고 화자가 선·후행절이 이루어진 사건에 대해 '참'이라고 믿을 때 '-다는'은 '-는'과 교체할 수 있다. 선행절 내용이 참이라면, '-(이)라는'은 '-이다/아니다+-ㄴ'과 교체할 수 있다.	

2. 'N₁인 N₂' 구조와 'N₁이라는 N₂' 구조 간의 차이점:

	N₁인 N₂	N₁이라는 N₂
N₁과 N₂의 관계	N₁=N₂(명칭) N₁(집합) 〉N₂	N₁(명칭)=N₂, N₁ 〈 N₂(집합)

예) 김철수라는 분이 저희 대학교 선배예요.
　　한국의 수도인 서울은 아주 아름다운 도시예요.
　　해리포터라는 책이 너무 재미있어요.
　　가수인 지은이는 아주 바빠요.

5.2.2.3. -다고 해서/-(이)라고 해서

앞의 분석 내용에 의해 문법화된 '-다고 해서/-(이)라고 해서'의 교육 내용은 다음 [표 46]과 같이 제시할 수 있다.

[표 46] 문법화된 '-다고 해서/-(이)라고 해서'의 교육 내용

문법 항목	-다고 해서/-(이)라고 해서		
의미·기능	선·후행절 내용의 진위 여부에 상관없이, 선행절 내용을 근거나 조건으로 삼아, 후행절의 상황이 이루어졌거나 이루어질 것이 아니라는 주장을 제기할 때 '-다고 해서/-(이)라고 해서'를 사용할 수 있다. 예) 어린이라고 해서 고민이 없는 것이 아니다. 　　돈이 많다고 해서 행복만 하는 것이 아니다.		
형태 정보	v./adj.+-다고 해서, n.+이다/아니다+(이)라고 해서		
통사 정보	연결 표현 1. 과거시제 선어말어미와 결합할 수 있으나 미래를 나타내는 '-겠-'과 결합하여 쓸 수 없다. 그러나 의지를 나타내는 '-겠-'과 결합할 수 있다. 2. 후행절에는 명령, 청유, 의지를 나타내는 표현이 올 수 없다. 3. 선·후행절의 주어가 일치하지 않아도 된다. 4. 부정법은 '-지 않-' 부정을 사용한다.		
화용 정보	격식적인 발화에서 주로 사용된다.		
유사 문법 변별 정보	1. 이유 표현 '-(으)니까'와의 차이점: |	-(으)니까	-다고 해서/-(이)라고 해서
---	---	---
후행절에서 명령, 청유 표현 사용 가능 여부	O	X
선·후행절의 인과 관계에 대한 화자의 태도	[+확신]	[-확신]
선·후행절 내용의 의미 자질	[현실 지향성]	[사건 지향성]
후행절 표현의 사용	제한 없음	주로 부정 표현이 쓰임			

	–(으)면	–다고 해서/ –(이)라고 해서
2. 조건 표현 '-(으)면'과의 차이점:		
후행절에서 명령, 청유 표현 사용 가능 여부	O	X
선·후행절의 의미 관계	조건 관계	인과 관계 위주
후행절의 의미 자질	미발생의 미래 상황이나 추측	가정의 상황. 간헐적으로 현실 상황도 가능
가정의 대상	선행절에서 나타내는 상황	선·후행절의 관계

5.2.2.4. –다고 해도/–(이)라고 해도

앞의 분석 내용을 토대로 하여 문법화된 '-다고 해도/-(이)라고 해도'의 교육 내용은 다음 [표 47]과 같이 제시할 수 있다.

[표 47] 문법화된 '–다고 해도/–(이)라고 해도'의 교육 내용

문법 항목	–다고 해도/–(이)라고 해도[31] –다고 하더라도/–(이)라고 하더라도
의미·기능	선·후행절 내용의 진위 여부에 상관없이, 후행절 내용이 선행절 내용의 영향을 받지 않는다는 주장을 제기할 때 '–다고 해도/–(이)라고 해도'를 사용할 수 있다. 예) 바쁘다고 해도 밥을 챙겨 먹어야 된다. 　　선생님이라고 해도 실수를 할 수 있다.
형태 정보	v./adj.+-다고 해도, n.+이다/아니다+(이)라고 해도 구어에서는 '–다고 해두/–(이)라고 해두'로 발화할 수 있다. 그리고 '-고-'를 탈락하여 발화할 수도 있다.

문법 항목	−다고 해도/−(이)라고 해도[31] −다고 하더라도/−(이)라고 하더라도
통사 정보	연결 표현 과거시제 선어말어미와 결합할 수 있으나 미래를 나타내는 '-겠-' 과 결합하여 쓸 수 없다. 그러나 의지를 나타내는 '-겠-'과 결합할 수 있다.
화용 정보	1. 격식적인 발화에서 주로 사용된다. 2. '-다고/-(이)라고 해도 과언이 아니다'라는 형식으로 주장을 강조해서 표현할 수 있다. 　예) 김치는 한국인의 일상에 빠지면 안 되는 음식이라고 해도 과언이 아니다.

1. 양보 표현 '-아/어도', '-더라도'와의 차이점:

	−아/어도 −더라도	−다고 해도/ −(이)라고 해도
선행절 내용에 대한 화자의 인지	'참'이나 '거짓' 인지에 대해 판단을 내린다.	'참'이나 '거짓'인지에 대해 판단을 내리지 않는다. '참'이라고 인증하고 싶지 않는 태도를 나타낸다.
선·후행절의 양보 관계에 대한 화자의 태도	[-주관적]	[+주관적] [+임의적]
선행절 내용의 실현 가능성	실현 가능성이 높음	제한 없음

(유사 문법 변별 정보)

---

31) 분석의 편의를 위해 기술 부분에서는 '-다고 해도/-(이)라고 해도'를 대표 항 목으로 제시한다.

5.2.2.5. -다기보다/-(이)라기보다

앞의 분석 내용에 의해 '-다기보다/-(이)라기보다'의 교육 내용은
다음 [표 48]과 같이 제시할 수 있다.

[표 48] '-다기보다/-(이)라기보다'의 교육 내용

문법 항목	-다기보다(는)/-(이)라기보다(는)		
의미·기능	선행절 내용의 진위 여부에 상관없이, 선행절 내용을 비교의 대상으로 삼아, 선행절 내용보다 후행절 내용이 더 적절하다는 주장을 제기할 때 '-다기보다(는)/-(이)라기보다(는)'을 사용할 수 있다. 예) P1: 야채를 정말 좋아하시나 봐요. 　　P2: 좋아한다기보다는 건강을 위해서 먹는 거예요. 　　P1: 철수 씨가 마이크 씨의 한국어 도우미예요? 　　P2: 도우미라기보다는 한국에서 가장 친한 친구예요.		
형태 정보	v./adj.+-다기보다(는), n.+이다/아니다+(이)라기보다(는)		
통사 정보	연결 표현 시제 선어말어미와 결합할 수 있다.		
화용 정보	1. 주로 격식적인 발화에서 사용된다. 2. '-는'을 붙여 강조해서 발화할 수 있다.		
유사 문법 변별 정보	'-보다'와의 차이점:		
		-보다	-다기보다(는)/-(이)라기보다(는)
	선행절 내용에 대한 화자의 인지	제한 없음	'참'이나 '거짓'인지에 대해 판단을 내리지 않음
	선·후행절의 비교 관계에 대한 화자의 태도	제한 없음	[+주관적] [+임의적]

5.2.2.6. -다면서/-(이)라면서

상술 분석 내용에 의하여 문법화된 '-다면서/-(이)라면서'의 교육 내용은 다음 [표 49]와 같이 제시할 수 있다.

[표 49] 문법화된 '-다면서/-(이)라면서'의 교육 내용

문법 항목	-다면서/-(이)라면서
의미·기능	1. 들은 말이나 알고 있는 것을 상대방에게 확인하여 물어볼 수 있다. 　예) P1: 한국어를 잘한다면서? 　　　P2: 어떻게 알았어? 　　　P1: 철수한테서 들었어. 2. 상대방의 행위가 발화에 어긋나거나 화자의 생각과 다를 때 반문하여 물어볼 수 있다. 　예) P1: 너 배고프다면서? 왜 안 먹어? 　　　P2: 오는 길에 빵 하나 먹었어. 3. 알고 있는 내용을 상대방에게 물어보면서 공감을 불러일으킨다. 　예) P1: 한국어가 원래 어렵다면서요. 　　　P2: 그래요? 　　　P1: 제가 한국어를 배운 지 3년이 됐는데 아직도 존댓말을 잘 못 써요.
형태 정보	v./adj.+-다면서(요), n.+이다/아니다+(이)라면서(요) 구어에서 '-다면서'는 '-다며', '-대매'; '-라면서'는 '-라며', '-래매'로 발화할 수 있다.
통사 정보	종결 표현 시제 선어말어미와 결합할 수 있다.
화용 정보	1. 주로 비격식적인 구어에서 사용된다. 2. 친한 사이의 윗사람에게 쓸 수 있지만 존대를 나타내는 '-요'를 붙여 발화해야 한다. 3. 빈정거리거나 따질 때 반문으로 발화할 수 있다.
참고 정보	-냐면서(요), -자면서(요), -(으)라면서(요)

5.2.2.7. –다니까/–(이)라니까

앞의 분석 내용에 의해 문법화된 '-다니까/-(이)라니까'의 교육 내용은 다음 [표 50]과 같이 제시할 수 있다.

[표 50] 문법화된 '–다니까/–(이)라니까'의 교육 내용

문법 항목	–다니까/–(이)라니까
의미·기능	1. 기존의 발화를 다시 한 번 말하여 강조한다. 　예) P1: 그 사람은 한국인이야. 　　　P2: 그러면 한국어도 할 수 있겠네? 　　　P1: 한국인이라니까. 2. 반복이 아니라, 자신의 생각, 느낌 등을 강조해서 표현한다. 　예) P1: 철수랑 친해? 　　　P2: 같은 과 동기라니까.
형태 정보	v./adj.+-다니까(요), n.+이다/아니다+(이)라니까(요)
통사 정보	시제 선어말어미와 결합할 수 있다.
화용 정보	1. 주로 비격식적인 구어에서 사용된다. 2. 친한 사이의 윗사람에게 쓸 수 있지만 존대를 나타내는 '-요'를 붙여 발화해야 한다. 3. 짜증이 나거나 어이없을 때 '-다니까/-(이)라니까'로 발화할 수 있다. 변명할 때도 쓸 수 있다.
참고 정보	-냐니까(요), -자니까(요), -(으)라니까(요)

5.2.2.8. –다니/–(이)라니

앞의 분석 내용에 의해 문법화된 '-다니/-(이)라니'의 교육 내용은 다음 [표 51]과 같이 정리할 수 있다.

[표 51] 문법화된 '-다니/-(이)라니'의 교육 내용

문법 항목	-다니/-(이)라니
의미·기능	1. 들은 말에 놀랄 때 그 말을 다시 한 번 말하여 놀라움을 표현한다. 　예) P1: 철수가 이번에 90점 받았대. 　　　 P2: 90점이라니? 공부를 안 하는 애가? 2. 상대방의 의사를 파악하지 못해서 그 말을 다시 한 번 말하여 의혹을 표현한다. 　예) P1: 내가 경음을 발음할 때 많이 이상해? 　　　 P2: 경음이라니? 　　　 P1: 'ㄲ, ㄸ, ㅉ' 이런 것.
형태 정보	v./adj.+-다니(요), n.+이다/아니다+(이)라니(요)
통사 정보	종결 표현 시제 선어말어미와 결합할 수 있다.
화용 정보	1. 주로 비격식적인 구어에서 사용된다. 2. 친한 사이의 윗사람에게 쓸 수 있지만 존대를 나타내는 '-요'를 붙여 발화해야 한다.

제6장 결론

　본고는 한국어 간접인용 구문에 대한 효율적인 교수-학습이 이루어지기 위해 실제적인 언어 자료에 대한 분석을 통해 간접인용 구문의 교육용 문법 항목을 선정하고 등급화하였다. 본고의 내용은 다음과 같이 정리할 수 있다.

　우선, 제1장에서는 한국어교육에서 다루는 간접인용 구문의 범주를 규정하였다. 추상적인 문법 내용을 구상화하기 위해 간접인용 표지와 관련된 언어 구성을 간접인용 관련 언어 구성으로 한정하고, 이러한 언어 구성들을 사용하는 구문을 간접인용 구문으로 규정하였다. 그리고 교육 내용 선정의 절충적인 방법론에 의해 간접인용 구문의 교육 항목을 선정하는 방법을 마련하였다. 즉, 한국어교육 자료에서 나타난 간접인용 구문 관련 문법들의 중복도를 측정함으로써 유의미한 문법 항목들을 추출하고, 실제적인 언어 자료를 활용하여 문법 항목들의 언어적 특징에 대한 재검토 및 질적 분석을 통해 교육 항목을 선정하고 이를 등급화하는 방법이다. 언어의 사용 양상 및 담화 기능을 분석하기 위해 『21세기 세종 말뭉치』를 실제적인 언어 자료로 활용하였다. 구어, 문어 자료의 균형성을 맞추기 위해 구어와 비슷한 규모의 문어 말뭉치를 재구축했는데 총 160만 어절 규모의 말뭉치를 재구축하였다.

제2장에서는 원형 의미 및 주변적 의미의 형성 과정에 착안하여 '간접인용'의 개념을 정리하였다. '간접인용'의 원형 의미를 의미적 실마리로 하여, 간접인용 표지 관련 언어 구성에 '융합'의 개념을 도입함으로써 '환원적 융합'과 '비환원적 융합'의 언어 구성을 형태적 실마리로 하여, 한국어교육에서 다루는 간접인용 구문을 유형화하였다. 본고는 한국어교육에서의 간접인용 구문을 전형적인 간접인용 구문과 문법화된 간접인용 구문으로 나눴다. 전형적인 간접인용 구문은 '간접인용'의 원형 의미를 나타내는 구문을 가리키며, 인용표지가 사용되는 복합 구성은 '환원적 융합'으로 간주할 수 있다는 특징을 지닌다. 문법화된 간접인용 구문은 간접인용 관련 구조를 가지고 있으며, '간접인용'의 의미 기능을 띠면서 새로운 의미 기능도 획득한 구문을 말한다. 문법화된 간접인용 구문에서 인용표지가 쓰인 복합 구성은 '비환원적 융합'에 속한다. 이러한 분류를 토대로 하여 기존의 한국어교육 자료에서 제시된 간접인용 구문 관련 문법들을 선정하였다. 그리고 평균 중복도를 산정함으로써 재검토할 필요가 있는 대상을 다시 추출하였다.

제3장에서는 『21세기 세종 말뭉치』를 활용하여 추출된 문법 항목들의 형태적, 통사적, 의미적, 화용적 특징에 대해서 분석하였다. 인용표지의 기본 의미 기능은 '발화 및 생각의 내용을 이끌어 내거나 지시하기'로 밝히게 되었다. 전형적인 간접인용 구문이 구어, 문어에서의 의미·기능적 차이와 문장 구조적 차이도 밝혀냈다. 구어에서 전형적인 간접인용 구문의 가장 중요한 기능은 기존의 발화 내용을 전달하는 것이며, 이 기능을 수행하는 발화에서 인용술어는 수의적으로 탈락될 수 있고 위치도 임의적으로 변동될 수 있다. 문어에서 전형적인 간접인용 구문의 가장 중요한 기능은 '주장 제기'라고 할

수 있다. 문어에서 인용술어는 탈락될 수 없으며 문장 구조도 상대적으로 고정된다. 한편, 본고는 '-다고'의 이형태로 볼 수 없는 특정 대상 지시 기능의 '-(이)라고'의 쓰임에 대해서도 체계적으로 살펴봤다.

문법화된 간접인용 구문은 문법 항목에 따라 실제 발화에서 다른 의미 기능을 수행하며, 사용 분포에도 차이가 난다. 문법화가 일어난 인용표지들 가운데 '-다고'의 쓰임이 가장 복잡하다는 사실을 발견했다. 문법화된 인용표지들은 연결형 쓰임과 종결형 쓰임을 가지는데, 연결형 쓰임의 주요한 의미 기능은 '이유 표현'이며, '-다고/-(이)라고'는 '조건 표현', '-다고', '-자고', '-(으)라고'는 '의도, 목적 표현' 기능도 할 수 있다는 것을 밝혔다. 아울러, 이유를 표현하는 '-다고' 및 '-(으)니까' 간의 차이점에 대해서도 분석하였다. 특정 대상 지시 기능의 '-(이)라고'도 문법화가 일어났다는 점에 주목하였다. 문법화된 종결형 간접인용 표지들의 의미 기능은 '대답하기', '확인하기', '강조하기'로 분석되었으며, 이 외에 '-다고'는 '맞장구치기', '-(으)라고'는 '간접명령'의 의미 기능에서 '의도, 목적 표현하기' 기능도 지니게 된다는 것을 발견했다. '의도, 목적 표현하기' 기능의 '-(으)라고'의 통사적, 의미적 특징을 분석하는 동시에 유사 문법 '-도록', '-(으)려고' 와의 차이점도 함께 비교해 보았다. 비환원적 융합 구성 '-다는/-(이)라는'의 의미 기능은 '발화, 생각 내용 지시하기', '사건 자체 지시하기'로 분석되었으며, 기존의 관형사 어미와의 차이점도 밝혀냈다. 문법화된 '-다고 해서/-(이)라고 해서', '-다고 해도/-(이)라고 해도', '-다기보다/-(이)라기보다'는 주로 화자가 주관적인 주장을 제기할 때, 주관적인 판단에 의해 실현되는 의미 관계에 쓰이는 문법임으로 분석되었다. 그리고 유사 문법 간의 구별을 위해 각 문법 항목이 이유 표현 '-(으)니까', 조건 표현 '-(으)면', 양보 표현 '-아/어도', '-더라도', 조사 '-보다' 간의 차이점도 찾아냈다. '-다면서/-(이)라면서, -냐면서, -자면서, -(으)라면서'의 의미 기능은 주로 '확인하기', '반문하기', '공감 얻기'로 도출했다. '-다니까/-(이)라니까, -냐니까, -자니까, -(으)라니까'는 주로 '강조하기' 기능을 수행한다는 사실을 밝혀냈다. '-다니/-(이)라니'는 '놀라움 표현하기' 기능뿐만 아니라 '의혹 표현하기' 기능도 할 수 있다는 결과를 도출하였다.

제4장에서는 현행 한국어 교육기관에서 사용하는 다섯 종의 한국어 교재에 대해 분석함으로써 간접인용 구문의 교육 현황 및 문제점을 파악하였다. 주요한 문제점은 대략 5가지로 정리할 수 있다. 첫째, 문법 항목의 여러 의미 기능 중에서 각 교재는 직관을 갖고 교육 항목을 선정하고 있다. 둘째, 한 계열로 묶을 수 있는 문법 항목 중에서 표준 항목을 선정하는 데에 표준화된 기준이 없다. 셋째, 동일한 문법 항목이 교재에 따라 제시 순서가 상이하다. 넷째, 간접인용 구문에 대해서는 주로 형태 중심 교육으로 다루고 있다. 다섯째, 문법화된 간접인용 구문의 문법 항목 중에는 한국어 교재에서 주목을 받지 못한 문법 항목들이 다수 존재한다. 그리고 문법 항목의 통사적, 형태적, 의미적, 화용적 정보 및 유사 문법과의 변별 정보에 대한 기술은 체계화되지 못한다.

제5장에서는 질적 분석을 통해 간접인용 구문의 문법 항목을 선정하였다. 선정 기준은 '빈도', '의미·기능', '문법화 정도', '대표성', '생산성'을 적용하였다. 전형적인 간접인용 구문에서 외적 인용에 쓰이는 문법 항목은 '-다고/-(이)라고 하다'를 비롯하여, 축약형 '-대(요)/-(이)래(요)'를 포함한 7개 문법 항목을 선정하였다. 기존의 교육 항목에 비해 '특정 대상 지시' 기능의 '-(이)라고 하다' 및 청유·명령형 간접인용 구문에 쓰는 '-달라고 하다'를 추가 항목으로 선정하였

다. 전형적인 내적 인용 구문에 쓰이는 문법 항목은 '간접인용'의 원형적 의미에 기반하여 원형적 의미를 나타내는 '-다고/-(이)라고 생각하다' 및 추상적 의미 기능의 '-다고/-(이)라고 할 수 있다' 2개를 선정하였다. 문법화된 간접인용 구문에서는 주로 문법 항목들의 문법화 정도에 근거하여, 명확한 통사적 특징 및 투명한 의미적 특징을 지닌 쓰임을 선정하였다. 의미·기능의 난이도가 같은 층위의 쓰임을 두 가지 기능을 지닌 하나의 문법 항목으로 간주했으며, 생산성, 대표성 원리를 적용하여 대표 형태를 뽑았다. 따라서 문법화된 간접인용 구문의 문법 항목은 총 11개로 선정되었다. 선정된 문법 항목들에 대한 등급화에 있어서는 '원형 의미의 명확성'을 1차적 기준, '의미·기능의 투명성'을 2차적 기준, '복잡성'을 3차적 기준으로 적용하였다.

'간접인용'의 원형적 의미를 '융합'의 관점과 결합하여 한국어 간접인용 구문에 대해 분류하고 문법 항목을 선정한 연구로는 본고가 거의 처음이라고 할 수 있다. 『21세기 세종 말뭉치』를 활용하여 언어의 특징을 분석한 질적 연구로서, 본고에서 도출한 간접인용 구문의 문법 항목 및 교육 내용은 한국어 간접인용의 특징을 잘 반영한 교수-학습 자료가 될 수 있을 것이라는 학술적, 교육적 의의를 갖는다. 그럼에도 불구하고 본고는 다음과 같은 한계점을 가진다.

21세기 세종 계획 구어 말뭉치의 규모가 크지 않아 간접인용 구문의 전면적인 쓰임을 파악하기가 어려웠다. 그리고 언어는 계속 발전되는 것이기 때문에 현재로부터 거의 10년 전쯤에 구축된 『21세기 세종 말뭉치』를 언어 자료로 분석하여 도출한 결과는 간접인용 구문 현재의 사용 양상을 온전하게 반영하였다고 보는 데에 무리가 있을 것이다. 이 부분의 아쉬움은 더 큰 규모의 말뭉치의 구축을 통해 보완할 것이며, 더 많은 후속 연구를 기대한다.

....
참고문헌

강계림(2015), 「한국어 증거성 표지의 화용론적 추론 의미」, 『언어과학』22-1, 한국언어과학회, pp.1-22.

강기진(1994/2005), 「접속어미 '-다고'와 '-다만'의 분석」, 김영배·고영근 엮음, 『국어학 논고 제1권』, 역락.

강정미(2016), 「한국어 간접인용 표현의 장르 기반적 특징 연구 -인용표지 '-다고'의 간접인용 표현을 중심으로-」, 연세대학교 석사학위논문.

강현화(2008), 「어휘 접근적 문법교수를 위한 표현문형의 화행기능 분석 -'-어야 하다/되다'를 사례로」, 『한국어의미학』26, 한국어의미학회, pp.21-46.

_____(2009), 「코퍼스에 기반한 '-잖다'의 화행적 특성 고찰」, 『한국어 의미학』28, 한국어의미학회, pp.1-27.

강현화 외(2016), 『한국어교육 문법 자료편』, 한글파크.

고경태(2010), 「『외국인을 위한 한국어 학습 사전』에 나타난 간접 인용표지 '-고'의 검토」, 『한국어 의미학』33, 한국어의미학회, pp.1-17.

_____(2014), 「한국어 교재에 나타난 간접 인용 표현의 교육 내용 검토」, 『국어국문학』166, 국어국문학회, pp.141-163.

고영근·구본관(2008), 『우리말문법론』, 집문장.

구종남(2016), 「인용표지의 연결어미적 기능」, 『국어문학』63, 국어문학학회, pp.71-101.

국립국어원(1999), 『표준국어대사전』, 두산동아.

_____(2009), 『21세기 세종 말뭉치』.

_____(2011), 「국제 통용 한국어교육 표준 모형 개발 2단계」.

권재일(1998), 「한국어 인용 구문 유형의 변화와 인용 표지의 생성」, 『언어학』22, 한국언어학회, pp.59-79.

김선효(2004), 「인용 구문 '-다고 하는'과 '-다는'의 특성」, 『語學硏究』40, 서울대학교 언어교육원, pp.161-176.

김유정(1998), 「외국어로서의 한국어 문법 교육 –문법 항목 선정과 단계를 중심으로-」, 『한국어교육』9-1, 국제한국어교육학회, pp.19-36.

김지혜(2011), 「담화 분석을 통한 한국어 간접인용 표현 교육 방안 연구」, 『이중언어학』46, 이중언어학회, pp.45-65.

김정은(2008), 「한국어 인용 표현 교육 연구」, 서울대학교 대학원 석사학위논문.

김현숙(2011), 「간접인용문에서 의문문의 실현 양상과 한국어교육에서의 적용 문제」, 『어문연구』70, 어문연구학회, pp.29-52.

김현지(2006), 「한국어 양보 접속 표현의 의미 분석」, 『언어와 문화』2-2, 한국언어문화교육학회, pp.115-133.

김희경(2007), 「한국어 융합형 어미 연구: 인용구문 '-다 하-'를 중심으로」, 한국외국어대학교 대학원 박사학위논문.

남기심(1973), 『완형보문법 연구』, 탑출판사.

남기심·고영근(1985/1993), 『표준국어문법론』, 탑출판사.

남성우 외(2006), 『언어교수이론과 한국어교육』, 한국문화사.

남신혜(2013), 「{-다는}의 유형과 문법화」, 『언어사실과 관점』32, 연세대학교 언어정보연구원, pp.289-314.

_____(2015), 「한국어교육을 위한 종결 기능 인용결합형 문법 항목의 선정」, 『한국문법교육학회 학술발표논문집』2015권1호, 한국문법교육학회.

노채환(2006), 「보조동사 '-아/어 주다'의 기능적 특성 연구」, 『언어와 문화』, 한국언어문화교육학회, pp.67-82.

명정희(2017), 「종결어미 '-다고' 류의 양태 의미 –의문문을 중심으로-」, 『한국어학』75, 한국어학회, pp.101-128.

목정수(2014), 『한국어, 그 인칭의 비밀』, 태학사.

_____(2016), 「유형론과 정신역학론의 관점에서 본 한국어 서법과 양태」, 『한국어학』70, 한국어학회, pp.55-108.

박나리(2013), 「학문목적 한국어학습자의 학술 논문에 나타난 자기의견표현담화 분석」, 『한국문예창작』12-1, 한국문예창작학회, pp.267-307.

_____(2014ㄱ), 「한국어의 '자기인용구문'에 대하여」, 『언어와 정보 사회』23, 서강대학교 언어정보연구소, pp.1-31.

_____(2014ㄴ), 「담화화용 및 텍스트 관점에서 본 한국어의 '자기인용구문'」, 『텍스트언어학』37, 한국텍스트언어학회, pp.65-96.

박영숙(2012), 「한국어교육을 위한 '-고 하-' 융합어미의 담화기능 연구: 종결적 용법을 중심으로」, 연세대학교 교육대학원 석사학위논문.

박유정(2016), 「한국어 직접인용 구문 연구 -직접인용 표지를 중심으로-」, 연세대학교 대학원 석사학위논문.

박재연(2006), 『한국어 양태어미 연구』, 태학사.

방성원(2004), 「한국어 문법화 형태의 교육 방안 -'-다고' 관련 형태의 문법 항목 선정과 배열을 중심으로-」, 『한국어교육』15, 국제한국어교육학회, pp.93-110.

방운규(1995), 「간접 인용마디의 '-고 하-' 구성에 대하여」, 『한말연구』1, 한말연구학회, pp.139-154.

배은나(2011), 「현대국어 통합형 종결어미 연구 -인용 구성과 접속어미의 융합 형식을 대상으로」, 서강대학교 대학원 석사학위논문.

배진영·손혜옥·김민국(2013), 『말뭉치 기잔 구어 문어 통합 문법 기술의 탐색』, 박이정.

서반석(2018), 「사용역에 따른 인용구문의 정보구조」, 『한국어학』78, 한국어학회, pp.1-30.

서희정(2013ㄱ), 「한국어교육을 위한 근거제시의 연결어미 '-고 하-' 및 '-다고 (해서)'와의 변별을 중심으로」, 『국제어문』58, 국제어문학회, pp.283-314.

_____(2013ㄴ), 「한국어교육을 위한 인용 종결어미의 인용 정보와 의미기능 -인용구문 및 후행 어미와의 상관성을 중심으로-」, 『국어국문학』164, 국어국문학회, pp.245-271.

_____(2016), 「-다고 보문과 -다는 보문을 연계한 완형보문 교육 연구 -중국인 학부생의 완형보문 오류 분석을 바탕으로-」, 『국어국문학』174, 국어국문학회, pp.31-70.

신선경(1986), 「인용문의 구조와 유형 분류」, 서울대학교 대학원 석사학위논문.

안경화(1995), 「한국어 인용 구문의 연구」, 서울대학교 대학원 박사학위논문.

안근영(2018),「대립 양보 표현 "Jishi, Suiran"와 "-아도, -지만" 의미 분석 및 논리적 관계 대조 연구」,『中國人文科學』68, 중국인문학회, pp.167-185.

안명철(1990), 「국어의 융합 현상」, 『국어국문학』103, 국어국문학회, pp.121-137.

_____(1992),「현대 국어의 보문 연구」, 서울대학교 대학원 박사학위논문.

안주호(2003),「인용문과 인용표지의 문법화에 대한 연구」,『담화와 인지』 10-1, 담화·인지언어학회, pp.145-165.

유명희(1997),「융합형 '-다고'와 '-답시고'에 대하여」,『한국문학연구』8-1, 한국외국어대학교 사범대학 한국문학연구회, pp.151-188.

유현경(2002),「어미 '-다고'의 의미와 용법」,『배달말』31, 배달말학회, pp.99-122.

윤정원(2011),「현대 한국어 인용구문 연구 -인용구문의 유형과 범주를 중심으로-」, 연세대학교 대학원 석사학위논문.

이관규(2007),「관형사 어미 '-다는'에 대한 고찰」,『새국어교육』77, 한국국어교육학회, pp.489-504.

이금희(2005),「인용문 형식에서 문법화된 어미·조사 연구」, 성균관대학교 대학원 박사학위논문.

_____(2009),「한국어교육에서의 간접인용문 변형」,『泮橋語文研究』26. 泮橋語文研究學会, pp.81-102.

_____(2014),「확인 의문법 종결어미 '-다면서', '-다고', '-다지'의 화용적 조건과 의미」,『어문연구』42-4, 어문연구학회, pp.59-86.

이동석(2014),「'-냐'계 어미의 결합 분포에 대하여 -구어 말뭉치 분석을 중심으로-」,『민족문화연구』64, 고려대학교 민족문화연구원, pp.247-301.

이미혜(2005),『한국어 문법 항목 교육 연구』, 박이정.

이병규 외(2005),『한국어 교재 분석 연구』, 국립국어원.

이상복(1974),「한국어의 인용문 연구」,『언어문화』1, 연세대학교 한국어학당, pp.131-154.

_____(1983),「한국어의 인용문 연구」,『국어의 통사·의미론』, 탑출판사.

이선희(1998),「복합술어 구문: 서술명사와 기능동사 결합을 중심으로」,『국어문법의 탐구 4』, 태학사, 77-122.

_____(1995),「통사적 구성에서의 축약에 대하여」,『국어학』26, pp.1-32.

이익섭·임홍빈(1983), 『국어문법론』, 학연사.

이정란(2017), 「한국어교육을 위한 간접 인용 구문 분석」, 『우리말연구』51, 우리말연구학회, pp.269-291.

이종철(2001), 「인용 표현의 형태적 사용 양상과 지도 방법」, 『국어교육학연구』13, 국어교육학회, pp.351-380.

이주행(2011), 『알기 쉬운 한국어 문법론』, 역락.

이준호(2012), 「학술텍스트에 나타난 한국어 헤지표현 선정 연구」, 『이중언어학』49, 이중언어학회, pp. 269-297.

이창덕(1999), 「현대 국어 인용 체계 연구」, 『텍스트언어학』6, 텍스트언어학회, pp.255-299.

이필영(1993), 『국어의 인용구문 연구』, 탑출판사.

이해영(2003), 「한국어 교육에서의 문법 교육」, 『국어교육』112, 한국국어교육연구회, pp.73-94.

이현희(1986), 「중세국어 내적 화법의 성격」, 『한신논문집』3, 한신대학교, pp.191-227.

_____(1994), 『중세국어 구문연구』, 신구문화사.

이희자(2010), 『어미·조사 사전: 한국어 학습 전문가용』, 한국문화사.

임동훈(2001), 「'-겠-'의 용법과 그 역사적 해석」, 『언어』30-3, 한국언어학회, pp.115-147.

_____(2005), 「'이다' 구문의 제시문적 성격」, 『국어학』45, 국어학회, pp.119-144.

임칠성, 양은숙(2007), 「국어교과서의 '주장 텍스트'의 구조와 학생 작문 텍스트의 구조의 상관 연구: 고2를 대상으로」, 『국어교육』123, 한국어교육학회, pp.279-303.

임학혜(2016), 「중국인 학습자를 위한 한국어 '-다X'류 종결어미의 교육 연구 -'-다고', '-다니', '-다니까', '-다면서'를 중심으로」, 서울대학교 대학원 석사학위논문.

장미라(2008), 「한국어 인용문의 교육 내용 선정과 배열에 관한 연구」, 『이중언어학』 38, 이중언어학회, pp.419-438.

장채린·강현화(2013), 「제2분과: 한국어교육 분야; 한국어 교육용 문법 항목 선정 및 복잡도 산정 -종결어미를 중심으로-」, 『한국어문법교육학회』2013

권2호, 한국문법교육학회, pp.107-125.

정선희(2001), 「국어의 인용 표지에 대한 연구」, 홍익대학교 교육대학원 석사 학위논문.

조창인(2007), 『가시고시』, 밝은세상.

채숙희(2011), 「목적의 '-겠다고'에 대하여」, 『정신문화연구』34-3, 한국학중앙 연구원, pp.205-227.

_____(2013), 『현대 한국어 인용구문 연구』, 태학사.

채영희(1991), 「간접 인용에 의한 수행문 분석」, 『국어국문학』28, 국어국문학 회, pp.99-115.

최재희(1995), 「條件化의 類型과 접속어미의 실현」, 조선대학교 국어교육학 과. (http://www.chosun.ac.kr/~koredu/)

한길(1991), 『국어 종결어미 연구』, 강원대학교 출판부.

한송화(2013), 「'-다는'인용과 인용명사의 사용 양상과 기능 -신문 텍스트에 나타난 인용을 중심으로-」, 『외국어로서의 한국어교육』39, 연세대학교 언어연구교육원 한국어학당, pp.447-472.

_____(2014), 「인용문과 인용동사의 기능과 사용 양상: 신문 기사와 신문 사설 을 중심으로」, 『외국어교육』21, 한국외국어교육학회, pp.241-266.

허웅(1983), 『국어학』, 샘문화사.

홍재성(1993), 「'약속'의 문법: 서술명사의 사전 기술을 위하여」, 『새국어생활』 2-4, 14-37.

_____(1997), 「이동동사와 기능동사」, 『말』22, 121-140.

_____(1999), 「기능동사 구문 연구의 한 시각: 어휘적 접근」, 『인문논총』41, 135-173.

Biber, D., S. Johansson, G. Leech, S. Conrad and E. Finegan(1999), *Longman Grammar of Spoken and Written English*. Longman.

Canale, N. & Swain, M.(1980), Theoretical bases of communicative approaches to second language teaching and testing. *Applied Linguistics*, 1, 1-47.

Hymes, D.(1972), On communicative competence, in Pride & Holmes(eds.), *Sociolinguistics*, Penguin Books.

Jespersen, O. (1924), *The Philosophy of grammar*, London; New York: Allen: Holt.

Krashen, S. D.(1985), *Input hypothesis: Issues and implications*, London: Longman.

Larsen-Freeman, D.(1991), Teaching Grammar. Edited by Cele-Murcia. *Teaching English as a Second or Foreign Language.* New York: Newbury House.

Palmer, F. R.(1986), *Mood and modality*, Cambridge: Cambridge University Press.

Quirk, R., S, Greenbaum, G. Leech and J. Svartvik(1985), *A Comprehensive Grammar of the English Language*, New York: Longman.

Stern, H. M.(1983), *Fundamental concepts of language teaching*, Oxford: Oxford University Press.

한국어 교재

중앙대학교 한국어문화교육원 한국어 교재 편찬위원회(2018), 『알기 쉽고 재미 있는 중앙 한국어』1-6, 중앙대학교출판부.

이정희, 김중섭 외(2019), 『바로 한국어 문법』1-6, Hawoo Publishing Inc.

서울대학교 언어교육원(2015), 『서울대 한국어』1A-6B, TWO PONDS.

이화여자대학교 언어교육원(2012), 『이화 한국어』1-6, Epress.

연세대학교 한국어학당(2013), 『연세 한국어』1-6, 연세대학교 대학출판문화원.

부록 : 국립국어원 『21세기 세종 말뭉치』

문어	원시파일명	내용	제목	발행년도	어절 수
문어	BRHO0400	사회	서른다섯, 행복한 도전자들	2004	28,075
문어	BRHO0132	사회	언론과 부정부패(言論과 不正腐敗)	1995	15,283
문어	BRHO0115	사회	여성 이야기 주머니 - 콩트로 읽는 여성학 강의	1992	32,080
문어	BRHO0382	사회	한국의 여성환경 운동: 그 역사, 주체 그리고 운동 유형들	2003	25,959
문어	BRHO0383	사회	한국 시민사회와 지식인	2003	26,996
문어	7BH04008	사회	중국의 새로운 사회주의 탐색	2004	36,135
문어	3BH90001	생활	노만수 박사 부부의 성공적인 수유법	1994	31,599
문어	BRHO0411	생활	먼나라 이웃나라	1987	29,355
문어	BRHO0412	생활	먼나라 이웃나라	1987	6,350
문어	BRHO0430	생활	식도락 보헤미안	1995	33,912
문어	3BH90002	생활	바둑의 발견: 현대 바둑의 이해	1998	49,502
문어	BRHO0398	예술	세상에서 가장 아름다운 집	2003	34,380
문어	BHXX0066	예술	전환기의 현대미술	1994	57,043
문어	BHXX0065	예술	영화즐기기	1994	32,320
문어	BRHO0367	예술	미학 오디세이 1	1994	26,723
문어	BRHO0393	인문	신화 속의 한국정신	2003	34,719
문어	BRHO0409	인문	심리학개론	1991	23,813
문어	2CH00004	인문	교양인의 화법	1993	48,066
문어	BRHO0406	인문	역사와 민족	1983	28,840
문어	4BH20002	인문	홍보가	2001	38,066
문어	5BH00001	인문	고사의 세계(원문과 함께하는)	2002	31,527
문어	BRHO0386	자연	호스피스·완화의학	2000	21,848
문어	BRHO0117	자연	이 하늘 이 바람 이 땅: 한샘 미네르바문고5	1994	51,424

문어	원시파일명	내용	제목	발행년도	어절 수
문어	BRHO0127	자연	과학혁명 – 근대과학의 출현과 그 배경	1984	31,661
문어	BRHO0440	자연	쉽고 재미있는 수학세계	1995	8,910
문어	BRHO0133	자연	정보교육	1997	36,178

구어	원시파일명	텍스트 유형	제목	발행년도	어절수
구어	8CM00054	독백	여행 이야기#2	2005	3,089
구어	8CM00050	설교	교회 목사#2	2005	4,901
구어	8CM00049	설교	교회 목사#1	2005	4,060
구어	8CM00015	폐회사	한세추	2005	458
구어	8CM00014	개회사	한세추	2005	2,323
구어	8CM00013	개회사	아카데미#3	2005	1,429
구어	8CM00011	개회사	아카데미#1	2005	500
구어	8CM00012	개회사	아카데미#2	2005	469
구어	8CM00007	강연	아이발달	2005	7,333
구어	8CM00002	강연	골다공증	2005	5,762
구어	8CL00002	강연	크리스천의 대화#2	2004	3,666
구어	8CL00001	강연	크리스천의 대화#1	2004	3,936
구어	8CK00002	방송	레드캣 다이어리	2005	2,925
구어	8CK00001	방송	빅마마스 오픈키친	2005	2,722
구어	7CM00055	회의	총학생회 전체회의	2004	9,106
구어	7CM00054	토론	세계화 세미나#1,2	2004	13,625
구어	7CM00045	진료대화	식이 요법	2004	2,530
구어	7CM00044	주제대화	취업	2004	3,838
구어	7CM00042	주제대화	대학 진학	2004	9,067
구어	7CM00039	전화대화	전화 통화	2004	326
구어	7CM00028	일상대화	점심 식사	2004	4,581
구어	7CM00026	일상대화	저녁 식사#2	2004	8,157

구어	원시파일명	텍스트 유형	제목	발행년도	어절수
구어	7CM00011	수업대화	콘솔#1	2004	6,473
구어	7CM00010	수업대화	오디오EQ	2004	7,643
구어	7CM00009	수업대화	과외 수업#3	2004	12,950
구어	7CM00008	수업대화	과외 수업#2	2004	5,510
구어	7CM00006	방송	스포츠 중계(축구)	2004	13,558
구어	7CM00005	독백	군대	2004	3,971
구어	7CM00004	강의	인터넷	2004	5,519
구어	7CM00003	강의	윈도우	2004	3,331
구어	7CM00002	강의	방송 음향	2004	2,962
구어	7CM00001	강의	공대 수업	2003	5,029
구어	6CM00107	주제대화	언어와 사회 토론	2003	3,713
구어	6CM00105	주제대화	광고 토론	2003	11,046
구어	6CM00104	주제대화	학생 운동	2003	3,097
구어	6CM00103	주제대화	촛불 시위	2003	2,254
구어	6CM00099	주제대화	일상#1	2003	3,133
구어	6CM00098	주제대화	이야기 만들기	2003	4,987
구어	6CM00097	주제대화	이라크전쟁과 한반도	2003	3,584
구어	6CM00096	주제대화	외국어 시험	2003	2,884
구어	6CM00095	주제대화	영화와 연극	2003	3,014
구어	6CM00094	주제대화	영화와 배우	2003	7,085
구어	6CM00093	주제대화	영화와 민족	2003	3,282
구어	6CM00092	주제대화	영화#2	2003	4,043
구어	6CM00090	주제대화	연예가	2003	3,179
구어	6CM00088	주제대화	병역	2003	3,186
구어	6CM00083	주제대화	대학생 동아리 문화	2003	6,149
구어	6CM00082	주제대화	대통령 선거	2003	1,775
구어	6CM00080	주제대화	군대#1	2003	9,950

구어	원시파일명	텍스트 유형	제목	발행년도	어절수
구어	6CM00079	주제대화	교육	2003	2,739
구어	6CM00078	주제대화	PC방 문화	2003	1,129
구어	6CM00077	전화대화	#3	2003	999
구어	6CM00076	전화대화	#2	2003	4,739
구어	6CM00075	전화대화	#1	2003	4,282
구어	6CM00074	일상대화	휴식 시간	2003	2,322
구어	6CM00071	일상대화	칠레	2003	2,492
구어	6CM00067	일상대화	질병과 건강	2003	2,845
구어	6CM00064	일상대화	정치와 경제	2003	10,004
구어	6CM00062	일상대화	인터넷 사이트	2003	2,835
구어	6CM00058	일상대화	식사 잡담	2003	976
구어	6CM00057	일상대화	식사	2003	2,559
구어	6CM00056	일상대화	수강 과목	2003	1,602
구어	6CM00054	일상대화	미팅_#2	2003	5,488
구어	6CM00051	일상대화	대학생 놀이 문화	2003	8,729
구어	6CM00048	일상대화	개인담#1	2003	7,517
구어	6CM00047	강의	한국어와 컴퓨터	2003	6,840
구어	6CM00046	수업대화	과외지도	2003	4,322
구어	6CM00045	발표	한시	2003	2,196
구어	6CM00044	발표	학습과 기억	2003	4,036
구어	6CM00043	발표	사회문제	2003	3,662
구어	6CM00042	독백	학교생활과 여행기	2003	6,155
구어	6CM00040	독백	친구_#2	2003	2,909
구어	6CM00039	독백	취업#2	2003	1,529
구어	6CM00038	독백	취업#1	2003	3,693
구어	6CM00037	독백	첫사랑, 전공, 군대	2003	3,865
구어	6CM00036	독백	짝사랑	2003	1,039

구어	원시파일명	텍스트 유형	제목	발행년도	어절수
구어	6CM00034	독백	일본여행기	2003	3,086
구어	6CM00032	독백	이상형#1	2003	1,014
구어	6CM00031	독백	유아교육	2003	3,395
구어	6CM00030	독백	영화이야기	2003	808
구어	6CM00029	독백	연애	2003	1,470
구어	6CM00028	독백	어학연수	2003	8,005
구어	6CM00025	독백	살면서 중요한 것	2003	2,354
구어	6CM00024	독백	사관학교	2003	4,178
구어	6CM00023	독백	대학 생활	2003	3,490
구어	6CM00022	독백	대학교	2003	5,898
구어	6CM00020	독백	교환학생	2003	4,460
구어	6CM00019	독백	고등학교 친구	2003	3,391
구어	6CM00018	독백	결혼	2003	1,373
구어	6CM00017	구매대화	화장품	2003	1,590
구어	6CM00016	강의	NGO경영#2	2003	5,497
구어	6CM00015	강의	NGO경영#1	2003	10,662
구어	6CM00014	강의	현대 작가 연구	2003	3,956
구어	6CM00013	강연	한국어의 형태론적 이해	2003	9,343
구어	6CM00011	강의	한국어의 이해#1	2003	6,158
구어	6CM00010	강의	한국 미술사	2003	6,612
구어	6CM00009	강연	저작권	2003	7,631
구어	6CM00008	강의	음성 정보 처리 기술 소개	2003	17,862
구어	6CM00007	강의	언어병리학 특강	2003	12,886
구어	6CM00006	강의	언어교육 이론	2003	3,089
구어	6CM00005	설교	목사 설교	2003	823
구어	6CM00003	강의	국어 정보학	2003	4,284
구어	6CM00002	강의	교과 교육론	2003	7,063

구어	원시파일명	텍스트 유형	제목	발행년도	어절수
구어	6CM00001	강의	가정 교과	2003	4,165
구어	5CM00075	발표	대학원 수업	2002	5,647
구어	5CM00074	강의	연구 방법론	2002	12,759
구어	5CM00072	설교	교회 특강	2002	4,277
구어	5CM00071	독백	학창 시절	2002	2,095
구어	5CM00070	독백	친구	2002	1,308
구어	5CM00069	독백	추천 영화 베스트	2002	1,919
구어	5CM00068	독백	장래희망의 변화	2002	1,588
구어	5CM00067	독백	외국인 학생	2002	1,158
구어	5CM00066	독백	영화 이야기#6	2002	1,353
구어	5CM00065	독백	영화 이야기#5	2002	2,479
구어	5CM00064	독백	영화 이야기#4	2002	2,055
구어	5CM00063	독백	영화 이야기#3	2002	1,534
구어	5CM00062	독백	영화 이야기#2	2002	1,594
구어	5CM00061	독백	영화 이야기#1	2002	1,141
구어	5CM00060	독백	연애담과 신혼 여행기	2002	3,167
구어	5CM00059	독백	여행 이야기	2002	2,124
구어	5CM00058	독백	어린 시절의 추억	2002	2,067
구어	5CM00057	독백	어린 시절의 우정	2002	2,461
구어	5CM00056	독백	아르바이트 경험	2002	11,434
구어	5CM00054	독백	사랑이야기#3	2002	467
구어	5CM00055	독백	선생님	2002	328
구어	5CM00053	독백	사랑이야기#2	2002	1,914
구어	5CM00052	독백	사랑이야기#1	2002	977
구어	5CM00051	독백	동화(백설공주)	2002	572
구어	5CM00050	강의	편집실 수업	2002	6,197
구어	5CM00049	강의	칼비테 수업	2002	2,715

구어	원시파일명	텍스트 유형	제목	발행년도	어절수
구어	5CM00048	전화대화	자료수집의 어려움	2002	307
구어	5CM00047	주제대화	황사	2002	976
구어	5CM00046	주제대화	향수와 영화	2002	9,035
구어	5CM00045	주제대화	학원 강사와 고등학생	2002	7,055
구어	5CM00044	주제대화	직장생활	2002	2,884
구어	5CM00043	주제대화	연애 에피소드	2002	7,999
구어	5CM00042	주제대화	생일 결혼 이야기	2002	1,331
구어	5CM00041	주제대화	건강 이야기	2002	5,671
구어	5CM00040	주제대화	감기 이야기	2002	3,336
구어	5CM00016	일상대화	버스에서 친구들과	2002	2,106
구어	4CM00119	강의	워크샵#4	2001	4,251
구어	4CM00118	강의	워크샵#3	2001	2,991
구어	4CM00117	강의	워크샵#2	2001	4,613
구어	4CM00116	강의	워크샵#1	2001	3,557
구어	4CM00115	발표	스터디	2001	2,931
구어	4CM00114	발표	대화의 기법#5	2001	1,156
구어	4CM00113	발표	대화의 기법#4	2001	2,248
구어	4CM00112	발표	대화의 기법#3	2001	1,257
구어	4CM00111	발표	대화의 기법#2	2001	992
구어	4CM00110	발표	대화의 기법#1	2001	1,247
구어	4CM00109	강의	언어와 사회	2001	6,671
구어	4CM00108	강의	대화의 기법	2001	4,713
구어	4CM00107	강의	교양 국어	2001	3,792
구어	4CM00106	토론	언어와 사회#2	2001	3,122
구어	4CM00105	토론	언어와 사회#1	2001	2,081
구어	4CM00104	토론	언어생활#2	2001	4,186
구어	4CM00103	토론	언어생활#1	2001	3,214

구어	원시파일명	텍스트 유형	제목	발행년도	어절수
구어	4CM00102	독백	잡담#3	2001	1,845
구어	4CM00101	독백	잡담#2	2001	1,082
구어	4CM00100	독백	잡담#1	2001	277
구어	4CM00099	독백	동화 들려주기#3	2001	580
구어	4CM00098	독백	동화 들려주기#2	2001	1,338
구어	4CM00097	독백	동화 들려주기#1	2001	5,080
구어	4CM00094	회의	회의와 스터디#1	2001	4,339
구어	4CM00093	전화대화	이십대 남자2인	2001	388
구어	4CM00092	전화대화	여대생 2인	2001	1,212
구어	4CM00091	전화대화	대학생 2인	2001	1,070
구어	4CM00090	전화대화	20대 2인	2001	324
구어	4CM00089	주점대화	대학생 3인	2001	12,444
구어	4CM00086	일상대화	후배와의 대화	2001	2,021
구어	4CM00085	일상대화	후배들과 대화	2001	517
구어	4CM00077	일상대화	취미	2001	1,709
구어	4CM00075	일상대화	재수강과목에 대해	2001	1,921
구어	4CM00066	일상대화	운전면허에 대해	2001	4,548
구어	4CM00055	일상대화	여대생 10인 잡담	2001	3,665
구어	4CM00054	일상대화	아버지 학교생활	2001	4,240
구어	4CM00051	일상대화	식생활에 대해	2001	4,589
구어	4CM00050	일상대화	식사 중 회사원 3인	2001	2,990
구어	4CM00048	일상대화	식사중 대학생 3인	2001	4,112
구어	4CM00047	일상대화	식사중 대학생 2인#2	2001	1,883
구어	4CM00046	일상대화	식사중 대학생 2인#1	2001	2,308
구어	4CM00041	일상대화	수강신청 과목	2001	2,706
구어	4CM00034	일상대화	삼십대	2001	14,855
구어	4CM00030	일상대화	방학에 대해	2001	3,883

구어	원시파일명	텍스트 유형	제목	발행년도	어절수
구어	4CM00029	일상대화	미팅	2001	14,194
구어	4CM00028	일상대화	물품 구입	2001	5,453
구어	4CM00027	일상대화	머리에 대해서#2	2001	1,492
구어	4CM00025	일상대화	동아리	2001	679
구어	4CM00023	일상대화	도서관에서	2001	2,003
구어	4CM00022	일상대화	대학생 4인 잡담	2001	5,307
구어	4CM00021	일상대화	대학생 3인 잡담	2001	2,103
구어	4CM00020	일상대화	대학생 2인 잡담#2	2001	977
구어	4CM00019	일상대화	대학생 2인 잡담#1	2001	1,096
구어	4CM00018	일상대화	날씨에 대해	2001	4,067
구어	4CM00014	일상대화	교통수단, 하루생활	2001	3,711
구어	4CM00013	일상대화	교육에 대해#2	2001	4,096
구어	4CM00011	일상대화	관광명소 등에 대해	2001	7,558
구어	4CM00006	일상대화	강의 시작 전 7인#2	2001	3,594
구어	4CM00005	일상대화	강의 시작 전 7인#1	2001	1,015
구어	4CM00003	일상대화	가족과 사랑에 대해	2001	9,127

| 지은이 소개 |

엽영임叶穎林
중국 광동외어외무대학교 남국상대학 한국어학과 전임강사
중앙대학교 문학박사
중앙대학교 문학석사

관심 분야: 한국어 의미학, 한국어 교육학, 사회언어학

한국어교육 속의 간접인용 구문

초판 인쇄 2023년 12월 1일
초판 발행 2023년 12월 10일

지 은 이 | 엽영임叶穎林
펴 낸 이 | 하운근
펴 낸 곳 | 學古房

주   소 | 경기도 고양시 덕양구 통일로 140 삼송테크노밸리 A동 B224
전   화 | (02)353-9908 편집부 (02)356-9903
팩   스 | (02)6959-8234
홈페이지 | www.hakgobang.co.kr
전자우편 | hakgobang@naver.com, hakgobang@chol.com
등록번호 | 제311-1994-000001호

ISBN 979-11-6995-393-1 93710

값: 24,000원

■ 파본은 교환해 드립니다.